主编　葛恒云　张向凤　周仁惠

财经应用文写作

CAIJING YINGYONGWEN XIEZUO

合肥工業大學出版社

图书在版编目(CIP)数据

财经应用文写作/葛恒云,张向风,周仁惠主编.—合肥:合肥工业大学出版社,2020.12

ISBN 978-7-5650-5219-4

Ⅰ.①财… Ⅱ.①葛…②张…③周… Ⅲ.①经济—应用文—写作—高等学校—教材 Ⅳ.①F-43

中国版本图书馆CIP数据核字(2020)第256191号

财经应用文写作

葛恒云 张向风 周仁惠 主编　　责任编辑 疏利民

出 版	合肥工业大学出版社	版 次	2020年12月第1版
地 址	合肥市屯溪路193号	印 次	2021年8月第1次印刷
邮 编	230009	开 本	710毫米×1000毫米 1/16
电 话	理工编辑部:0551-62903204	印 张	21.75
	市场营销部:0551-62903198	字 数	379千字
网 址	www.hfutpress.com.cn	印 刷	合肥现代印务有限公司
E-mail	hfutpress@163.com	发 行	全国新华书店

ISBN 978-7-5650-5219-4　　定价:48.00元

前　言

随着我国社会主义市场经济的发展，社会各行各业对应用写作人才的需求空前高涨，为适应21世纪应用型人才教育的需要，我们编写了这本教材。

应用文与我们的日常生活和工作息息相关，在社会生活中扮演着重要角色。从某种程度上来说，掌握一定的应用文写作知识，具有较强的应用文写作、处理能力，是机关、企事业单位工作人员必备的素质之一。21世纪应用型人才教育理应加强应用文写作教学，为学生的职业生涯发展夯实基础。

应用文写作是一门实用性很强的课程，必须注重培养学生的实际写作能力。本教材以培养学生实用应用文写作能力为目标，淡化理论阐述，注重实践教学，强化技能训练。为此，本教材力图体现以下几个特点：

一是理论联系实际。在讲解应用文写作基础知识的过程中，侧重训练基本技能，将理论学习与实践训练融为一体，即把综合能力训练直接纳入章节之中，构成“立体教学”“互动学习”的态势。

二是专业性与普及性相结合。既突出应用文写作专业知识，又涉及普及应用文的问题；既有专业领域里的应用文写作，又有日常生活中的应用文写作。突出在专业的基础上普及、在普及的过程中追求专业性的特点。

三是规范性与可读性结合。在教材编排过程中，一方面，按照应用文写作的规范要求，力求表述准确，行文规范；另一方面，按照可读性的要求，力求行文活泼，好读耐读。在体例结构上，既新颖又实用，有助于激发学生的学习兴趣。

本书由葛恒云（安徽财经大学）、张向凤（江苏大学）、周仁惠（西南大学）任主编。

本书在编写过程中，参考并借鉴了同行的研究成果和资料，选用了一些例文。由于时间紧迫未能与原作者一一联系，在此表示诚挚的谢意和歉意。

虽然我们尽了最大努力来编写这本教材，但由于编者水平有限，加上时间仓促及分工编写的缘故，书中疏漏、不当之处在所难免，期待各位专家及广大读者一如既往，继续赐教，以匡不逮。

编　者

2021 年 6 月 6 日

目　录

第一章
财经应用文写作基础知识

应用导航

千里贺新年　情谊越洋牵

——AT&T 直拨美国中文台 10180

过年是返乡回家的时候，无论多远都要想方设法全家团圆。

过年是惦记亲友的时候，无论多难都要穿越千里互诉衷肠。

合家团聚的时候，总是特别思念远隔重洋的游子，想知道他们是不是也在吃团圆饭。所以无论如何，过年，一定要把思念送到他们的身边。

如果您的亲友远在美国，请即时接通直拨美国中文台 10180。因为只要一声真情的问候，远在美国的亲友就能分享到全家团圆的喜悦。每当思念在美国的亲友时，随时随地，用任何程控电话接通直拨美国中文台 10180，千里情谊为你联系。

千里情谊一线相牵。（广告语）

点评：

这是美国 AT&T 直拨美国中文台面向在美国有亲友的受众推出的报纸广告文案。10180 电信服务在中国已经推出了一段时间，并且已经投放了一定量的广告，受众对它已经有了一定的了解，因此，广告没有做过多的详细介绍，而是在新年将近这一特殊的时刻，利用临近过年时中国人思念远方亲人、渴望合家团聚的心理，展开了广告的诉求——“过年是返乡回家的时候，无论多远都要想方设法全家团圆”。然后告知人们可以用越洋电话 10180 让远在美国的亲友“分享到全家团圆的喜悦”。显然，从中国人“家”的意识入手，鼓励人们拨打越洋电话来分享合家团圆的喜悦，是这一广告文案诉求力的关键所在。

广告内文的创作要不拘俗套，时有创新，富于强烈的艺术感染力。美国AT&T直拨美国中文台10180的报纸广告文案，其内文着重诉求中国人的文化情感，引发了中国人强烈的心理认同。

点睛之笔

教学重点

(1) 应用写作的含义、表达方式和特点

(2) 应用文的主旨、材料、结构、语言等方面的要求和写作的一般规律，为应用文的写作打好基础

第一节　应用写作概述

一、应用写作的沿革及含义

写作是人类生存过程中的重要活动之一，人们的工作和生活离不开写作，尤其是应用文写作。可以说，自文字出现后，人类社会就出现了应用写作。

这里所说的应用写作的沿革就是指应用文的沿革，即应用文发生、发展、变迁的过程。

“应用文”一词，最早见于宋代张侃的《拙轩集·跋陈后山再任教官谢启》一文：“骈四俪六，特应用文耳。”正式提出“应用文”这一名称的，是清代学者刘熙载在《艺概》中指出的：辞命体，推之即可为一切应用文字。应用文有上行，有平行，有下行。重其辞乃所以重其实也。但应用文实际应用的历史却更为悠久，只是历代名称不同而已。早在殷周时期，刻在甲骨上用于占卜的叫作“卜辞”。在《尚书》中收录的商周文书则称为“诰”“誓”“命”。春秋时期用于外籍方面称为“辞”“辞命”。之后应用文不断发展，秦汉时期的诏制、奏表，魏晋的令、书、颂、笺，被称为“文书”“文案”等。唐宋以来的图籍表册、碑碣志铭、法律条例，都是应用文。“公文”一词，出现在东汉末年。元明清时期应用文稳定发展，趋于定型化。私人书信在这一时期得到了较大发展，对应用文研究值得一提的是刘熙载的《艺概·文论》。

“文件”一词，大约在清末才出现，当时在外交文书中总提到“寻常往来文件”“交涉文件”等。辛亥革命以后，应用文从古体到今体发生了巨大的变革。1921 年，中国共产党成立后即有自己的公文。1942 年颁布《陕甘宁边区新公文程式》，1951 年颁布《公文处理暂行办法》，后经多次完善，于 2000 年 8 月 24 日国务院发布了《国家行政机关公文处理办法》。其他文种随社会需要应运而生。普遍应用于现代社会生活各个领域的应用文（如公务文书、事务文书、礼仪文书、经济文书和司法文书等），它们在不同历史时期管理社会事务及实现社会、政治、生活目标的活动中充当着必不可少的工具，发挥着极其重要的作用。

应用写作学，是研究应用写作方法和规律的一门实用性写作学科。它是写作学的一个重要分支学科，主要研究应用文写作的特点、规律、过程和技法等基本理论；应用写作是一门综合性、实践性极强的基础课、能力课，同时应用写作也是一种行为过程，是以写作应用文为目的而进行的实践活动。为了更准确地理解应用写作的含义，首先需要对“应用文”这一概念给以界定。

1999 年版上海辞书出版社出版的《辞海》作了如下解释：

应用文是指人们在日常生活、工作和学习中所应用的简易通俗文字，一般有固定的款式，包括书信、公文、契约、单据等。

这个定义虽然简明，但把应用文归结为“简易通俗文字”似乎不尽完善。因为有些应用文并不“简易通俗”。

有的研究者把应用文概括为：应用文是国家机关、企事业单位、社会团体、人民群众在工作、学习和日常生活中，处理公私事务时所使用的、形式较为固定的、具有直接应用价值的文章。

国务院 2000 年 8 月 24 日颁发的《国家行政机关公文处理办法》中对公文的定义为：行政机关的公文（包括电报，下同），是行政机关在行政管理过程中形成的具有法定效力和规范体式的文书，是依法行政和进行公务活动的重要工具。公文在应用文中占有重要地位，所以研究者认为，应用文的含义依照公文的定义加以确定则比较完善。那么，应用文的定义应为：应用文是国家行政机关、企事业单位、社会团体以及人民群众在行政管理、社会交往与活动过程中形成的具有社会法定效力和规范体式的文书，是依法行政和进行公务活动与社会活动的一种重要工具。

因社会职能的不同，各类文章的作用也不尽相同，如文学作品具有认识、教育、审美等作用。应用文的作用主要表现在以下几个方面：一是宣传指导，宣传贯彻党和国家的路线、方针、政策及法规、规章，统一认识，协调行动，确保各项事业健康发展。二是交流通报社会信息，总结实践经验，传播科技文化知识，指导和推动工作与生产。三是加强思想沟通，营造和谐有序的工作、学习和生活环境。四是保存科技、文化、历史资料，为未来的各项事业提供可资借鉴的信息。

由此可知，应用文是人们相互交往、传递信息、表达思想、解决问题、指导实践的工具，同时，它也是应用写作实践活动的产品，是应用写作四个基本要素（写作主体即作者、写作载体即文本、写作客体即所反映的客观事物、写作受体即接受和作用的对象）之一，即应用写作的载体。应用写作的学习必须全面掌握这四个要素，才能使之构成一个完整的、有机的系统，从而达到写作的目的，体现出应用文的价值。

应用写作的主体——作者，包括群体作者、个人作者、法定作者和代言作者。

群体作者指两个及两个以上作者基于某种需要，共同研究写作意图、进行调查研究，经过商讨共同完成写作任务的一种作者类型。一些较为复杂的写作任务经常由几个人合作完成，如调查报告。

个人作者指从写作意图的确立到完成文章都代表个人、由个人独立完成的作者类型。一些日常应用文和私务文书的作者都是个人作者，如个人计划、个人总结、信函、日记等。

法定作者指写作主体是依法成立并具有法人资格的组织，主要指行政公文和专用文书中一些文体的作者。法定作者必须是以法定的名义发出并能行使相应的权利和承担义务的机关和法人代表。法定作者指公文的署名者，不一定是撰写文稿者。

代言作者指以撰稿者的身份参与写作活动，与被代言者有两种关系：一是被代言人指定代言人以助手身份参与写作，成文署被代言人的姓名，如秘书为领导写发言稿；二是代言人以执笔服务者的身份帮他人完成写作任务，根据服务对象的要求，记录“作者”口述内容，如代写书信、起诉状等。

应用写作的受体——读者，按身份可分为法定读者、普通读者和专业读者；按接受状态可分为指定性读者（如公文的读者）和指向性读者（如通告和公告的读者）。

写作客体和写作载体的具体要求在以后文种学习中会详细讲解，这里不作具体介绍。

随着社会的不断进步和科学文化的迅速发展，社会事务日益繁重，社会关系日益复杂，处理程序日益规范，应用文的使用范围也日益广泛。无论是社会各级各类组织还是个人，在处理公务或私事时均离不开应用文。在这种形势下，应用写作仅靠专职的秘书人员已难当此任，社会各界，各级、各类人员势必成为应用写作的主体，由此，应用写作能力也成了衡量人们能力水平的一个方面。对于在校大学生来说，掌握一些应用写作知识，能撰写生活、学习、工作中常用的一些应用文是十分必要的。教育家叶圣陶说过："大学毕业生不一定会写小说、诗歌，但是一定要写工作和生活中实用的文章，而且非写得既通顺又扎实不可。"为此，许多高校已将应用写作作为一门必修课开设，以培养、提高学生的应用写作能力。

二、应用写作的特点

要学好应用写作，首先要掌握应用文的特点，这有利于按其特点把握思维方式、写作目的、表述方式等，提高写作水平。各类应用文有其自身的特点，这将在以后章节中分别加以阐述，这里只介绍其共同的特点。

（一）实用性

从广义上说，所有文章都是现实的反映，有一定的现实性，自然也包括文学作品。但应用文的实用性更强烈、更直接。实用性是应用文最主要的特征。

从写作目的看，应用写作就是为了解决现实中的实际问题，实用性是应用写作最重要、最根本的特点。人们重视应用写作，社会需要应用写作，都是因为它直接为社会生活服务，具有实际的使用价值。如写请示是为了向上级请求帮助，写广告是为了向公众宣传商品或服务等。可以说，失去了实用性，应用写作就失去了自身存在的价值。

写作目的的实用性决定了写作内容的实用性和具体性。应用写作目的是反映并指导社会实践，这就要求应用写作必须从客观实际出发，利用真实的材料，揭示事物的本质规律。它不允许夸张，更不允许虚构。只有这样，才能达到写作目的。

应用文的实用性有时在很大程度上取决于它的表现形式。就是说，目的、内容虽然是实用的，但是如果不是采用应用文法定和惯用的表现形式，也可能使文章的性质发生变化。

应用文的实用性，集中地体现在和具体工作、事务相联系的事务性。刘勰以"虽艺文之末品，而政事之先务"（《文心雕龙·书记》）来概括应用文的特点和地位，是比较恰当的。目的明确、内容真实、形式得体，是应用文实用性的精髓。

（二）时效性

应用写作的时效性一是体现在写作的及时性。这一点与文学创作不同，文学创作可以“十年磨一剑”，而应用写作要求在一定的时限内完成，延误时间就失去了写作的意义，甚至贻误工作，造成严重后果。二是体现在作用时间的有限性。应用写作成果只在一定时间内产生直接效用，写作目的实现以后，其直接效用就随之消失。原有文本的作用发生转化，成为一定时限内的档案资料。

应用写作的目的是解决现实中存在的问题，是办事的依据。一般要求在特定时间内处理特定的问题，时效性极强，行文不及时，将会丧失其实用价值。特别是在社会快速发展的今天，应用写作更应做到及时、准时和高效，这是进一步提高办事效率不可或缺的重要前提之一。

（三）程式性

应用写作的程式性主要指文本形式和语体都有相对固定的要求，有大体相同或近似的结构布局，有惯用的句式和规范化词语等。应用写作的这一特点是由其实用性所决定的。

应用文种类繁多，但无论哪一类应用文种的写作，在其发生、发展过程中，都逐渐形成了程式化的特点。这些特点有的是在实践中人们约定俗成的，如一些事务性文书；有的则是国家统一规定、统一贯彻执行的，如公文；其根本目的是便于写作主体与受体的写作、理解和处理。为了便于理解、便于处理、提高效率，每一文种无论在实际使用中内容如何不同，格式都不能有所变化。写作者切不可随心所欲，标新立异，否则会造成混乱，不利于工作。当然，随着时代的发展，应用写作的程式也会有所调整，但不会有太大的变化。

（四）简明性

简明性是指应用文在内容表达和语言使用方面力求简洁明确的特点。内容简明，是指主旨要单一、观点要鲜明、材料要典型；语言简明，是指所用文字要准确简洁、平易朴实。应用写作的简明性也是由实用性所决定的，因为应用写作要及时地发挥直接效用，文章越简明，受体就越容易把握，就不容易出理解及处理上的差错，从而提高办事效率。

另外，有的应用文还具有较强的权威性、行文的定向性等特征。

第二节　应用写作的主旨与材料

一、应用写作的主旨

主旨、材料、结构和语言是应用文文本的构成要素。主旨在应用写作中具有极为重要的意义，它决定着一个应用写作文本的基本内容和表现形式。

（一）主旨的含义

应用写作和人类的社会生产活动及其生活紧密相连。人们写作应用文是为了解决实际生活和工作中遇到的问题。如经济贸易要签订意向书或合同，丢失物品要写寻物启事或声明，召开会议要写会议通知等。这些都表明应用文的写作具有明确的目的性，或阐明作者的主张、观点、意图，或下达指示、传达政策、通知事项，或传递信息、交流情况、总结经验。应用文中的这种目的性的成分就是主旨。

对于主旨的叫法，历来不一：有的把“主旨”称为“主题”，有的称为“主脑”，有的称为“意旨”，但要点相同。“主题”主要指文学作品或其他艺术作品的中心思想或思想倾向。“主脑”一词是明末清初李渔在《闲情偶记》中提出的：“古人作文一篇，定有一篇之主脑。主脑非他，即作者言之本意也。”清人刘熙载的《艺概·经义概》中也认同“主脑”说。“意旨”一词更多地见于古代文论之中，有时也称为“意”或“旨”。“意”一般指思想内容，“旨”指作品中心意义。我们认为，应用文是人类社会有序生活、工作的一个部分，“旨”更能体现有序管理意义，尤其体现于行政事务公文中。所以把应用文的基本思想、观点称之为“主旨”更合适。简言之，应用文的主旨就是作者通过全篇内容表达出来的贯穿全文的写作意图、观点和公务活动的行为意向。它是客观的社会生活与主体的主观思想和意图相结合的产物，应该反映主体对客观事物的认识，表达主体希望借助应用文这一实用工具，实现特定的社会功利目的的明确意图。

在应用文的撰写中，主旨的确立视内容多少而定，有的单一，有的复杂。从实际情况看，大致分为三个类型。

意图型：表明一种意图、目的、意向。此类型意向单一，一阅便知。如启事、请示、合同等。

信息型：文中只对信息作出客观说明，并不渗透作者的主观态度和观点，如简报、情况通报、请柬、解说词等。

思想型：主旨带有鲜明倾向性，表现为对人、对事的态度，主要体现对公务的处理有鲜明的观点、意见、措施等。如公文中的下行文均带有思想性。

这三种类型有时在某一文种中都有不同程度的体现，彼此界限和对应性不是十分清晰。如通知，往往既带有某种思想，又包含某些信息，还渗透一定的意图。

（二）主旨的确立

主旨的确立是应用写作的重要步骤，材料的选择、结构的安排、语言的运用都有赖于主旨的确立。在具体的写作中，应确保主旨的正确、集中、鲜明、深刻。

（1）主旨正确是撰写应用文的基本要求。应用写作的政治性、政策性很强，文中的基本观点必须与党和国家的政策法规保持一致，任何地区、部门或个人都不能违背政策法规、自行其是、另搞一套，破坏国家、社会的整体目标的实现。

解决社会生活中的实际问题是应用写作的目的。应用文的主旨应符合客观实际，反映客观事物的本质规律。因此，应用文主旨的确立就必须根据实际情况，尊重客观规律，不能主观臆断、凭空想象，更不能隐瞒真相、歪曲事实。

另外，还要注意主旨的可操作性。可操作性是应用文实用性的基本要求，应用文主旨的确立应充分考虑操作的可行性，注重实际效果，在符合政策法规、客观实际的条件下，开动脑筋，审时度势，从实践的可行性出发，创造性地提出解决问题的方案，否则，应用写作就会失去它的功用和价值。

（2）主旨集中是指一篇应用文最好表达一个主旨，重点突出。写作要围绕一个中心把问题说清说透，避免文中出现与中心联系不紧密甚至无关的材料。在某些应用文中，主旨的单一性甚至已经成为法定的规范，具有法定的约束力。如《国家行政机关公文处理办法》明确规定请示只能表达一个主旨，必须遵守“一文一事”原则。有些文种虽然没有这样的法定规范，但同样有单一、集中的要求。

（3）主旨鲜明是指应用文的观点必须明确。写作的主旨应该直截了当，赞成什么，否定什么，态度必须鲜明。表述应清楚明白，以利于理解和执行，不可模棱两可、含糊其词。

（4）主旨深刻是指应用写作要求揭示事物本质及其内在规律，提出有利于发展的、有创见性的见解和主张。如撰写调查报告，要通过调查，获取大量材料，通过分析，从中找出揭示事物本质规律的结论，提出创造性的意见、建议和办法，以指导实践。

应用写作立旨是否正确、集中、明确和深刻，与写作主体的综合素质有关，绝不仅仅是应用写作文字功力的问题。因此，写作主体需要全面提高综合素质，才能立好应用写作之“旨”。

确立主旨，也称为“立意”。主要依据有两点：一是以写作目的为立意依据。就通常情况看，一些应用文书不用作者刻意提炼主旨，文书本身就是一种较为成熟的认识或决策，这时，写作目的就成为应用文书的主旨。这个目的大多体现为机关领导的工作布置、上级文件规定等，上级的指示精神就成为他立意的依据。以写作目的为立意依据主要体现在公文写作中。二是以材料本身的意义为立意的依据。这需要作者对事实材料进行分析研究，得出正确的结论，然后确定文章的主旨。总结报告类、消息通讯等应用文种往往根据这种立意来确立主旨。

（三）主旨的表现形式

主旨的表现形式因文而异，应用文的主旨表现形式归结起来可以有以下几种形式。

1. 标题明旨

在标题中直接概括出主旨，以简洁、明快的语言把文章的主旨告诉读者，不仅使读者一目了然，还可以起到高度概括全文的作用。这种写法在行政公文、新闻写作中应用普遍。如《关于表彰刘××见义勇为的决定》，这个决定（行政公文）就采用了标题明旨的形式，体现了公文的主旨。

2. 开头明旨

在文章的开头部分明确行文的目的及主要内容。这种开门见山提出主旨的做法简便易行，写作时可根据所要解决的问题和材料特点恰当地使用。在文章的开头明确主旨，可以起到统领全文的作用。

3. 文中明旨

在文章主体部分直接或间接地表达主旨。行文中直接显示主旨，往往借助文中小标题来体现，这种表现形式不仅使文章主旨鲜明突出，而且使文章显得层次清楚、条理分明，便于读者理解，一般篇幅较长、内容较复杂的应用文经常使用这种形式，如报告总结类。行文中间接显现主旨，是将主旨融合于字里行间，需要读者通读全篇，加以概括。这种显示主旨的形式一般应用于篇幅短小的文种中。

4. 篇末点旨

在文章的结尾处以简洁的语言点明或强调文章的主旨。结尾点题，能加深读者的印象，提高办事的准确率。公务文书大多使用这种方式结尾。

以上表现主旨的方式，写作者在使用时应根据实际情况，可以单独使用，也可以综合使用。

二、应用写作的材料

应用文的内容是由主旨和材料组成的，材料是为写作而搜集、准备的具有一定价值和意义的资料。

（一）材料的含义

应用文的材料是指作者为完成写作，体现写作意图和目的，从现实生活和文献资料中选取、使用的一系列事实根据和理论根据。所谓“事实根据和理论根据”，包括事件、现象或数据、理论依据、公认的原则、科学公理等。平时有意识采撷和积累而未写入文章中的材料，称为原始素材；可以为写作服务的相关政策、文书档案、报刊图书等，称为文献资料。

应用文的材料和主旨是紧密相连的。如果说主旨是文章的灵魂，那么材料就是文章的血肉。主旨是写作的灵魂，是材料的统帅；材料是主旨赖以存在的依托，主旨依靠材料加以说明和支撑，主旨和材料必须统一。

（二）材料的搜集和鉴别

占有材料的丰富和充分，有助于达到认识的深度和广度。所以，搜集材料要“博”“透”“细”。搜集的材料可从不同角度分为：直接材料和间接材料、历史材料和现实材料、正面材料和反面材料、具体材料和概括材料、事实材料和理论材料等。

材料的获得可以通过观察体验、调查研究获取，也可以通过查阅资料获得。

（1）观察体验是收集材料的重要途径之一，通过自身的观察体验，获取大量第一手材料，这是写好应用文的基础和前提。因此必须做到勤于观察、善于体验，以获取丰富的材料充实自己的“材料仓库”，在写作时才能信手拈来、左右逢源。

（2）调查研究是带有特定意图的定向观察，是有准备地获取材料的方法。它根据调查的目的，对调查对象做深入细致的全面了解，对收集的材料进行分析研究，从中找出本质性、规律性的结论。因此，调查是搜集、积累、整理材料的过程，为写作打下扎实的基础。

（3）查阅资料。通过观察体验，调查研究获取大量第一手材料固然重要，但写作者不可能事事都亲自去调查研究，因此查阅资料就显得十分必要。查阅资料可以突破时空限制，利用他人成果。但一定要保证资料的真实可靠性，对查阅的资料要进行审核，确保无误并注明出处。

（三）材料的选择和使用

在搜集材料方面，提倡多多益善，“以十当一”，以多为佳；但在选择使用上要求“以一当十”，以精为上。应用写作中，首先，要围绕主旨选择材料。根据主旨的需要决定材料的数量、类别和详略。材料反映出来的意义与主旨的意图、目的必须一致，这是应用写作的基本要求。如果材料与主旨关系不紧密，就会跑题，可能“下笔千言，离题万里”，这是选材时要特别注意的。其次，材料要真实准确。应用文的材料与文学作品不同，文学作品允许虚构内容，可以进行艺术加工，只要符合艺术真实即可，而应用文则不同，“真实”即必须符合客观事物的原貌和实际情况，不能夸大或缩小，更不能杜撰；“准确”即确凿无疑，无论记人记事、地名和数据以及引文，都要认真核对，做到准确无误。要防止张冠李戴、添枝加叶、马虎大意。再次，要选择典型材料。材料要具有广泛的代表性和强大的说服力，称其为典型材料。文中使用的事例、数据等材料不在多而在精，要能“以一当十”。这就要求注意选用那些最具分量、最具代表性、最能说明问题、最能揭示事物本质的材料。只有典型的材料，才能提炼出深刻的主旨，否则，文章就会平淡无奇。最后，是选择新颖的材料。所谓新颖，一方面是指新近发生的，另一方面是指虽非新近发生却是新近发现的，还可以是变换视角从老材料中挖掘出的新内涵。选材时应考虑材料的新颖性，如新人、新事、新气象、新数据、新成果、新问题、新做法等。新颖的材料，具有新鲜性和感染力，能够增加文章的可读性。

在应用文书的写作中，材料的使用应该注意以下两点：

（1）合理安排材料的顺序。对于材料使用的先后，一般应遵循以下标准：或是按照时间的先后，或是依据材料的重要程度，或是照顾事件之间的逻辑关系，或是依照说理顺序，或是考虑行文目的等，总原则是宜于读者接受。

（2）合理安排材料的详略。写入文章的材料大多不能按材料的原来面貌去表现，一是要根据主旨表达的需要进行处理。对表现主旨的骨干材料要详，普通材料要略；典型材料要详，一般材料要略，所有材料都要服从主旨需要。二是根据文体特点进行加工。不同的文书具有不同的特点，公文特点在于直言，故说明部分详写，叙述、议论从略；总结报告类文书以“事”显理，故叙述部分详写，议论说明从略；论文以“理”服人，故说理部分议论为详。这就是对材料“量”（详细）的控制。

第三节　应用写作的结构和语言

一、应用写作的结构

“结构”一词，原为建筑学术语，指建筑物的骨架或内部构造。后借用指文章的组织机构，又称“谋篇布局”。结构是文章内部的组织和构造，是文章内容的重要表现形式，是作者思路在文章中的具体体现。文章结构布局体现在两个方面：一是内在联系，即材料和观点、部分与整体之间的条理、脉络；二是外部形式，即标题、开头、主体、结尾、段落等外在要素的安排。写作中，内容决定形式，形式又为内容服务，二者相辅相成，浑然一体。在写作中，文章正文部分的组织和构造，包括开头和结尾、层次和段落、过渡和照应。

应用文文本结构通常由标题、正文、落款组成。正文常分为开头、主体、结尾三大部分，各部分又根据内容表达的需要划分段落与层次，各部分之间有过渡与照应，从而形成一个严密、完整的结构体系。这里仅就应用文正文部分的结构内容作一介绍。

（一）开头与结尾

1. 开头

应用写作“起要平直”，即开头要开门见山，不要转弯抹角。归纳起来应用写作的开头包括以下几种方式：

（1）表明行文目的。开头写明某项活动或举措的背景、意义，表明行文目的。文本起始处常使用“为了”“为”等词语。规章制度、合同、经济报告、计划、通知等文种经常使用这种方式。

（2）援引行文依据。开头援引有关法律法规、上级指示精神或有关单位来文，说明行文目的，起始处常用“根据”“按照”等词语。批复、函、通告等文种经常使用这种方式。

（3）概述基本情况。概述式是应用写作中较为常见的一种开头方式，直接写出基本情况、基本问题或工作的大致进程及结论，为正文的展开打下基础。报告类（报告、调查报告、市场调查报告、可行性分析报告）、总结类等文种经常使用这种方式。

另外，应用写作还可以以提出问题的方式作为开头，进而展开思考，对问题进行解答。这种方式常见于调查报告、消息通讯等。有的文种没有单独的开头，如转发、印发类通知。

应用写作中，开头的写作方式是灵活多样的，不一定局限于以上某一种，可以是两种甚至更多方式结合在一起的开头。应用写作使用最多的还是这种复合式的开头方式，既写明了写作目的，又指出了写作根据，还可以对当前情况作简要叙述等。

2. 结尾

结尾是文章正文主干部分的自然延伸和归结，它是对全文的收束，起强化主题、完成任务的作用。俗话说："编筐编篓，重在收口。"可见最后一道工序的重要性。应用文的结尾从形式上看主要有固定结尾和自然结尾两种。所谓固定结尾，是针对那些具有固定格式（包括法定格式和习惯格式）的应用文，它必须按照格式规定写作。如请示的结尾，必须作出请求上级对具体问题或实际困难予以批复的意思表示："当否，请批示。"所谓自然结尾，则是根据主旨和内容表达的需要，自然作结，有话则长，无话则短，意尽言止。

应用文的结尾方式主要有以下几种：

（1）概括总结式。在前文展开论述的基础上，概括总结全文的基本观点，收篇点题，以加深读者对文章主旨的理解。常用于篇幅较长、材料较多的文章，如重要的会议报告、典型先进事迹报告、综合性经济调查等。

（2）强调要求式。为引起受文者的重视，便于贯彻执行，在结尾中进行强调、要求。这种结尾方式多用于公文中的下行文，如批复、指示、会议纪要、通报、通告等，以向下级传达精神、布置工作、提出执行要求而结束全文，用语如"以上各点，希遵照办理""望认真执行"等。

（3）祈望请求式。这种结尾以向上级或相关部门提出有针对性的请求而结束全文，常用于上行公文，如请示、报告，也见于联系、商洽工作的函件等。用语常见"请批复""当否，请指示""请予接洽"等。

（4）倡议展望式。这种结尾使用概括性的语言表达良好的祝愿或表示对今后工作的信心和努力方向，写作语言具有一定鼓动性，以唤起读者的热情，达到行文目的。常用于工作总结、会议报告、讲话稿、慰问信、倡议书等文种。

（5）交待说明式。这种结尾方式常用来对与主题内容相关但性质不同的问题或事项作补充交待、说明，以保证行文的完整性。如公文类、制度类结尾交待施行日期、执行范围、传达对象，以及说明与该文规定不符的原有规定如何处置等。

此外，有些应用文可根据主旨和内容的表达需要，将结尾融入主体，意尽而言止，自然收束，就不必再有专门的结尾。

（二）段落与层次

1. 段落

段落也叫自然段，是构成文章的基本结构单位，是文章思想内容在表达时由于转折、强调或间歇等情况所造成的文字停顿。分段的目的在于有步骤地表达主旨。其表现形式有三种：条款式、提行式和篇段合一式。条款式以数字符号标明条款项目，次序清晰，内容一目了然，广泛应用于法律、法规、制度、合同等文种。提行式即以另起行的方式显示的段落，如会议纪要常以“会议指出”“会议认为”“会议决定”等作为段落的区分。篇段合一式指以一篇文章为一段的划段方式。无论哪种方式，都应保持相对的完整性，既不能不将一个段落中的意思表达全面，也不能把一个相对完整的意思分割为若干段。

2. 层次

层次又称意义段，它是应用文主旨的秩序体现，展示作者表达主旨的整个思想轨迹。文章层次间的结构形式有并列、总分、递进、因果等形式。任何一篇应用文的各个意义段，都只能是主旨统率下的有机体。由于主旨要求不同，意义段的表现形式也不同，它们在内涵上可能是并列的，可能是总分的，也可能是递进的。当然，很多情况下属于综合使用。常见的层次表现形式包括自然段形式、小标题形式、条款形式三种。在内容单纯、主旨明确、线索单一的情况下，应用文可采用一个自然段的形式写作，即篇段合一式（是自然段形式的特殊表现形式），如命令、转发类通知、批复等文种经常使用这种形式。

（三）过渡与照应

过渡是承上启下、衔接文字的一种手段，它是上下文之间的联系纽带。文章中的过渡，有利于文章成为一个有机整体，有利于主旨的表达及读者的阅读理解。应用文的过渡有词语过渡、句子过渡和段落过渡三种形式。如可以标明使用“综上所述”“有鉴于此”“在此基础上”等短语，也可以使用“这次调查的结果报告如下”“造成这次事故的原因究竟是什么？”等句子进行过渡。在篇幅较长、意义重大且内容层次跨度较大的文章中，则常使用一个独立的自然段进行过渡。

照应是通过前后内容照应，相互关照，从而使应用文章形成紧凑严密的有机体。照应并非简单的文字重复，而是根据事物的内在联系所做的有意识、有计划的强调和反复，它在一定程度上表现了内容的发展变化和思想的逐步深入。常见的照应有文题照应、首尾照应以及行文前后内容照应等。文题照应，即文章内容照应标题，常见的以小标题或段首领句点题、段首结句应题，都属于文题照应。首尾照应则于结尾处对开头的观点作小结，或作进一步强调，使文章内部联系得到强化。行文前后呼应，即围绕主旨，在行文中多次呼应，加强主题的效果，加深读者的印象。通过照应，既使观点得到强调，又使文章显得紧凑、连贯。

总之，应用写作的结构要求根据主旨及文种的需要，应正确反映客观事物发展规律，做到严谨自然，完整统一。

二、应用写作的语言

（一）应用写作的语言特点

语言是人类最重要的交际工具，用来表达、交流思想。应用写作则是运用书面语言来反映现实、表达思想的一种信息存储传播活动。在长期的实践和运作中，应用写作语言经历了从文言文到现代文的发展，经历了与外来语言的融合，形成了自身独特的风格，整体呈现出准确、简明、庄重、平实的特点。

准确是应用写作语言的第一要求。在词语的选择上，应该使用含义精确的词语，恰如其分地反映客观事物。具体写作中，应仔细辨析词义，精选中心词，用准修饰语，尤其要注意同义词、近义词的细微差别，同时还应力避歧义，以免造成误解，影响工作。如下行文中“以上各点，应严格遵照执行”“希认真贯彻执行”“请研究执行”“可参照执行”“供工作中参考”等句子，准确地表达了不同程度的贯彻落实要求。

简明即以最少的文字表达尽量多的内涵，做到文约而事丰，应用写作以高效、迅速地传递信息、处理公私事务为己任，以取得社会效益和经济利益为目的，具有很强的时效性和实用性，其语言在准确的基础上，还应简洁畅达、精炼明快。如原国家旅游局《关于进一步发展假日旅游的若干意见》中的一段话：“由于供给不足以及对出现的新情况估计不够，应对措施跟不上等原因，假日旅游也暴露出一些问题：民航、铁路、公路运力相对不足，旅游出行受到制约；重点景区旅游者爆满，景区、景点容量和配套设施严重不足；许多地方中低档旅游住宿设施短缺，致使一些旅游者露宿街头；一些地区程度不同地存在旅游质量不高、哄抬物价、欺客宰客等问题。”这段文字非常简洁准确地概括出假日旅游“黄金周”出现的问题。

庄重是指写作中对客观事物的表达要得体、谨慎、严肃。应用文的语言使用和行文关系、文种紧密结合在一起，讲究庄严持重，适度得体，反对轻佻俏皮、随情任意，讲究刻意创造严肃的气氛并在行文中精心维护这种气氛，这与文艺作品追求的生动活泼有所不同。如在公文中，“你局来函收悉”一语，就不可以用“你们局发来的信件收到了，内容也知道了”这样口语化、较随意的句子表达，因为这样会破坏公文的严肃气氛。

平实是指语言平直朴实。应用文的价值在于务实，阅读对象较固定。越是准确、简洁的语言，就越平实。应用写作以立足意思表达、阐释作者思想观点为基本宗旨，不以追求“语不惊人死不休”为语言目的，反对做作、浮夸，讲究朴素平实，做到语言标准规范、通俗易懂，朴实明白，追求“繁简适中，事辞相称”。

同时，由于应用写作的种类繁多，故在写作时，还应针对行文目的、写作受体、所用文种以及使用场合等来确定选用什么词汇、采用何种语气、形成何种风格，以获得最佳的实用效果。

（二）应用写作的语汇特征

1. 固定使用事务性语汇

应用文大多用于处理事务，这就逐步形成一系列用法较为固定的事务性专用词语。这些词语虽非法定，但已约定俗成，尤其是在公务文书中的使用，有助于文章表达的简练。事务当事人称谓、经办、引述、表态、请求等意思表示都有较固定的表达方式。常见的有以下几种固定的表达方式：

表开头：用于说明发文缘由，包括意义、根据，或介绍背景材料及情况等。如为、为了；根据、按照、遵照、依照；鉴于、关于、由于；兹、兹有、兹介绍、兹派、兹聘等。

表称谓：对各机关称谓的简称。如本（部）、我（院）、贵（处）、你（局）、该（厅）等。

表经办：表明工作处理过程或情况。如经、兹经、业经、未经；拟、拟办、拟定；审定、审议、审发、审批；试行、暂行、实行、可行、参照执行、贯彻执行、研究执行；会议听取了、会议讨论了、会议指出、会议希望等会议类经办语等。

表引述：用于批复或复函时引述来文作为依据的用语。如接、近接、前接、悉、收悉、敬悉、欣悉、电悉等。

表批转：用于批转、转发、印发通知时的用语。如批示、阅批、审批、批转、转发、印发等。

表呈递：用于上行文呈报情况时的用语。如呈上、转呈、送上、递交等。

表结尾：文书结尾常用语。如为要、为盼、为荷、为宜；请批示（复）、请予函复（告）、特此函复；现予公告、特此公告（通告、通报、通知）等。

表征询：用于询问的语言。如当否、妥否、是否可行、意见如何等。

表承接：用于连接开头与主体部分，起到承上启下作用的惯用语。如现通知（通报、总结、答复、报告）如下；拟采取如下措施；为了（根据）……现决定，经研究，现答复如下等。

表态度：用于表态的语言。如批准、不同意、照办、参照执行等。

2. 大量使用专业术语

应用写作最大的特征就是实用性，无法回避各行各业大量的专业术语。专业术语多是应用文区别于其他文字作品的重要特征。应用文作者应熟悉专业业务，准确使用专业术语，体现出应用写作语言简明、准确的特点。

3. 规范使用新生简缩词

应用文中的简缩词是在学习、流传过程中为广大读者所认同的新生词汇，它随客观现实需要应运而生，具有很强的时代性。如“五讲四美”“三个代表”“入世”“三农”等。但在写作时应注意，简缩词的使用一定是规范的、已经被社会认可的词语，不能是自造、晦涩难懂之词。虽然有些词语已经得到社会的认可，如“搞定”“撮一顿”“粉丝”“饭局”等，但是因存在不规范因素，仍应尽量避免写入应用文书。

4. 文言词汇活跃

应用文要求语言简明，而文言文是简明而表达内容丰富的语言形式。在应用文的发展历程中，有一些凝练、典雅的古典词汇流传沿用至今，在以上列举的常用事务性语言中已有所体现，另如：妥否、承蒙、希予接洽为荷等。这些文言词汇表现出应用文语言具有庄重、大方的语言风格。

（三）应用写作的表达方式

由于不同体裁的文章所表现的对象、内容和写作目的不一样，采用的表达方式也不同。普通写作理论概括出的语言表达方式有五种：叙述、说明、议论、抒情和描写。在应用写作中，由于它有很强的实用功利目的，没有太大的抒情和描写空间。因此，应用写作最常用的表达方式是叙述、说明和议论，一般不使用抒情和描写。

1. 叙述

叙述是应用写作中最常用的表达方式，主要用来介绍事件的基本情况，事件发生、发展与变化的过程，人物的经历和事迹，问题的来龙去脉，说明原委等。

在写作中，要注意叙述要素的全面和叙述人称的选择。叙述要客观、完整，线索要清楚。应用文书的写作人多采用顺序的方式，如调查报告、总结等，通常采用按照事件的发生、发展的顺序来进行叙述。使用叙述时要注意材料的取舍，在应用文书的写作中，以概括陈述居多，有时应用文书也会用到倒叙的方式，但很少。

叙述的人称，是作者进行叙述的角度。应用写作中叙述的人称主要使用第一人称和第三人称。第一人称指作者在文章中以当事人、见证人的身份出现进行叙述，即我、我们、本（部门）等，一般报告、总结、计划、信件等运用第一人称写作。第三人称是指作者在文章中以局外人的身份进行叙述，即他（她）、他们等。如通讯、通报、会议纪要等经常运用第三人称。有些文书中虽然使用到第二人称，但立足点仍为第一人称。

2. 说明

应用写作中，说明往往与叙述和议论关系密切，常常在陈述或议论过程中出现，主要用来解说清楚事物的形态、构造、性质、特征、成因、关系、功用，表述明白人物的经历、特点等。说明在应用文中应遵守科学性、准确性要求，文字通俗易懂，朴实无华。应用文书写作中经常使用的说明方法有：定义和解释、分类和比较、数字和图表，以此增加文章的准确性。

3. 议论

在应用写作中，议论应用得相当普遍。经常在叙述、说明的基础上，表明对人物、事件、问题的评价，以便更鲜明、正确地表达观点。在应用写作中，一般不作长篇大论，不必论点、论据、论证三要素齐全，也不要求论证过程完整，往往点到为止，不做深入论证。或叙述事实后便下结论，或提出观点后即举例证明，一般无须周详的论证推理过程。应用文书经常运用的议论方式包括例证法、分析法、引证法、对比法和因果法。

任何一种表达方式，都是为表现文章主旨服务的，这些表达方式常常不是单独运用，更多的时候是相互配合、综合运用的，只是有主有次而已。写作者应尽量娴熟地掌握这些表达方式，从而实现准确表达文义、突出主旨的目的。

第四节　例文简评

例文一：

电信业投资锐减

业务收入 1846 亿元，增长 16%

1至5月，电信行业固定资产投资额为360亿元，仅为去年同期的七成。但截至6月底，全国电信业务收入达到1 846亿元，较上年同期增长16%。固定电话用户达到1.98亿户，半年内增加了1 990万户；移动电话用户达到1.76亿户，半年内增加了3 135万户。全国电话普及率达30.2%，移动电话普及率达13.86%。

截至5月份，我国各大电信运营商业务收入所占比重分别为：中国移动37.4%，中国电信34.4%，中国网通16.1%，中国联通11.4%，其他0.7%。经过新一轮的重组，我国各运营商的市场占有率均低于40%，实力相差无几，可以预见未来电信市场的竞争会是势均力敌。

评析：

此则消息虽短，但由于使用了大量的数字进行叙述和对比，其所表达的事实便一清二楚，所做预测的可信度就高。

例文二：

下面是一则经济消息，材料顺序排列混乱，请按逻辑顺序排列好它们的位置。

1. 曾参加贝尔茨维尔的养牛实验的农业部科学家威廉·惠勒博士说，如果早期实验的结果仍能保持，这将对牛肉生产产生“巨大”影响。

2. 食品和药品管理局的一位发言人说，虽则目前法律还不限制使用这种物质，但是如果肉里含有这种物质的残余，农民将受法律惩处。

3. 惠勒说，虽然还不清楚为什么这种低成本、矿物质丰富的水泥粉末能使牛如此肥壮，但无须担心它会在动物体内凝固，因为它不包含一般水泥所具有的各种成分。

4. 政府调查人员星期三报告说，农民使用水泥窑粉末做牛的饲料，可以生产出令人垂涎的、上等的而且便宜得多的牛排和烤肉。

5. 发言人警告农民说，在做出进一步的研究，以便搞清诸如肉里是否含有粉末的残余等问题之前，不要用水泥的副产品做牛的饲料。

6. 粉末具有抹脸香粉那样的密度，是在波特兰几家水泥厂窑里通过空气过滤出来的。

7. 他们也注意到，这种粉末作为饲料成分，尚未得到食品和药品管理局的批准。

评析：

政府调查人员星期三报告说，农民使用水泥窑粉末作为牛的饲料，可以生产出令人垂涎的、上等的而且便宜得多的牛排和烤肉。粉末具有抹脸香粉那样的密度，是在波特兰几家水泥厂窑里通过空气过滤出来的。他们也注意到，这种粉末作为饲料成分，尚未得到食品和药品管理局的批准。

曾参加贝尔茨维尔的养牛实验的农业部科学家威廉·惠勒博士说，如果早期实验的结果仍能保持，这将对牛肉生产产生“巨大”影响。惠勒说，虽然还不清楚为什么这种低成本、矿物质丰富的水泥粉末能使牛如此肥壮，但无须担心它会在动物体内凝固，因为它不包含一般水泥所具有的各种成分。

食品和药品管理局的一位发言人说，虽则目前法律还不限制使用这种物质，但是如果肉里含有这种物质的残余，农民将受法律惩处。发言人警告农民说，在做出进一步的研究，以便搞清诸如肉里是否含有粉末的残余等问题之前，不要用水泥的副产品做牛的饲料。

例文三：

客观分析经济状况　实现效益最大化

——中铁二十三局二公司 2020 年上半年经济活动分析会

“客观分析当前经济状况，在现有条件下，合理配置好各种资源，达到效益最大化，这是我们在当前货源不足、资金短缺等不利因素下必须要做的。”8 月 18 日，在中铁二十三局二公司 2020 年上半年经济活动分析会上，二公司执行董事、总经理曹鹏程再次强调了开展经济分析的重要性。

为了更好地理清公司生产经营的实际情况，进一步提高各单位管理水平，二公司召开了上半年经济活动分析会。总经济师高鹏做了《公司上半年经济运行情况报告》，代总经济师张长青做了《公司上半年责任成本暨二次创效管理考核情况的通报》，公司财务部部长谭思崇做了《机关管理费使用情况及财务工作大检查的通报》；23 个基层单位汇报了有关经济指标、责任成本及二次创效情况和需要公司解决的问题。

在经济活动分析会上，公司执行董事、总经理曹鹏程逐一分析了各单位的产值、成本、拨款等指标，强调各单位负责人要把成本控制作为“一把手”工程去经营效益；在国家减少投资、融资贷款难等不利因素下，总结经验，研究对策。要充分认识经济分析的重要性，与自己比、与同行先进比，对查出的问题迅速整改、落实。对共性问题要引起高度重视，快速拿出方案。本级费用居高不下，既有市场不规范的因素，也与管理者水平有关，要解决自身管理不到位的问题，控制好本级费用。财务是企业经营活动的核心，要严格执行各项财务制度，加强财务队伍的建设和管理，项目经营存在极大的政治风险、质量风险、信誉风险、经济风险、审计风险及法律风险，在财务管理上还有很多工作要做。最后，他希望大家本着勤俭办企业的方针，把“大家”当作“小家”，在企业最艰难的时候，齐心协力，共同渡过难关。

评析：

这是一则关于经济活动分析会的消息，会议通过对各财经文书的研讨，从成本控制、风险管理、制度落实等环节入手，正确认识上半年的经济形势，明确今后工作的思路和重点，对实现公司效益最大化起到了至关重要的作用。从文中可以看出，财经文书的质量直接影响到企业的效益，写好财经文书是开展经济工作的必备技能。

例文四：

美国 7-Eleven 24 小时连锁店电视广告文案

年轻人：清晨四点，整个城市好像只有那个角落，让人觉得明亮且温暖。

店员：我记得那天冷冷的，还在下雨，他站在那里喝咖啡，心情好像很坏的样子。

年轻人：只不过喝他一杯咖啡而已，他就像老朋友一样陪我聊了好久。

店员：我只不过是问问他是不是工作不顺，他就好像好久没跟人说过话一样，一说就说个不停。

年轻人：我好像第一次跟一个陌生的人讲那么多话，也在这个角落里，第一次感觉到许多人竟然可以那么单纯、那么认真地活着。

年轻人：嘿，胡子刮刮吧！

店员：常来喔，别忘了这个方便的好邻居喔。

年轻人：那个早晨，觉得自己的脸那么清新，那个角落真的特别明亮，特别温暖。

评析：这是美国 7－Eleven 24 小时连锁店企业形象电视广告文案。广告内文以“年轻人”和“店员”的内心独白为中心，以回忆的方式，将年轻人在连锁店受到的友好服务做了完整细致的描述，娓娓道来，自然亲切。运用内心独白的方式，直诉肺腑，更显得情真意切，不掺杂任何虚伪和矫情，自然地树立了这家连锁店“温馨如家”的良好形象。

综合练习

1. 什么是应用写作？

2. 应用写作的作用主要表现在哪些方面？

3. 请以实际应用文文种为例，阐述应用写作的特点。

4. 应用写作立旨的要求是什么？

5. 应用写作主旨的表现形式有几种？请举出相应文种予以说明。

6. 应用写作的材料有哪些？根据以往写作经验，能否列举具体实例加以说明。

7. 应用写作的开头和结尾的程式性都较强，请列举几种常见的开头和结尾方式，并列举其适用文种。

8. 应用写作中主要用何种表达方式？使用时有哪些注意事项？

9. 以下文字使用的是哪种开头方式？

为确保“菜篮子”产品长期稳定供给，提高“菜篮子”产品质量……现就新阶段“菜篮子”工作的有关问题通知如下……

你院《关于筹建信息处的请示》（×××字〔2021〕5 号）收悉，现批复如下……

10. 以下文字使用的是何种表达方式？

嘀嗒，嘀嗒，时间如白驹过隙，一年时间在转瞬间过去了。在 2021 年，我厂沐浴着改革开放的春风……

狗，哺乳动物，种类很多。它的嗅觉和听觉都很灵敏，毛有黄、白、黑等颜色。

箩筐下扣着一只白色的巴儿狗，那狗左冲右突，用头猛烈地撞击着藤条，胸腔里发出暴怒的嘶吼。

而于狗，却不能引此为例，与对等的敌手齐观，因为无论它怎样狂嗥，其实并不解什么“道义”。况且狗是能浮水的，一定仍要爬到岸上，倘不注意，它先就耸身一摇，将水洒得人们一身一脸，于是夹着尾巴逃走了。但后来性情还是如此。

11. 以下文字使用的是何种结尾方式？

本办法自2021年1月1日起施行。1998年11月21日安徽财经大学发布，1999年1月1日起施行的《安徽财经大学教学成果认定及奖励办法》同时废止。

××同学的错误行为提醒我们，在大学生中必须加强遵纪守法教育。望各单位借此通报后，组织学生认真讨论，使学生树立遵纪守法的观念，以促进教育改革的顺利进行。

让我们的每一双手都学会创造吧！愿艺术之花香满校园！

预祝××省国际技术合作和商品洽谈会圆满成功！

以上请示妥否，请批示！

12. 找出下文中的专用词语，并指出各属于哪类专用词语。

××县人民政府

关于阳光东路等道路命名的批复

县建设局：

你局于2021年4月11日×建发〔2021〕51号文《关于阳光路等道路命名的申请》收悉。

经研究，同意你局申报的政府实事工程10条道路命名。现将命名批复如下。

1. 阳光东路：东西走向，东起苏家浜，西至车站南路。

2. 阳光西路：东西走向，东起车站南路，西至金秀路。

3. 净云路：东西走向，东起青龙桥港，西至施家南路。

4. 罗星路（延伸段）：东西走向，西起油车港连接罗星路，向东延伸至徐家港。

特此批复。

二〇二一年四月二十九日（公章）

第二章
计划和总结

应用导航

霸州收费站团支部2020年工作总结

霸州收费站位于河北保津高速公路的中心，毗邻106国道，是连接天津、保定、廊坊、任丘等地的重要交通枢纽，霸州站现有团员30人，占全体职工总数的75%，平均年龄24岁，是一支年轻、有战斗力的队伍。

面对新形势的需要，霸州收费站团支部在上级团委的领导下，本着从实、从细、从严的原则，以习近平新时代中国特色社会主义思想为指导；以实现“四个一流”、树保津形象为己任；以争创“青年文明号”和“巾帼文明示范岗”活动为载体；以实施“六个一”育人计划为举措，坚持不懈地抓好团支部建设，充分发挥了团支部的战斗堡垒作用：连续三年超额完成上级下达的收费任务；被省职工委授予“青年文明号”和“巾帼文明示范岗”称号；2020年度涌现出厅级先进个人1人、局级先进个人2人、处级先进个人4人、处级青年岗位能手6人、巾帼明星10人；好人好事更是层出不穷，共获锦旗25面、表扬信28封。具体工作总结如下。

一、民主选举支部成员，提高团支部组织活力

2020年初，我们对团支部干部的任免制度进行了改革：首先在职工中进行了民意测验，将职工比较满意的几位同志提名为支部成员候选人，然后在支部大会上采用民主投票的方式选出支部书记、组织委员、宣传委员和文体委员，组成了目前团支部班子成员。由团支部书记负责团支部日常行政工作，

策划各阶段具体活动，各支部委员各司其职、分工明确，提高了团支部组织活力和运转能力。团支部成员间团结一心，对工作认真负责，起到了模范表率作用，提升了团干部的感召力。

二、完善制度建设，规范团支部运转机制

将“三会一课”制度化，即定期召开支部大会、支部委员会、民主生活会，及时总结经验，制订工作计划。我站团支部根据工作需要，自己整理搜集了相关材料，编辑成团课教材，采取轮训的形式，由团干部授课，定期组织团员学习，有计划、有目的地对团员进行思想及职业道德教育。

三、占领青年活动阵地，发挥团支部战斗堡垒作用

(1) 开展“两创”岗位建设活动。“两创”即争创“青年文明号”和“巾帼文明示范岗”。我们在收费站口设立“青年文明号”便民服务台，发放“青年文明号”服务卡，为司乘人员提供地图、药品、热水、修车工具等。在收费广场设“创建青年文明号”灯箱，设置监督台和公示牌。做到六公开，并向社会承诺——依法收费，无三乱现象；文明服务，无忌语现象；站口整洁，保障畅通。设立违规违纪举报电话和规范服务监督电话。广泛听取社会各界的意见和建议。开展“争当岗位能手活动”。杜绝违规违纪现象的发生，文明用语使用率达100%。通过以上举措，我们以规范的行为、文明的服务充分展示了“青年文明号”的风采，塑造了“窗口单位”良好的形象。2019年9月，我站被省职工委授予“青年文明号”称号。

(2) 实施“六个一”育人计划，提高团员素质。为了培养一专多能型人才，我们开设了计算机培训班和英语培训班，从基础知识教起，注重实践操作能力，为保津处实现自动化收费奠定了基础。将英语学习列入年度学习计划，着重口语训练，循序渐进，逐步提高了团员们的会话能力，并在站内宣传板报中开辟“英语学习园地”，采用职工投稿、择优选用、有奖翻译的形式，调动了职工学习英语知识的热情。

(3) 成立互助小组、卫生小组，提高服务质量。卫生小组由站内医学专业毕业的女职工负责，购置常用药品和简单的医疗器械，解决大家就诊远的困难，给职工提供了较好的生活保障。这不仅方便了职工，还方便了过路的司乘人员，虽是一些常用的药品和简单的外伤处理，却博得许多好评。

(4) 开展文体活动，为职工提供展示聪明才智的舞台。团支部组建了各种活动小组：成立文艺队，自编小品、相声、歌舞等节目，占领文娱阵地，反映收费站的生活和收费员的心声。团支部集体创作的现代河北梆子《敬礼，我们是青年文明号》在保津处2019年元旦晚会中，得到了专业人士的肯定，

获二等奖。团支部选送的歌伴舞《欢乐中国年》在保津处2019年五一劳动节晚会获一等奖。2020年3月5日，我站“文艺队”作为交通厅唯一的代表队参加了省直系统“庆三八妇女风采展示会”的演出，在人员紧张的情况下全体职工齐心协力，不仅保证了正常的工作秩序，两个节目还获得了各级领导的肯定，获表演优秀奖。此次活动充分证明了我站是个“讲团结、讲奉献、讲作为”的集体，职工队伍也是个能打硬仗的队伍……

一分耕耘，一分收获，霸州收费站团支部在上级领导的关怀和全体成员的共同努力下，由稚嫩逐步走向成熟。今后，我们将不断总结经验、弥补不足，加强与兄弟单位之间的交流，争取再创佳绩。

霸州收费站团支部

2020年12月30日

点评：

这是一篇反映集体工作全貌的工作总结，文章开头部分采用简短的语言对霸州收费站位置的重要性作了介绍，并对站团支部所取得的优异成绩进行了概括总述，引出下文。主体部分从三个方面对工作完成的具体情况和所取得的创新经验进行了详细介绍。全文内容丰富，既有理论，又有具体生动的事实，使人读来真实可信。结尾略谈缺点和不足，顺势指明今后的努力方向。文章在层次结构上脉络清晰，重点突出。

点睛之笔

教学重点

(1) 计划的含义、特点和分类

(2) 计划的写作要求及注意事项

(3) 总结的含义、特点

(4) 总结的基本结构

(5) 总结的写作要求及注意事项

教学难点

熟练而准确地写作计划、总结

第一节　计划

一、计划的概念

计划是国家机关、企事业单位、社会团体或个人为完成某一任务或实现某项目标，预先对今后一定时期内的工作、活动所做的安排、设想、部署、规划和筹措。计划是决策，是对理想、目标的具体化。它是对工作完成的具体任务、质量及数量的要求，是对工作完成时间、步骤、措施以及内外部保证条件等内容进行通盘考虑和周密安排的一种说明性应用文体。

《礼记》云："凡事预则立，不预则废。""预"就是事先的构想、计划和安排。人们无论做什么工作，有了事先的安排和设想，事情成功的可能性就大。否则，工作就会陷入盲目和被动，以致遭遇失败和挫折。因此，制订计划是一种科学的工作方法，能够克服工作的盲目性和随意性，提高工作效率，便于有效完成工作任务。

计划是计划类文书的统称。按内容涉及的范围大小、期限长短和实施步骤的详略不同，计划有以下不同的名称。

（1）规划。具有全局性的、较长时期的远景计划称规划。规划，一般跨度在五年以上，目标大、涉及范围广、内容较概括，具有原则性、指导性和鼓舞性。如《××师范大学五年发展规划》《××省经济发展十年规划》。有时这类较长远、宏大的计划还被称为"纲要"，如《中国残疾人事业"十四五"发展纲要》（2021—2025）。

（2）方案。对某项工作完成的多种可能性进行比较、筛选、论证后，做出的相对优化、周密的计划称方案。方案，一般都要从完成任务的目的、要求、工作步骤，到工作方式、方法，做出比较全面、详细的部署和安排，多用于对需短期完成的目标和任务做出计划。如《天驹商贸公司第四季度销售方案》《"3·12"特大刑事案件侦查方案》。

（3）安排。对短期内预计要完成的工作进行具体布置的计划称安排。安排一般比较切近、具体，如《开元商场童装部周工作安排》《××省化学学会2021年度年会准备工作安排》。

（4）设想。对长远的工作做出粗线条的部署称设想。设想，属初步的草案性计划，其实施方法和步骤较为简略。如《××省建立生态保护区的设想》《建立健全农村人口医疗保障体系的设想》。

（5）打算。短期内工作的要点式计划称打算。一般只写出需完成任务的概要，不做详细部署。如《元旦文艺汇演筹备工作打算》。

（6）要点。对一段时间的主要工作做出简要安排的计划称要点。如《某建筑公司 2020—2021 年度工作要点》《生产安全管理工作要点》。

二、计划的种类

计划从性质、内容、时间等角度可划分出以下不同类型：

（1）按性质划分，可分为综合性计划和专题性计划。

（2）按内容划分，可分为工作计划、培训计划、科研计划、教学计划、基建计划等。

（3）按时间划分，可分为长期计划、短期计划、年度计划、季度计划、月计划、周计划等。

（4）按范围划分，可分为国家计划、部门计划、单位计划、个人计划、行业计划等。

（5）按表达方式划分，可分为条文式计划、表格式计划、文表结合式计划。

三、计划的特点

（一）预见性

计划是先于实践活动制订的，必须对未来工作中可能发生的问题有充分的估计和预测，要遵循客观事物的发展规律，结合已有的经验和实际情况，进行科学的预见。没有预见性，计划就不能成立。另外，正因计划具有预见性、设想性，所以在执行中，如情况、条件发生了变化时，也必须视实际情况，对计划做出相应的调整。

（二）可行性

计划是行动的指南，计划的目标和措施必须具有科学性，确保切实可行。因此，确定计划目标时必须以主客观条件为依据，对各种有利因素和不利因素进行研究、论证，既要发挥主观能动性，也要考虑客观可能性。有了可行的目标，完成目标的措施也必须得当，方法正确、步骤合理、不脱离实际，才能实现预期目标。

（三）指导性

计划是结合实际工作而制订的科学方案，对人们有目的、有秩序、有步骤地进行某项工作有一定的指导作用。计划既是指导下级工作的依据，也是考核下级工作的尺度，计划一经制订、下达，就有一定的约束力，尤其是经过一定的会议讨论通过和批准的计划，更具有权威性和约束力，若无重大变化，必须严格按照计划执行。

（四）简明性

计划在制订时必须简明扼要，条款清晰，目标明确，步骤性强，以便指导实际工作和进行具体操作。

四、计划的结构与写法

计划由标题、正文和落款三个部分构成，其写法如下。

（一）标题

计划标题有多种拟写方式，常见的有以下几种。

1. 完整式标题

此类标题一般由制订计划的单位名称、完成时限、计划内容和计划名称四部分构成。如《××机械厂 2021 年财务工作计划》。

2. 省略式标题

（1）省略时限，如《家乐福超市销售计划》。

（2）省略单位，如《2021 年第一季度生产方案》。

（3）省略单位和时限，如《工作计划》《读书计划》《自修计划》。

3. 加注式标题

所拟计划若还须讨论定稿或经上级批准，就应在标题的后面或下方用括号加注“草案”“初稿”或“讨论稿”等字样。

（二）正文

计划的正文包括引言、主体和结尾三个部分。

1. 引言

引言又称“前言”。在全文中起引导作用，简明扼要介绍制订计划的背景、依据、指导思想，说明其意义和重要性，并列出所要达到的目标。

例如：为全面提高我区街道工作的整体水平，加快区域经济发展，强化城市管理工作，着力推进社区建设，切实抓好社会主义精神文明建设。根据区委、区政府未来五年内对全区街道工作的总体要求，本着高标准、高起步、求实效、创一流的工作原则，特制订本规划。

这段引言简洁明了，一语道出制订计划的目的和依据。

2. 主体

主体部分主要是具体全面地说明计划内容，即计划的目标和任务要求、措施和时间、实施步骤等事项。

（1）目标：即计划需完成的任务。它是计划的核心内容，也是具体提出计划目标和工作要求的部分。既要明确指出总体目标和基本任务，对工作任务要达到的数量和质量也要有明确的指标。

（2）措施：即完成计划任务所采用的方式、方法。以什么方法、用什么措施来确保完成任务、实现目标，这是关乎计划是否具有可操作性的关键一环。一个完整的计划，应既有目标任务，也有措施办法。所谓有措施办法，就是对完成计划须动员哪些力量、创造哪些条件、排除哪些困难、采取哪些手段、通过哪些途径等做到心中有数。这既需要熟悉实际工作，又需要有科学预见。只有如此，制订的措施、办法才能切实可行。

（3）步骤：步骤是工作的阶段划分，强调时限和先后顺序。编制计划必须胸有全局，经过分析、对比、统筹，设计出科学的工作阶段和工作流程，并对人、财、物进行合理分工和周密组织。工作要有先后、主次、缓急之分，工作进程要有一定的阶段性。在编制计划时要对整体的工作任务进行分解，规定操作步骤，将各项工作的完成时限、质量要求及责任人落到实处。这样才能职责明确、操作有序、执行无误，保证计划的完成。

以上三点可称计划三要素。一份成功的计划，措施要具体，分工要明确，步骤要有序，表达要条理清楚。

3. 结尾

（1）总括式结尾。为使文意完整，少数计划可在文尾概括说明完成计划的有利条件或表明信心和决心。

例如：本学期的工作一定会开展得丰富多彩，希望我部在以往所取得成绩的基础上，再创辉煌，将我部的宣传工作推上一个新的台阶。

这段结尾简明扼要，表明信心，提出希望。

（2）自然式结尾。即叙述完主体自然收尾。

（三）落款

在正文右下方署上制订计划的单位名称和日期，并加盖公章。

五、计划的写作要求

（一）从实际出发，统筹兼顾

无论是撰写长期计划还是短期计划，都必须从实际出发，要充分分析客观条件，所撰写的计划既要有前瞻性，又要留有余地，使计划执行者通过一番努力就能够完成。事关全局性计划，应考虑周全，处理好大计划与小计划的关系、整体与局部的关系。

（二）重点突出，主次分明

计划在目标较多的情况下，要解决好先与后、重与轻、主与次的关系，一定要做到点面结合、有条不紊，才能有利于工作的全面开展并达到事半功倍的效果。

（三）目标明确，步骤具体

计划的目标必须明确，才会使计划的执行者有明确的努力方向。步骤和措施越具体，越有利于指导实际工作，也越便于检验计划的优劣。

第二节 总结

一、总结的概念

总结是单位或个人对已完成的工作或已发生的事项进行回顾、检查、分析评价，从而得出经验教训，概括出规律性的认识，以备查考和指导今后工作实践所写的一种应用文体。日常工作中形成的总结还有以下名称：回顾、小结、体会、经验、做法、心得等。

总结最基本的特点是回顾过去，评估得失以指导未来。通过对以往的工作、学习、思想等的回顾，在此基础上进行客观分析，肯定成绩和经验，发现问题和缺点，以更好地指导今后实践。在具体工作中总结不仅能起到承前启后的作用，也可为决策部门制定路线、方针、政策提供依据，是不断提高思想认识水平和工作能力的重要途径。

二、总结的种类

总结从性质、内容等角度可划分为以下不同类型。

（1）按性质划分，可分为综合性总结和专题性总结。

综合性总结，又称全面总结，它是对某一时期各项工作的全面回顾和检查，进而总结经验与教训，如《××公司 2020 年度工作总结》《××省体工委工作总结》。

专题性总结，也称单项总结，是对某项工作或某方面问题进行专门的总结，尤以总结推广成功经验为多见，如《利君集团 2020 年度销售工作总结》

《××市××区植树造林工作总结》。

（2）按内容划分，可分为工作总结、学习总结、科研总结、教学总结、行业总结等。

（3）按时间划分，可分为年度总结、季度总结、月份总结等。

（4）按范围划分，可分为地区总结、部门总结、个人总结等。

三、总结的特点

（一）实践性

总结是人们以自身的实践活动为基础，通过客观的回顾、认识、评价、分析得出的具有指导性和规律性的认识，它的根源是客观实践活动，总结的对象和材料来自实践，观点也是从实践中提炼出来的。因此，总结的写作必须忠于事实，不能添枝加叶、无中生有或避重就轻、报喜不报忧；否则，就失去了总结的价值和意义。

（二）理论性

总结不是对已完成工作事实的简单复述，也不是对工作实践过程和情况的表面反映。总结的目的在于得出浓缩的、经典的规律性东西，以便在今后的工作中能够正确把握事物的客观规律，提高工作效率和成功率。这是一个把零星的、肤浅的感性认识上升为全面的、系统的理性认识高度的过程。应当从取得的成绩中提炼出经验，从失败中分析出教训，因此总结必须具备一定的理论性。

（三）简明性

总结的语言必须简明扼要，条理清楚，忌长篇大论，要以提炼规律性东西为目的，忌说空话、大话。

四、总结的结构与写法

总结同计划一样由标题、正文、落款三个部分构成，具体写法如下。

（一）标题

总结的标题有多种拟写方式，常见的有以下几种。

1. 文件式标题

此类标题一般由写作总结的单位名称、时限、内容、文种名称四个部分构成。如《××局2020年度拥军优属工作总结》《××市2020年农村工作总结》。

2. 文章式标题

以单行标题概括主要内容或基本观点，不出现总结字样，但对总结内容有提示作用。如某企业的专题总结《技术改造是企业振兴之路》，某高校的专题总结《我们是如何实行教学与科研相结合的》。

3. 双行式标题

分别以文章式标题和文件式标题为总结的正副标题，正题揭示观点或概括主要内容，副标题点明单位、时限、性质和总结种类。

例如：知名教授上讲台　教书育人放异彩

——××大学德育工作总结

（二）正文

1. 前言

前言一般介绍总结写作的依据、背景、基本概况等，也可交待总结主旨并作出基本评价，力求简洁，开宗明义。

常见的总结开头有以下几种写法。

(1) 概括式。简要介绍基本情况，分清主次，为下文叙述奠定基础。

例如：在卫生厅党组织的关怀和领导下，在各处室的支持和帮助下，××××年全院党政团结、上下齐心，全体职工积极努力奋斗，以全国结核病防治规划为目标，以全国和全省卫生工作大会精神为动力，结合我省和我院实际，圆满完成了院长和党支部两个工作计划所拟定的任务，并通过抓“项目”试点，为开创我省“结防”工作新局面奠定了良好的基础，现将主要工作总结如下：……

这段开头简要介绍了工作完成的基本情况和取得的总成绩，具有承前启后的作用。

(2) 提问式。以提问的方式将总结的主题直接点明，引人注意。

例如：党校培训是每一个有志于加入中国共产党的青年学子的必修课。那么，通过学习究竟可以得到哪些提高呢？现以我个人的学习经历，谈几点体会：……

这段开头在点明主题的同时，以提问的方式，设置悬念，引起读者的重视。

(3) 对比式。用前后、新旧或先进与落后进行对比，从而分出优劣，引出下文。

例如：2013年至2019年6年间我厂平均每年亏损130余万元人民币。建立集团公司后，公司不仅扭亏为盈，而且连年来产值、利润以7.8%的幅度稳步提高。2020年首次创盈利新高，净增利润2 000万元人民币……

这段开头用前后两组差别显著的数据作为对比，以引起读者对所总结的经验和所取得的成绩的兴趣。

(4) 结论式。开门见山提出总结的结论，引发人们对总结过程的兴趣。

例如：经过一学期的刻苦学习，我高考取得了理想的成绩。这使我得出一个终身受益的结论——科学有效的学习方法是提高学习成绩的关键。

这段开头直截了当给出总结结论，先声夺人，激起读者对经验过程的索求欲。

2. 主体

主体包括主要工作的基本情况、成绩及评价、经验和体会、问题或教训等。这些内容是总结的核心部分，可按纵式或横式结构形式撰写。所谓纵式结构，即按主体内容从所做的工作、方法、成绩、经验、教训等逐层展开。所谓横式结构，即按材料的逻辑关系将其分成若干部分，标序加题，逐一写来。典型结构如下。

(1) 基本情况。基本情况是总结分析评价的基础，这部分应较为详尽地对已完成的工作或任务以及取得的成绩和效果予以叙述。

(2) 主要经验。从上述基本情况自然会引出结论性、规律性的东西。这部分是总结的主要目的和内容，应以具体事例、具体材料为依据，然后上升到理性认识，围绕成绩的主要方面进行论述；也可采取纵横对比的方式来展示所得经验的优势和特点，要条理清楚，有理有据。

(3) 存在的问题。找出问题也是总结的主要目的之一，因而在看到经验的同时不能忽视问题，只有实事求是地认识问题，才能使今后工作做得更好。

3. 结尾

总结的结束语可以归纳呼应主题、指出努力方向、提出改进意见或用表示决心信心等语作结，要求简短利索。

例如：一年来，我局在党建方面做了一些工作，取得了一些成绩，全系统没有发生违反党纪国法的事件，没有发生政治事件，没有发现腐败行为，始终保持工作的正常运转和稳定，保证了党的方针、政策的贯彻落实，为我省经济建设的添光增彩，做出了应有的贡献。

这段结尾既综述全篇，又增强主题，简洁明了，很是完美。

（三）落款

一般在正文右下方署名（若是报纸杂志或简报刊用，应在标题下方居中署名）。

五、总结与计划的关系

总结和计划有着密不可分的关系，总结可以检验计划的优劣得失，计划可以依据总结得出的经验制订得更加科学、合理，具体表现为以下几点。

(1) 总结是对计划实践活动的检验。总结要以计划为依据，要检查计划的执行情况，检验计划的准确程度，检验它是否科学、是否可行，是否的确具有较强的指导性。任务完成结果与目标基本一致，则会总结出有价值的规律性认识；二者差距较大或结果截然相反，则会得出引以为鉴的教训。

(2) 计划可以采用成熟的经验总结。经过对前一次的计划完成情况进行全面系统地总结分析，得到的先进经验可用来指导下一轮计划的制订，使得计划更加符合事物发展的客观规律，具有较高的成功率，而总结得出的失败和教训，则也可作为制订计划的前车之鉴。

(3) 总结依赖计划不断创新。每一次计划的实施都会有不同的特征表现，而对每一次计划实施的总结，都会得出有益的结论。如此周而复始则会使计划更加科学、可行，总结更加深刻、新颖，更有利于指导以后的实践。由此看来，计划与总结既是相互制约、相互依赖的关系，同时又是相互促进、不断提高的关系。计划—实践—总结—再计划—再实践—再总结……如此周而复始，循环无穷，不断提高，这就是计划与总结最本质、最有价值的关系。

第三节　例文简评

例文一：

2021 年××医院工作计划

2021 年在工作中，我们将一如既往地以习近平新时代中国特色社会主义思想为指导，认真学习宣传、贯彻党的十九大精神，继续认真持久地抓好医疗服务质量，按照医院制订的“五年发展规划”及其配套文件，一步一个脚印地抓好落实，真正做到内强素质、外树形象、强化管理，使医院再上新水平、再登新台阶。在此，我们做出了2021年的医院工作计划。

一、认真组织学习、贯彻党的十九大精神

按照上级党委和有关领导部门的要求，我院党总支、院委会要把学习贯彻党的十九大精神作为一件大事来抓，列入重要议事日程，进行精心安排部属，党政工团齐抓共管，在全院范围内掀起一个学习贯彻落实党的十九大精神的热潮。利用各种会议进行学习、教育、领会，在实际工作中贯彻落实，与本院的实际相结合，为构建和谐社会做出应有贡献。

二、继续抓好医疗服务质量管理效益年活动

此项活动，国家卫生部、省卫生厅、市卫生局已连续倡导进行了好几年，每年都取得了很好的效果，应该深入持久地抓下去。2020年工作总结中的教训告诉我们，应全力改进医院目前存在的问题和不足，实施新方法，采取新措施，再发动、再动员，真正把医疗服务质量这个永恒的主题抓好。

三、抓好医院五年规划的落实工作

我院出台的《2021年至2026年五年发展规划》，经过全院干部职工酝酿讨论，几经修改才得以完善，已着手实施。该规划如能顺利实施，将对我院今后的发展起很大的促进作用。从2021年起，我们一定要围绕这个规划做文章、下功夫。

（1）扩建业务用房。对于建造40 000平方米高标准综合楼的问题，我们从年初就要着手做这方面的准备。积极向领导和相关部门汇报，争取领导和各相关部门及社会的支持，建立专门的医院建设班子，成立医院发展建设委员会，争取分管市长担任主任，卫生局领导为副主任，院领导为建设办公室主任，具体协调好各方面的关系，千方百计筹措所需资金，尽快办好相关手续，争取早日动工兴建。如果能克服困难将此楼建成，市中医院的硬件建设就前进了一大步，医院就可以上升到一个新的层次、达到一个新的规模，并可能步入良性循环。

（2）加速人才培养。作为一个医院，人才是最宝贵的财富，是医疗市场竞争最关键的条件。根据医院的发展状况和需求，在现有人才的基础上，本着以内部培养为主、外部引进招聘为辅的原则，有计划地培养和招聘专业技术人员各20人，逐步形成合理的人才梯队。

（3）拓展业务范围。根据我院的实际情况，根据事业发展的需要，整合细化临床医疗科室。2021年，将创造条件把糖尿病与心内科分别组科；如果有利于业务的开展，其他科室也考虑在适当时机进行整合细化；多方争取与大医院相应科室联合，带动和拉动我院的发展；引进先进的医疗技术和项目，做强做大现有的临床科室。

（4）切实加强专科专病、特色科室建设。我院的特色专科建设，尽管喊了好多年，也有了一定进展，但力度不大，特色尚不突出，缺少全国、全省重点专科，就连市级的重点专科也算不上。在这方面，作为一家中医医院，我院应该狠下功夫。2021年，我院工作计划中着手把中风、骨伤、肝病、糖尿病、针推等科室作为市级重点专科加以培植，在财力、物力、人力方面向其倾斜，使其逐步走向成熟，向国家级、省级重点专科迈进，带动全院业务工作的发展。

四、加强医院全方位管理，使医院整体上台阶上水平

（1）深入开展医院改革，推行竞争上岗和绩效工资制，最大限度地提高职工工作积极性。

（2）争创文明单位。在2021年创建市级文明单位的基础上，更进一步地开展争创省级文明单位的活动，使医院职工始终保持昂扬向上的心态，使大家具有拼搏进取的精神，有一股做事业的干劲，这样才能有利于事业的发展。

（3）进一步搞好医院文化建设。唱响院歌《心灵的歌唱》，对干部职工进行院训、院规、办院宗旨、办院目标、办院方向等教育，使其深入人心，凝聚力量，振奋精神，共同为中医发展大业做出贡献。着手征集院徽设计，编修院志，继续办好院报。

（4）加强医院宣传。在练好内功的同时，注重加强医院宣传的力度，利用各种形式，采取各种办法，把医院宣传出去，使医院知名度越来越高。注重信息沟通，把医院发生的重大事件、情况及时向上级有关部门报送，使领导了解中医院，支持中医院。

（5）积极组织创收，提高职工福利待遇。同时注意节约开支，严格执行财务制度，把有限资金用好，花在刀刃上，防止浪费。

（6）认真学习落实医院各级各类岗位职责和各项规章制度。我院现在正加紧汇集整理各级各类岗位职责和各项规章制度并将其编印成册，让各科室每位职工学习掌握。这项工作非常重要，是搞好医院工作的基础，必须认真抓好。定期进行考核考试，使之真正落实到实际工作中，使工作制度化、规范化。

以上是我院2021年的总体工作计划，相信在院领导的大力支持及全体医务人员的共同努力下，一定会将我院的整体水平推向一个更高的台阶。

××医院

二〇二一年一月十日

评析：这是一篇××医院二〇二一年工作计划的安排，这份工作计划非常具体，首先明确了指导思想，提出了工作目标和工作任务，之后撰写了落实计划的措施和具体步骤。整篇计划结构完整，层次清楚，计划切实可行。语言简练明了，内容先后有序，有条不紊。

例文二：

××市政府2021年工作计划书

2021年，我市将在市委市政府的正确领导下，以习近平新时代中国特色社会主义思想和党中央的十九大精神为指导，紧紧围绕为全市地方经济大发展创造良好安全环境的总目标，以保障和改善民生为着力点，以推进信息化建设为载体，以加强执法规范化建设为重点，以构建和谐的警民关系为支撑，求真务实，改革创新，真抓实干，为服务经济社会发展、维护社会和谐稳定做出新贡献。特制订市政府2021年工作计划如下。

一、加快城镇化建设步伐，努力改善硬件环境

一是按照全镇整体规划设计进一步充实小城镇化内涵，建立以驻地为中心，以两大工业集中区和优质蔬菜生产基地为辐射点的金三角，形成初具规模的小城镇框架；二是要加大投入力度，通过各种途径尽力争取建设项目和资金，节支开源，千方百计增加财政收入，充分调动社会资金，加快建设；三是重点抓好基础设施建设，对驻地主干道两侧进行进一步的综合治理，搞好驻地绿地、亮化建设；四是投资25万元，完成对文化中心的扩建工程，投资40万元对梅兰芳剧团进行升级，着力提升全镇文化品位，为群众提供丰富多彩的精神食粮。

二、积极营造稳定和谐的社会环境

一是要进一步抓好“市委书记”大接访活动，认真落实稳定工作责任制，进一步完善领导包案、接访责任制和群防群治网络体系，积极主动解决好群众反映的问题和困难，把各种矛盾化解在萌芽状态；二是要加强社会治安综合治理，完善预警和快速反应机制，严厉打击各种违法犯罪活动，确保社会大局稳定；三是要高度重视安全工作计划，始终把人民群众的生命财产安全放在第一位，狠抓各项安全责任制的落实，加大对各种安全隐患的排查力度，坚决杜绝重大安全事故的发生。

三、继续大力加强农业和农业基础设施建设工作，增加农民收入

一是加大农业基础设施投入，粮食区重点做好总投资 875.13 万元的国家大型商品粮基地和优质粮食主产区的水、路、林工作，蔬菜区主要是扩大电力覆盖面和解决冬季大棚用水的问题；二是继续扩大蔬菜种植和设施农业面积；三是抓好农业标准化生产，搞好与××大学的合作，建立实践基地，教授、引导农民采用新技术、新品种，培育并发挥好农业合作社的引领作用，增加土地产出效益；四是做好农产品的宣传和推介工作。

四、加强招商引资工作

一是保障投资 1.8 亿元的中联水泥和 4 000 万元的中管新能源项目顺利建设，确保 2021 年年底投产；二是改善软硬环境，提高服务水平，服务好现有企业，促进欧亚珠宝二期投资和草编、花生加工两个农产品加工企业扩大规模。

五、下大力气改善农村生产生活条件和保障民生

一是投资 360 万元，在埠东、程戈庄等 10 个村庄开展“五化”建设；二是投资 774.4 万元建设孙袁路、程方路等通村路 7 条共 14.08 千米，完成“村村通”收尾工作；三是投资 420 万元，对东尖、西尖等 11 个村庄进行自来水改造，使全镇村庄自来水改造率达到 100%；四是投资 293.2 万元，在全镇范围内进行沼气新能源推广工作，改善生活环境，发展循环经济；五是投资 470 万元，美化驻地水上公园环境，投资 120 万，完善驻地消防配套设施，为居民营造平安和谐的生活环境；六是投资 960 万元扩建镇中心中学，新建教学楼、学生公寓、餐厅等设施，扩大建筑面积 12 600 平方米，使我镇教育条件得到进一步提高。

2021 年，我市将全面贯彻党的十九大精神，以习近平新时代中国特色社会主义思想为指导，按照“高举旗帜、围绕大局、服务人民、改革创新”的

总要求，解放思想、实事求是、与时俱进，贴近实际、贴近生活、贴近群众，以社会主义核心价值观建设为根本，以创建文明行业为目标，以提高人民思想道德素质为目的，以弘扬“乐于奉献，艰苦奋斗，严谨务实，不断进取”精神为重点，以群众性精神文明创建活动和学习宣传先进典型为载体，以优异的成绩迎接祖国新的辉煌。

××市人民政府

二〇二一年一月九日

评析：这是一篇××市工作计划的安排。整篇计划采用列条款式，非常清晰地列出未来一年具体的工作任务，使人一目了然。

例文三：

教学工作计划

在上级主管部门的领导和关怀下，在全体师生的共同努力下，我校教学工作取得了显著成绩。2020 年参加高考的学生，考试成绩达省教育厅规定的大专录取分数的有 264 人，达本科录取分数的有 69 人，达 211 大学录取分数的有 12 人；高二全省会考各科合格率、优秀率的排名均列全市 120 所中学的第三位。本学期围绕“以德育为首，教学为中心”的指导方针，特拟订以下计划。

一、工作目标

（1）狠抓教学管理制度的落实，使教学工作的管理更上一个新台阶。

（2）完善青年教师的培养工作，使之尽快成长起来。

（3）高一语、数、英、物、化全市统考合格率的保证目标为前六名，理想目标为前五名；优秀率保证目标为前八名，理想目标为前五名。

（4）高二语、数、英全市统考合格率的保证目标为前六名，理想目标为前五名；优秀率保证目标为前八名，理想目标为前五名。

（5）高一、高二会考科目的合格率、优秀率要达到全市第二名的标准。

（6）高三参加高考的学生，考试成绩达省教育厅规定的大专录取分数的人数要达到上级指定的保证目标。

二、工作措施

（1）强化目标管理。各年级组、科组根据学校教学的整体目标计划和要求以及各学科实际情况制定各学科的教学目标。各科任教师根据学校教学整体目标和学科教学目标，按年级、学科要求，按班级学生实际和教师本人特长确定自己的教学目标。上述三种教学目标，从集体到个人，从整体到局部，最后落实到教师个体教学目标和学生个人身上，从而实现学校的整体目标。

（2）抓好备考工作。高考备考领导小组要加强班风、学风和教风的管理，要注意监控辅导对象的辅导过程和效果。其他各类考试科任教师要尽早确定培优辅差对象，定好培优辅差计划。各科要加强对临界优生和临界合格生的辅导，在抓好单科优秀率和合格率的同时，提高总分优秀率和总分合格率。

（3）抓好教学进度。各年级在不影响课堂效率的前提下，要力争把教学进度适当提前，以求得本学期各类统考以及下学期高考、会考和市统考备考工作的主动权。

（4）落实教学工作检查制度。期中、期末教导处和科组联合进行两次教学工作检查，检查教师完成教育教学任务的情况，检查教师的课堂教学状况，检查教师备课、辅导及作业批改等情况，检查教师教研工作情况，检查科组建设状况，等等。

（5）狠抓教学常规管理。各科组在抓好备课质量的基础上，强化作业布置、批改，以及学生书写格式规范化的管理。本学期拟在各班开展一次作业展览活动，安排三次（第 6 周、第 12 周、第 17 周）学习质量跟踪测试，把狠抓学生的学习质量落到实处，促进学生良好学习习惯的养成，推动良好学风的形成。

（6）开展教改专题研究。各科组的教研工作要继续以目标分层教学为重点，同时加强学法的指导，并围绕专题进一步做好宣传发动工作，组织教师学习理论，掌握操作方法，参加有关教研活动。在研究过程中，各科组要发挥备课组的力量，分工合作，共同研讨，不断总结。本学期的教学工作检查仍以目标分层教学为核心，全面检查、考核各教师在备课、上课、作业布置与批改等方面对目标分层教学的应用。

（7）培养青年教师。以结对子、压担子、搭台子、引路子等形式，按照《新教师教学达标规定》和《教师结对子制度》中的有关要求，导师和新教师各自履行好自身的职责，并分阶段对新教师进行考核，以帮助新教师尽快提高业务水平。

三、实施步骤

（1）9 月 3 日～8 日：开学典礼；稳定学生情绪；教师结对子会议；教师

制订工作计划。

（2）9月9日～15日：毕业班教学经验交流会；市语、数、政、生、化科组长会议；市政治课题组会；高中物理竞赛。

（3）9月16日～22日：上学期期末考试总结会议；“展示你的才能”系列活动发动工作。

（4）9月23日～27日：学习，质量跟踪测试；新教师工作座谈会；市高中艺术教育研讨会；高中化学奥林匹克竞赛。

（5）9月28日～30日：教研工作检查；市高中艺术课（音乐、美术）教学调查；高一化学研究课。

……

（21）1月20日～26日：学期复习考试。

（22）1月27日～2月2日：学期复习考试；一月份文明班评比；学期文明班评比。

校长办公室

2021年7月27日

评析：

这是一篇结构比较完整的计划，内容包括了计划目标、任务、步骤三大要素，且文章开头能在总结前期成绩的基础上引出制订计划的指导思想，使计划内容水到渠成。全文层次清晰，目标明确，措施步骤具有很强的可行性，是一篇成功的例文。

例文四：

××银行2020年资金计划管理工作总结

今年以来，随着粮食市场的进一步放开和深入，“三农”问题和粮食安全问题已日趋突出，××银行的管理职能和业务范围也发生了变化，收购资金封闭管理工作面临新的形势。我行资金计划管理工作在市分行党委的正确领导下，紧紧围绕收购资金封闭管理这个中心，适时调整工作思路，以总行的规范化管理考核为工作准则，以努力实现提高信贷资金运用效率和切实防范信贷风险为双重目标，调动做资金计划工作在岗人员的工作积极性，充分发挥资金计划工作的职能作用，使我行资金计划工作取得了较好的成效。现将2020年资金计划管理工作总结如下。

一、统一思想，明确工作目标，量化和细化考核评比办法

继全省分、支行长会议之后，市分行召开了2020年工作会议，把风险管理摆在了全行各项工作的首位，明确提出了年度工作的指导思想和努力方向：以规范化管理为基础，以风险管理为核心，以绩效管理为重点，以改革创新为动力，灵活务实地开展计划信贷管理工作。并且对照省行资金计划处的考核办法，对资金计划工作百分考核内容进行了量化和细化，从处室到基层行都相应建立了计划管理人员岗位责任制，健全了各项管理制度。在百分考核办法中，把资金计划工作细分为计划管理、资金管理、财政补贴资金管理、现金及利率管理、统计管理、等级行管理、业务综合管理等七大块，做到了岗位落实、人员落实、责任落实、工作落实。一年来的工作表明，年初制订的工作意见和考核评比办法方向明确，切合实际，对做好全市资金计划工作具有一定的指导性和针对性。

二、加强资金营运管理，提高资金使用效益

今年以来，我行进一步加强信贷资金营运管理，信贷资金回笼后及时归还系统内借款，贷款回笼和借款下降基本保持一致。全年每月信贷资金运用率均保持在99.5%以上，信贷资金保持较高的营运水平。

（一）坚持资金头寸限额管理

今年以来，我行计划部门进一步提高经营核算意识，严格对资金头寸进行管理，在省行核定的资金头寸限额内按季核定基层行的资金头寸限额，并要求在保证正常业务开展的前提下，各行根据自身情况在限额内尽量压缩头寸占用，对不合理占用及时调整，保证了各行科学合理占用头寸资金，做到不闲置、不浪费。

（二）完善资金调度管理

资金调度环节上，市县明确专人负责资金调拨管理工作。在请调资金时，做到资金调拨与信贷计划的衔接，增强了资金与计划双重宏观调控作用，避免了资金供应脱节情况的发生。今年以来电子联行资金请调系统运行正常，我行继续坚持“小额度、勤调度”的资金调度原则，尤其是总行调整了资金请调时间以后，更加方便了基层行的资金使用，减少了资金请调时间，减少了资金头寸占用，今年全行共请调资金187笔共45 350万元。同时我行严格按上级行的要求，规范使用总行提供的各种资金来源等，建立了《系统内资

金往来台账》，按月通过电子联行系统与总行对账，全年账务无差错，保证了资金的安全运行。

三、加强统计管理工作，提高统计资料质量

（1）我行各级统计人员克服统计工作量比往年大幅提升、统计报表上报时间节假日不顺延等实际情况，加班加点，任劳任怨，保质、保量、按时做好统计工作。准确及时地上报了省分行与人民银行的各类统计报表，统计工作质量有了较大的提高。

（2）为加强对现金计划执行情况的监测和分析，我行建立了现金投放、回笼月度分析报告制度，按月对辖内支行、部现金收支情况及其特点进行分析，并对造成当期现金投放（或回笼）的原因予以重点分析。

（3）我行在统计管理上始终坚持按照国家统计法以及人民银行和××银行的有关规定进行，统计数据完全来源于各支行（部）会计部门的各项报表，坚持报真情、报真数，不擅自公开发表统计资料和泄露统计机密，在按时完成省分行规定的各项统计资料的同时，认真地做好当地人民银行要求上报的各类统计报表。

四、加强财补资金管理，做好监督拨付工作

今年以来我行对财政补贴资金管理的重点是加强与财政、粮食部门的联系，积极向政府、财政、粮食主管部门汇报粮食销售、保管情况，补贴资金能否及时拨付到位直接影响到我行各项工作能否顺利开展。

（1）自粮食市场放开后，国有粮食购销企业的各项财政补贴已逐步减少，加上历史遗留问题等因素给粮食企业经营和我行收息率的顺利完成带来了很大的难度，也严重影响到我行信贷资产的安全性和效益性。在新形势下，我行年初对所辖支行、部的财政补贴情况进行了调查摸底，及时掌握各级粮棉油储备数量、库存值的增减变化及其原因，对各项补贴的项目、金额、来源、时间要做到心中有数。并对已掌握的各项财政补贴政策和财政补贴资金拨补情况，认真实施规范化操作，切实加强财政补贴资金的督促到位和监督拨补等管理工作，按时正确上报各类财政补贴报表及有关情况分析；认真及时登记各类财政补贴台账，确保台账间数据准确、衔接。

（2）积极加强宣传，密切与财政、企业主管部门的联系，争取理解和支持，为管理财政补贴资金营造了良好的内外部环境。各支行、部落实配备了财政补贴资金管理的兼职人员，积极主动督促同级财政和企业主管部门及时拨付财政补贴资金，弄清每一笔补贴资金的来龙去脉，及时将补贴资金到位情况反馈给财政部门，督促下拨资金，避免了由于职责不清、信息不对称造成补贴资金滞留的情况，并与会计部门积极配合，做好柜面监督，共同做好了财政补贴资金专户和拨付手续的管理。

（3）经过我行与当地财政部门、企业主管部门的共同努力，财政补贴资金到位情况及监测管理水平有了较大的提高。截至12月末，全市应收各项财政补贴资金12 243万元，实收各项财政补贴资金10 857万元，财政补贴资金到位率达88.68%。

五、监测和分析等级行管理指标，适时调整工作思路

2020年度等级行考核与以前年度相比有很大的调整。首先，市行要求各支行认真领会等级行管理文件，掌握新的指标精神，并对考核指标提出反馈意见，分析各项指标完成的难易程度，指导全年工作。其次，根据各行按月经营指标的完成情况，市行对各行的失分项进行原因和对策分析，通过对经营指标的监测反映，适时调整工作思路，找出工作重点，明确工作方向，为领导的预测决策提供了保障，有效提高了各行的经营管理水平。

六、加大调查研究深度，做好业务经营分析，发挥业务综合职能

为了充分发挥资金计划业务部门的综合职能作用，我行十分注重提高业务经营分析水平，增强业务分析的实用性，做好领导的参谋助手。适时掌握所辖支行、部和粮食购销企业信贷资金运用，粮油物资运动、信贷资金活动的变化，信贷资产结构变化及存贷款异常变化等收购资金封闭管理动态情况，深入分析影响全行业务活动的各种因素，并且坚持将静态分析与动态分析相结合、近期分析与远期分析相结合、银行信贷业务活动分析与企业经营活动分析相结合、微观分析与宏观分析相结合的分析方法，紧紧抓住收购资金封闭管理的重点和疑点，揭示规律，找出特点，反映问题，提出对策，增强了全行业务经营分析的前瞻性和指导性。

七、认真做好季节性信贷资金需求预测，为经营决策服务

为进一步做好2020年夏季粮油收购工作，保证粮油收购资金的供应，我行主动和粮食、农业等部门联系，搜集相关农业经济部门的信息资料，如农业生产结构调整变化情况，粮棉油种植面积变化、产量变化，粮棉企业改革改制进程等，并深入企业，获取企业的经营信息量，为计划预测服务。通过

对今年夏季粮油购销形势的分析，预计前期收购进度较慢，收购时间会拉长，可能会出现收粮困难的现象。随着粮食收购准入条件放开，粮食收购主体呈多元化，收购量势必降低。结合多方面因素考虑，预计全市将收购小麦约6 200万公斤、收购油菜籽 1 945 万公斤。

八、工作不足

回顾 2020 年，我行资金计划管理工作，虽然做了大量的工作，但是对照省分行的要求还有一定的差距，还存在一些薄弱环节，主要表现在：

（1）在新形势下，全市计划在岗人员的业务理论水平有待进一步充实，业务综合素质有待进一步提高。为此，我们将积极组织理论学习，加强人员培训，提高员工的业务能力。

（2）所辖各支行、部每月（季）财政补贴资金到位情况不甚理想，有待进一步加大与当地财政部门的协调力度。

九、2021 年工作打算

2020 年，我行资金计划管理工作要积极适应当前新形势，迎接新挑战，紧紧围绕年初的资金计划管理工作意见，积极开展工作，充分发挥资金计划管理工作的综合职能作用，更好地为全行的各项业务工作服务。

（1）根据年初确定的工作目标和考核内容，加大资金计划工作考核力度，按季向所辖支行、部公布考核指标完成情况，促进全市资金计划管理工作的顺利进行。

（2）建立适应市场化要求的信贷投放预测机制。按照“购得进、销得出、有效益”的原则预测年、季度企业购销量，编制年、季度粮棉购销计划；根据粮棉市场供需情况和预期购销价格测算，按照“以效定贷，以销定贷”的贷款原则预测信贷投放量，编制年、季度贷款投放计划。同时结合我市实际情况和粮棉市场变化趋势，及时修正年、季度粮棉购销计划和贷款投放计划，以逐步建立适应市场化要求的信贷投放预测机制。

（3）积极主动与当地财政部门沟通和协调，促使地方配套的财补资金按时足额到位，减少各类财补资金滞留专户的时间，努力提高财补资金的到位率，为实现全行经营目标创造有利条件。

（4）进一步提高现金和利率管理水平，组织业务人员认真学习并掌握有关现金和利率管理政策，同时结合当前银行反洗钱的工作要求，提高执行现金和利率政策的正确性，加大检查监督力度，及时发现与纠正在现金和利率政策执行过程中出现的问题。

评析：该文是一篇专题性总结。所谓专题性总结就是对在一定时期内完成的某一项工作或针对某一具体问题做出的评价、总结，对所取得的经验进行专门总结，因此也称为经验总结。这种总结内容集中、单一，特色鲜明，要求概括出规律性的东西，使之对其他单位、个人起到指导、启蒙、借鉴、参考的作用。

××银行这篇有关资金计划管理的工作总结同时又是该资金管理部门的一个年度总结。文中先在前言中概括性地介绍了工作的背景情况，而后在主体中以横式结构、分项式的方法叙述了一年中资金计划管理的工作要点以及相应的成效，然后总结了工作的不足，最后提出了对下一年的工作打算。该总结提供的工作经验、工作成效与工作教训的资料，为年度考核与未来的工作开展提供了资料依据。

综合练习

1. 制订计划要注意些什么？

2. 根据自己的实际情况，拟写一份学习计划或课外读书计划，要求目标明确，措辞适当，符合实际。

3. 总结有哪些特点？

4. 总结的基本结构由哪几部分构成？

5. 简述总结与计划的关系和作用。

6. 请对总结做一简评。

内控团队2021年上半年工作总结

2021年上半年以来，在总经理室的带领下，内控团队克服了人员少的困难，完成了较大的工作量。督办我部内控报告及对××内控建议书的意见等专项工作得到了部领导的高度赞扬，显现出较高的团队工作能力和凝聚力。

一、上半年工作

内控团队上半年的工作主要有两个方面：一方面是涉及职能变化而延续的工作；另一方面是团队职能范围内的专项工作和配合部内外其他工作。

（一）涉及职能变化而延续的工作

（1）起草内部交易管理制度。董事长高度重视此项工作，在反复征求CEO意见的基础上，内控团队配合××进行多次修改，目前已基本完成。

（2）年初行内确定要在5月底前形成我行操作风险管理的基本制度。后来由于行内成立内控委员会，全行操作风险的牵头工作明确由法律与合规部负责。在我部和法律与合规部协商的基础上，我团队根据已经草拟的《××银行操作风险管理指引》，进行了进一步补充完善。

（二）我团队的专项工作

（1）下发调整内控团队职能的部发文，明确内控团队的职能定位。

（2）牵头负责全行内控制度建设2021年第一季度执行情况报告。

（3）国内团队的协助下，完成全行2021年“三项检查”整改报告，向银保监会报送。目前已处于会签各部门、签报行领导阶段。

（4）根据部领导指示，在访谈各团队主管的基础上，形成了风险管理部内控报告，得到了部领导好评。在内控报告发现问题的基础上，制定了《风险管理部内控实施办法》。

（5）进一步加大督办工作力度，制定了《风险管理部督办细则》。

（6）贯彻落实行党委“从严治行、强化内控”的要求，邀请专业咨询公司为我部大课堂授课，同时组织了全辖系统内的内控征文活动，进一步提高了全部和全辖的内控意识。

（7）结合巴塞尔协议的有关要求，编撰了《授信产品流程梳理手册》，征求四家分行的意见，初步形成了授信产品操作风险管理思路，并向部领导进行了汇报。

（8）牵头部内各团队对××内控管理建议书提出修改意见。

（三）我团队配合行内其他部门和部内其他团队的工作

（1）配合监察稽核部进行经营性分支机构的业务大检查。

（2）参与编撰银保监会教材“衍生金融工具”部分。

（3）按照合规手册编撰小组的要求，牵头编撰了我部重点操作岗位的合规手册。

（4）与规划、行政团队一起研究制订我部绩效考核办法，并提出了我部培训方案，牵头落实了培训教材的组织工作。

二、工作中存在的问题

内控团队存在的主要问题包括以下几项。

（一）人力资源严重不足

内控是当前我行的一个薄弱环节，我部内控团队的职能经过调整后主要负责部内和系统内内控体系的建设。目前编制只有3人，实际工作人员4人（其中，××被聘任为统一授信团队高级经理，内控团队暂借，6月30日后将回到统一授信团队工作）。大量高标准、严要求的工作使每位同志的工作负荷较大。

（二）部分工作不够细致，计划性有待进一步提高

督办工作是提高全部工作效率的重要手段，如能借助于IT手段建立一个小型督办工作平台，将极大提高督办工作效率。目前，由于人力所限及其他原因，仍沿袭人工督办工作方式；授信产品梳理工作已列入上半年工作计划，由于工作头绪较多，没有及时赴分行征求意见、进一步完善手册，工作启动拖后。

三、下半年工作计划

下半年内控团队将继续保持良好的精神状态和工作作风，在做好团队内部工作的同时，努力配合行内其他部门和部内其他团队的工作，完成全年绩效考核目标。

风险管理部内的内控建设以抓存在问题的落实和整改为主，将问题的整改列入督办工作，督促牵头团队落实。努力通过引入IT系统提高督办工作效率，把督办工作作为全年绩效评价的依据。

风险管理系统内的内控建设以《商业银行内部控制指引》、银保监会《商业银行内部控制评价试行办法》等制度为指导，以“三项检查”发现的内控问题和近期发生的案件为出发点，在充分进行调研的基础上，形成辖内风险管理系统内控报告制度，定期从决策、制度、流程、管理、执行、人员等层面提出潜在风险点。同时，在下半年建立境内机构风险管理系统内控评价制度。

授信产品的操作风险管理以授信产品流程梳理为切入点，选择部分试点分行，建立标准化授信产品流程，统计操作风险事件，为量化操作风险占用的经济资本打下基础。

总之，内控团队在上半年的工作中求实创新，稳扎稳打，希望在下半年乃至以后的工作中能继续发扬优点，克服不足，取得更多的成绩。

第三章

规章制度

应用导航

天坛公园游园须知

（1）自觉遵守参观游览秩序，主动出示门票、月票、年票入园。按开放时间出入园，不得赤背入园。进园后不得在园内逗留、露宿。

（2）树立环保意识，爱护公园花草树木，不要践踏草坪，不要摘折花果，不要蹭磨古树；不准采挖植物和捕捉动物，不要在树上拉绳挂物，禁止在禁烟区吸烟。

（3）爱护公共游览设施，不得在建筑物、构筑物、设施、树木上涂写、刻画、钉钉，不要在路椅上躺卧。

（4）爱护公园环境卫生，不准将足球、宠物、西瓜等带入公园；不准随地吐痰、便溺或乱扔果皮核、烟头、口香糖残渣等废弃物。禁止在园内捡拾垃圾物品和行乞。

（5）为了游人的安全，三轮车、自行车（儿童两轮车）禁止入园；未经批准，机动车一律不得入园。不得携带危险品入园。

（6）不准在公园内敲锣打鼓、大音量播放音乐、大声喧哗，防止影响和妨碍他人游览和产生噪音污染。不得堵塞园路和出入口。

（7）禁止在园内进行非法经营、迷信活动和低俗不健康行为；严禁在公园内兜售物品：严禁在园内散发、张贴、悬挂任何形式的广告、宣传品；不准在园内收费教舞、教功；严禁以任何形式进行赌博和其他非法活动。

（8）不准在公园内滑旱冰、滑板；禁止在防火区动用明火。

（9）禁止在南门至回音壁、丹陛桥、长廊、东大门一线及游人集中的景点放风筝；禁止在长廊内跳舞。

（10）维护公园游览秩序，人人有责，凡违反上述规定者，按《北京市公园条例》等规定予以罚款或没收，造成损失的要依法承担赔偿责任。

点评：

此须知内容全面、详尽，针对游园中的实际存在问题具体明确地提出应杜绝的现象。界限分明，利于遵守执行。

点睛之笔

教学重点

（1）规章制度的概念、特点分类和作用

（2）规章制度的基本结构、具体写作要求及注意事项

教学难点

熟练而准确地写作规章制度

第一节　规章制度概述

一、规章制度的概念

规章制度是机关、团体、企事业单位为了维护正常的工作、劳动、学习和生活的秩序，依据国家的方针、政策，在一定范围内制定的一种具有法规性和约束力，要求有关人员必须按章办事、共同遵守的事务文书。也就是说，它是在一定范围内要求人们必须共同遵守的规范和准则。

二、规章制度的作用

规章制度的应用范围十分广泛，是各行各业、各部门普遍应用的一种文体。上至最高领导机关、下至科室班组，都可以用规章制度规定有关人员应遵守的事项、职责或应达到的标准等，以保证公务活动、生产活动、工作、学习、生活等有序、正常、协调地进行。为了建立正常的秩序，创造良好的环境，建立健全各种规章制度是十分必要的。

三、规章制度的种类

规章制度多种多样，包括章程、条例、规定、办法、细则、规则、规程、制度、守则、公约、须知等文书。不同的规章制度适用于不同的范围，具有不同的制发者和作用。要明确认识规章制度各文体的概念、特点、适用范围和行文格式，以便正确地选择和使用规章制度的文体。

本节重点学习常用的几种规章制度：章程、条例、规定、办法、细则、规则、制度、守则、公约、须知。

（一）章程

章程是指党团组织、社会团体、学术组织等对其性质、宗旨、任务、组织结构、组织成员、权利、义务、纪律及活动规则等作出的规定，一般由该组织、团体制定并经其代表大会讨论通过后公布实行。如《中国共产党章程》。章程在组织内部有很强的规范性和约束力。国家行政机关及其职能部门一般不用章程。

（二）条例

条例是为指导某一方面长期的工作、活动正常开展而制定的较为原则和全面的规范，一般由主管该方面工作、活动的党和国家的相关部门根据国家的有关法律、政策制定，由党的领导机关、国家权力机关或国家最高行政机关批准（通过）颁发。条例是具有强制性和约束力的文件。条例一般用于规定国家政治、经济、军事或文化等某一方面的工作、活动，如《中华人民共和国居民身份证条例》《中华人民共和国军衔条例》等；或用于对某一机关的组织、职权以及某些专门人员的任务、职责、权限等作出原则、系统的规定，如《会计人员职权条例》等。

（三）规定

规定是政府机关、社会团体、企事业单位等针对特定范围内的工作和事务或专门问题制定的要求和规范，是一种具有强制性和约束力的法规性文件。从规定的制发机关、单位来看，有政府机关制定发布的规定，有社会团体、企事业单位处理本团体、本单位的某种工作和事务所制定的规定。

（四）办法

办法是政府机关、社会团体、企事业单位针对某项工作或某一方面的活动制定的具体要求与规范。办法也是一种具有强制力和约束力的规定性文件，与条例、规定相比，它所规定的内容更具体，有些办法就是根据相关条例规定中的某些条款制定的。如国务院发布的《产品质量监督抽查管理暂行办法》（2020 年 1 月 1 日起施行），就是根据国务院发布的《中华人民共和国标准化管理条例》中的有关条文制定的，它比条例更具体，更具操作性。

（五）细则

细则是对某项法令、条例、规定或其中的部分条文进行解释或说明的文书。它是一种派生性的文件，是对有关法令、条例的辅助性规定和补充说明，使之具体化，更便于执行。细则往往又称“实施细则”和“施行细则”。例如，《对外汇、贵金属和外汇票证等进出国境的管理施行细则》则是为贯彻执行《中华人民共和国外汇管理暂行条例》中的部分条文所制定的。细则的条款比条例、规定的条款更详尽、更具体、更细致。

（六）规则

规则是在某一局部范围内对有关人员或某项活动作出的具体规定，要求大家共同遵守执行。

在实际使用中，常见的规则有：第一种可称为“文件规则”，由主管部门依照其职权范围制定，以文件形式下达。这种规则法规性强，约束力大，效力范围较广。它多数由国家机关公布，常用于交通规则、消防安全、工作程序、专业职权等方面，如《仓库防火安全管理规则》。第二种可称为“内部规则”，它由单位、团体内部制定，在特定的范围、场所使用，规则内容比较单一，约束力也较小，如《演讲比赛规则》。

（七）制度

制度是国家机关、社会团体、企事业单位为加强某一部门工作的管理和严格组织纪律而制定的要求有关人员共同遵守的规定性公文。如国家制定的《海关进出口货物查验管理办法》，各部门单位内的《保密制度》等。

（八）守则

守则是国家机关、社会团体、企事业单位制定的内部成员共同遵守的道德和行为规范的文书。如《学生守则》。因为是面向一定范围内的全体人员，所以守则的内容比较原则，要求有较强的适用性、包容性和概括性。

（九）公约

公约是一定范围内的社会成员为保证有良好的生活、工作、学习和娱乐环境，在自愿协商的基础上制定的行为准则和道德规范，要求大家自觉遵守。如《首都市民文明公约》。

公约往往强调社会公德，其法规性、约束力没有规章制度强。

（十）须知

须知是告诉人们在公共场合进行某项工作或活动时必须遵守或注意的事项的一种应用文书。如《游园须知》等。

另外，标准、准则、补充规定等也属于规章制度，也是人们应该遵守的规范。

四、规章制度的特点

（一）法规性

规章制度具有一定的约束力和强制性，即法规性。

（二）严密性

规章制度的法规性决定了它行文的严密性、明确性，具有庄重、严肃的语言风格。在措辞上要准确严谨，不能有歧义，不能含混不清。

（三）作者的限定性

规章制度的制发者必须依法在自己的职权范围内形成相关层次的规章制度，否则制发的文书无效。

（四）制度的程序性

规章制度的制发程序有严格规定，即通过法定程序使文件获得法定效力。规章制度的发布，对不同级别的机关有不同的要求。

第二节　规章制度的写作

一、规章制度的写法

由于规章制度的种类不同，内容、范围各异，所以，写作格式和写作方法也有所不同。但它们的结构写法又有许多相同之处，一般包括标题、正文和落款三个部分。

（一）标题

规章制度的标题一般有三种写法。

（1）由单位名称、事由和文种三个部分组成，如“财政部关于企业财务检查中处理财务问题的若干规则”“中央国家机关会议费管理办法”等。

（2）由制发单位名称和文种组成，如“中国作家协会章程”。

（3）由事由和文种组成，如“关于企业国有资产办理无偿划转手续的规定”。

如果该规章制度是试行、暂行，则应在标题内文种前写明，也可在文种后用括号注明。如“房屋权属登记信息查询暂行办法”“北京市商业零售企业促销行为规范（试行）”。如果该规章制度是草案，则应在标题后用括号加以注明。有些规章制度在标题下面用括号注明该规章制度何时、何部门、何会议发布、通过、批准、修订等项目。

（二）正文

规章制度种类很多，各个文体的写法也有所不同。从正文来看，规章制度的基本结构方式主要有两大类：章条式和条款式。

1. 章条式（即分章列条款式）

即将规章制度的内容分成若干章，每章又分若干条，根据需要，条下有时又分若干项。第一章是总则，中间各章叫分则，最后一章叫附则。

（1）总则。一般写原则性、普遍性的内容，包括的主要内容有：制定依据、制定目的（宗旨）和任务、基本原则、适用范围、有关定义、主管部门（该项有时也可视具体情况置于分则或附则中）等情况，类似于文章的前言，对全文起统领作用。

（2）分则。从总则以下到附则以上，中间的若干章均为分则。分则是全文的主体部分，通常按事物间的逻辑顺序，或按各部分内容的联系，或按工作活动程序以及惯例分条列项，集中编排。表述奖惩办法的条文也可单独构成罚则或奖励则作为分则的最后条文。

（3）附则。附则通常是全文的最后一章，一般说明该规章制度的实行程序与方式、生效日期、与有关文件的关系及其他未尽事宜的处置办法、作解释权的单位名称等内容。附则只设一章，根据需要，下分若干条，也有附在最后不单独成章的。

法规、条例、准则、规则、章程等条文较多、内容较全面和系统的，多采用章条式。

2. 条款式

这种写法不分章，而是分条列项来阐述。适用于内容比较简单的规章制度，如守则、公约、须知等。条款式有两种形式：一种是前言条款式，一种是条款到底式。

(1) 前言条款式。这种形式分前言和主体两部分。前言不设条，而是简要概述制定该文的目的、依据、性质、意义，常用“为了……特制定本规定”或“为了……，根据……，特制定本守则”。主体部分通常分若干条款写明规定的事项，一般按先主后次、先原则后具体的顺序，逐条写来。

(2) 条款到底式。这种方式中，全文都用条款来表述，一贯到底，不另分段作说明。这种写法并非不要前言、结尾，而是将前言、结尾都用条款标出。

规章制度采用分章列条款式或条款式写法，条理清晰，层次分明，便于记忆、阅读，查找、引证，也便于贯彻执行。

(三) 落款

在正文结尾后右下方写制定本规章制度的单位名称，名称下方写上年、月、日等发文时间。如果标题已反映出这一部分内容，末尾则不必再写。

二、规章制度的写作要求

(一) 符合党和国家的有关方针、政策、法规，切合本单位或本部门的实际需要

任何规章制度都必须有法律依据或政策依据，必须符合党和国家的政策、法令，不允许与之相抵触或违背。此外，制定规章制度要从本单位的实际出发，写出具有针对性的制度和规定，才会言之能行、行之有效。否则规章制度就可能成为“样子货”。

(二) 结构严谨，格式规范

规章制度属于法规性文书，具有一定的约束力，因而其文字表述必须严谨、周密、规范。既要体现严肃性，又要考虑稳定性。在结构安排上，通常采用分条式叙写的方法，这就要求对条文的先后顺序、内容主次进行精心设计，特别注意条与条、段与段之间的内在逻辑关系，做到层次分明、布局合理。

(三) 语言简明、规范

规章制度应该以纯粹的说明性文字对所涉及的对象、定义、范围、时限、职责等作出明确具体的规范，用语要简洁、平易、严密，力避含糊、疏漏、

歧义，以免发生误解或对同一条文有不同的解释，令人无法具体实施。

（四）定期检查，进行修订或补充

规章制度所规范的内容不是一成不变的，因此必须定期检查，针对客观情况进行修订和补充。

第三节　例文简评

例文一：

中华人民共和国预算法实施条例

（1995年11月22日中华人民共和国国务院令第186号发布
2020年8月3日　中华人民共和国国务院令第729号修订）

第一章　总　则

第一条　根据《中华人民共和国预算法》（以下简称预算法），制定本条例。

第二条　县级以上地方政府的派出机关根据本级政府授权进行预算管理活动，不作为一级预算，其收支纳入本级预算。

第三条　社会保险基金预算应当在精算平衡的基础上实现可持续运行，一般公共预算可以根据需要和财力适当安排资金补充社会保险基金预算。

第四条　预算法第六条第二款所称各部门，是指与本级政府财政部门直接发生预算缴拨款关系的国家机关、军队、政党组织、事业单位、社会团体和其他单位。[第五条至第六条（略）]

第七条　预算法第十五条所称中央和地方分税制，是指在划分中央与地方事权的基础上，确定中央与地方财政支出范围，并按税种划分中央与地方预算收入的财政管理体制。

分税制财政管理体制的具体内容和实施办法，按照国务院的有关规定执行。

第八条　县级以上地方各级政府应当根据中央和地方分税制的原则和上级政府的有关规定，确定本级政府对下级政府的财政管理体制。[第九条至第十条（略）]

第十一条 预算收入和预算支出以人民币元为计算单位。预算收支以人民币以外的货币收纳和支付的，应当折合成人民币计算。

第二章 预算收支范围

[第十二条至第十六条（略）]

第十七条 地方各级预算上下级之间有关收入和支出项目的划分以及上解、返还或者转移支付的具体办法，由上级地方政府规定，报本级人民代表大会常务委员会备案。

第十八条 地方各级社会保险基金预算上下级之间有关收入和支出项目的划分以及上解、补助的具体办法，按照统筹层次由上级地方政府规定，报本级人民代表大会常务委员会备案。

第三章 预算编制

第十九条 预算法第三十一条所称预算草案，是指各级政府、各部门、各单位编制的未经法定程序审查和批准的预算。

第二十条 预算法第三十二条第一款所称绩效评价，是指根据设定的绩效目标，依据规范的程序，对预算资金的投入、使用过程、产出与效果进行系统和客观的评价。

绩效评价结果应当按照规定作为改进管理和编制以后年度预算的依据。

第二十一条 预算法第三十二条第三款所称预算支出标准，是指对预算事项合理分类并分别规定的支出预算编制标准，包括基本支出标准和项目支出标准。

地方各级政府财政部门应当根据财政部制定的预算支出标准，结合本地区经济社会发展水平、财力状况等，制定本地区或者本级的预算支出标准。

第二十二条 财政部于每年 6 月 15 日前部署编制下一年度预算草案的具体事项，规定报表格式、编报方法、报送期限等。[第二十三条至第四十八条（略）]

第四十九条 经本级政府批准，各级政府财政部门可以设置预算周转金，额度不得超过本级一般公共预算支出总额的 1%。年度终了时，各级政府财政部门可以将预算周转金收回并用于补充预算稳定调节基金。

第五十条 预算法第四十二条第一款所称结转资金，是指预算安排项目的支出年度终了时尚未执行完毕，或者因故未执行但下一年度需要按原用途继续使用的资金；连续两年未用完的结转资金，是指预算安排项目的支出在下一年度终了时仍未用完的资金。

预算法第四十二条第一款所称结余资金，是指年度预算执行终了时，预算收入实际完成数扣除预算支出实际完成数和结转资金后剩余的资金。

第四章 预算执行

[第五十一条至第五十三条（略）]

第五十四条 财政部门会同社会保险行政部门、社会保险费征收机构制定社会保险基金预算的收入、支出以及财务管理的具体办法。

社会保险基金预算由社会保险费征收机构和社会保险经办机构具体执行，并按照规定向本级政府财政部门和社会保险行政部门报告执行情况。[第五十五条至第七十八（略）]

第七十九条 年度预算确定后，部门、单位改变隶属关系引起预算级次或者预算关系变化的，应当在改变财务关系的同时，相应办理预算、资产划转。

第五章 决 算

第八十条 预算法第七十四条所称决算草案，是指各级政府、各部门、各单位编制的未经法定程序审查和批准的预算收支和结余的年度执行结果。[第八十一条至第八十七条（略）]

第八十八条 县级以上地方各级政府应当自本级决算经批准之日起 30 日内，将本级决算以及下一级政府上报备案的决算汇总，报上一级政府备案；将下一级政府报送备案的决算汇总，报本级人民代表大会常务委员会备案。

乡、民族乡、镇政府应当自本级决算经批准之日起 30 日内，将本级决算报上一级政府备案。

第六章 监 督

第八十九条 县级以上各级政府应当接受本级和上级人民代表大会及其常务委员会对预算执行情况和决算的监督，乡、民族乡、镇政府应当接受本级人民代表大会和上级人民代表大会及其常务委员会对预算执行情况和决算的监督；按照本级人民代表大会或者其常务委员会的要求，报告预算执行情况；认真研究处理本级人民代表大会代表或者其常务委员会组成人员有关改进预算管理的建议、批评和意见，并及时答复。[第九十条至第九十一条（略）]

第九十二条 各级政府审计部门应当依法对本级预算执行情况和决算草案，本级各部门、各单位和下级政府的预算执行情况和决算，进行审计监督。

第七章　法律责任

[第九十三条至第九十四条（略）]

第八章　附　则

第九十五条　预算法第九十七条所称政府综合财务报告，是指以权责发生制为基础编制的反映各级政府整体财务状况、运行情况和财政中长期可持续性的报告。政府综合财务报告包括政府资产负债表、收入费用表等财务报表和报表附注，以及以此为基础进行的综合分析等。

第九十六条　政府投资年度计划应当和本级预算相衔接。政府投资决策、项目实施和监督管理按照政府投资有关行政法规执行。

第九十七条　本条例自 2020 年 10 月 1 日起施行。

评析：

这是一篇全国性的规章制度公文，由财政部制定颁布，在全国施行。标题由事由和文体名称组成。正文分八章，第一章是总则，说明了制定依据、目的和基本情况。第二章到第五章分别是预算收支范围、预算编制、预算执行、决算，第六章为监督、第七章为法律责任。最后一章为附则，说明相关具体办法的制定和参照执行的范围，以及该办法的解释权归属和施行时间。每章下分若干条，序数按照整个文件编排，不分章单排，全文总共九十七条。总的来说，这则暂行办法结构完整，语言规范，看起来一目了然，条款之间逻辑清晰、层次严谨，是一篇典范性的规章制度。

例文二：

中国银行业协会章程

第一章　总　则

第一条　本协会名称为中国银行业协会，英文名称为 China Banking Association，缩写为 CBA。

第二条　本协会是全国性银行业自律组织，是在中华人民共和国民政部登记的非营利性社会团体。本协会接受业务主管单位中国银行保险监督管理委员会（以下简称业务主管单位）和社团登记管理机关民政部（以下简称登记管理机关）的业务指导和监督管理。

第三条　本协会以促进会员单位实现共同利益为宗旨，依据《中华人民共和国商业银行法》《中华人民共和国人民银行法》《中华人民共和国银行业监督管理法》等法律法规，认真履行自律、维权、协调、服务职能，维护银行业合法权益，维护银行业市场秩序，提高银行业从业人员素质，提高为会员服务的水平，促进银行业的健康发展。

本协会遵守宪法、法律、法规和国家政策，践行社会主义核心价值观，弘扬爱国主义精神，遵守社会道德风尚，自觉加强诚信自律建设。

第四条　本协会坚持中国共产党的全面领导，根据中国共产党章程的规定，设立中国共产党的组织，开展党的活动，为党组织的活动提供必要条件。

第五条　本协会住所：北京市。

第二章　职　责

[第六条至第九条（略）]

第十条　法律法规规定的其他职责或业务主管单位等有关部门和会员交办、委托的其他事项。

业务范围中属于法律法规规章规定须经批准的事项，依法经批准后开展。

第三章　会　员

第十一条　本协会会员为单位会员。[第十二条至第十五条（略）]

第十六条　会员应委派其法定代表人出席会员代表大会，如法定代表人因故不能出席，可委派其他主要负责人出席。

第十七条　本协会统一编制会员名录。会员名录中所填事项发生变更时，会员单位须在15日内书面通知协会，以作相应变更记录。[第十八条至第二十条（略）]

第二十一条　会员退会、自动丧失会员资格或者被除名后，其在协会相应的职务、权利、义务自行终止。

第四章　组织机构

第二十二条　本协会的最高权力机构为会员代表大会。[第二十三条（略）]

第二十四条　会员代表大会每届五年，每届至少召开一次。经理事会或三分之一以上会员代表提议可以召开临时会员代表大会。[第二十五条至第二十八条（略）]

第二十五条　会员代表大会需有三分之二以上会员代表参加方能召开。

会员代表大会作出决议，须经到会会员代表半数以上表决通过方能生效。[第二十六条至第三十四条（略）]

第三十五条 本协会设秘书处，为协会日常办事机构。

第三十六条 本协会的会长、专职副会长、副会长、监事长由会员代表大会选举产生，经业务主管单位审查同意后报登记管理机关登记备案。

第三十七条 本协会设会长一名、专职副会长一名、副会长若干名，监事长一名，秘书长一名。会长、专职副会长、副会长、监事长、秘书长每届任期五年，连任不超过两届。因工作需要确需延长任期的，须经会员代表大会三分之二以上会员代表表决通过，报业务主管单位审查并经社团登记管理机关批准后，方可担任。专职副会长拟任人选由业务主管单位推荐。[第三十八条至第四十一条（略）]

第四十二条 本协会设秘书长一名，每届任期五年。

秘书长由会长提名，经理事会选举产生，报业务主管单位、登记管理机关备案。秘书长对理事会负责。

协会设副秘书长若干名。副秘书长由专职副会长提名，经理事会或常务理事会决定聘任。[第四十三条至第四十五条（略）]

第五章 资产管理

[第四十六条（略）]

第四十七条 本协会按照国家有关规定制定会费收取办法收取会员会费。

第四十八条 本协会经费应用于开展本章程规定的业务和事业的发展，不得在会员中分配。

第四十九条 本协会接受捐赠、资助的资产，应按捐赠、资助人的要求使用并报告使用情况。

第五十条 本协会建立规范的财务管理制度，保证会计资料合法、真实、准确、完整，每年应聘请专业机构对财务收支情况进行审计。

第五十一条 本协会配备具有专业资格的会计人员。会计不得兼任出纳。会计人员应准确进行会计核算，实行会计监督。会计人员调动工作或离职时，应与接管人员办清交接手续。

第五十二条 本协会的资产管理应执行国家规定的财务管理制度，接受会员代表大会、监事会和国家财政、审计部门的监督。

第五十三条 本协会换届或更换法定代表人须接受财务审计。

第五十四条 本协会的资产，任何单位、个人不得侵占、私分和挪用。

第五十五条　本协会工作人员的工资、保险和福利待遇，按照国家有关规定执行。

第六章　终止及财产处理

第五十六条　本协会完成宗旨或自行解散或由于分立、合并等原因需要注销的，由理事会或常务理事会提出终止动议。

第五十七条　本协会终止动议须经会员代表大会表决通过，并报业务主管单位审查同意。

第五十八条　本协会终止前，须在业务主管单位及有关部门指导下成立清算组织，清理债权债务，处理善后事宜。清算期间，不得开展清算以外的活动。

第五十九条　本协会经登记管理机关办理注销登记手续后即为终止。

第六十条　本协会终止后的剩余财产，在业务主管单位和登记管理机关的监督下，按照国家有关规定，用于发展与本协会宗旨相关的事业。

第七章　附　则

第六十一条　本章程经2020年12月18日第8届第一次会员代表大会审议表决通过。

第六十二条　本章程由协会理事会负责解释。

第六十三条　本协会章程的修改，须经理事会审议通过后报会员代表大会审议通过后15日内，报业务主管单位审查，经业务主管单位同意后，报登记管理机关核准后生效。

评析：

这是总则分章式章程，开头为总则，阐述本组织的性质、任务、宗旨等，总则之后分章规定、组织机构设置、经费等，最后附则说明章程的解释权、修改权、生效日期等。该章程措辞庄重简洁，表述清晰、周密。

例文三：

国务院关于在线政务服务的若干规定

（2019年4月26日中华人民共和国国务院第716号令发布实施）

第一条　为了全面提升政务服务规范化、便利化水平，为企业和群众（以下称行政相对人）提供高效、便捷的政务服务，优化营商环境，制定本规定。

第二条 国家加快建设全国一体化在线政务服务平台（以下简称一体化在线平台），推进各地区、各部门政务服务平台规范化、标准化、集约化建设和互联互通，推动实现政务服务事项全国标准统一、全流程网上办理，促进政务服务跨地区、跨部门、跨层级数据共享和业务协同，并依托一体化在线平台推进政务服务线上线下深度融合。

一体化在线平台由国家政务服务平台、国务院有关部门政务服务平台和各地区政务服务平台组成。

第三条 国务院办公厅负责牵头推进国家政务服务平台建设，推动建设一体化在线平台标准规范体系、安全保障体系和运营管理体系。

省、自治区、直辖市人民政府和国务院有关部门负责本地区、本部门政务服务平台建设、安全保障和运营管理，做好与国家政务服务平台对接工作。

第四条 除法律、法规另有规定或者涉及国家秘密等情形外，政务服务事项应当按照国务院确定的步骤，纳入一体化在线平台办理。

政务服务事项包括行政权力事项和公共服务事项。

第五条 国家政务服务平台基于自然人身份信息、法人单位信息等资源，建设全国统一身份认证系统，为各地区、各部门政务服务平台提供统一身份认证服务，实现一次认证、全网通办。

第六条 行政机关和其他负有政务服务职责的机构（以下统称政务服务机构）应当按照规范化、标准化要求编制办事指南，明确政务服务事项的受理条件、办事材料、办理流程等信息。办事指南应当在政务服务平台公布。

第七条 行政相对人在线办理政务服务事项，应当提交真实、有效的办事材料；政务服务机构通过数据共享能够获得的信息，不得要求行政相对人另行提供。

政务服务机构不得将行政相对人提交的办事材料用于与政务服务无关的用途。

第八条 政务服务中使用的符合《中华人民共和国电子签名法》规定条件的可靠的电子签名，与手写签名或者盖章具有同等法律效力。

第九条 国家建立权威、规范、可信的统一电子印章系统。国务院有关部门、地方人民政府及其有关部门使用国家统一电子印章系统制发的电子印章。

电子印章与实物印章具有同等法律效力，加盖电子印章的电子材料合法有效。

第十条 国家建立电子证照共享服务系统，实现电子证照跨地区、跨部门共享和全国范围内互信互认。

国务院有关部门、地方人民政府及其有关部门按照电子证照国家标准、技术规范制作和管理电子证照，电子证照采用标准版式文档格式。

电子证照与纸质证照具有同等法律效力。

第十一条　除法律、行政法规另有规定外，电子证照和加盖电子印章的电子材料可以作为办理政务服务事项的依据。

第十二条　政务服务机构应当对履行职责过程中形成的电子文件进行规范管理，按照档案管理要求及时以电子形式归档并向档案部门移交。除法律、行政法规另有规定外，电子文件不再以纸质形式归档和移交。

符合档案管理要求的电子档案与纸质档案具有同等法律效力。

第十三条　电子签名、电子印章、电子证照以及政务服务数据安全涉及电子认证、密码应用的，按照法律、行政法规和国家有关规定执行。

第十四条　政务服务机构及其工作人员泄露、出售或者非法向他人提供履行职责过程中知悉的个人信息、隐私和商业秘密，或者不依法履行职责，玩忽职守、滥用职权、徇私舞弊的，依法追究法律责任。[第十五条（略）]

第十六条　本规定自公布之日起施行。

评析：

第一条说明制定此办法的目的、依据和作用，其后的条款写具体的措施办法，最后是解释权和生效日期。语气肯定，用语明确严密。

例文四：

江苏省人事代理暂行办法

第一条　为进一步规范人事代理工作，使人事工作更好地为本省经济建设和社会事业发展服务，根据有关规定，制定本办法。

第二条　本办法所称人事代理，是指县级以上政府人事部门所属人才流动服务机构（以下简称人才流动服务机构），接受用人单位或者人才个人的委托，依法代理有关人事业务。

第三条　人才流动服务机构应当按照人事管理法律、法规和政策开展人事代理工作，为委托单位和个人提供优质、高效的人事代理服务。

委托人事代理的单位和个人应当提供人事代理所需的合法、真实、有效的证明材料。

人才流动服务机构与人事代理对象不发生行政隶属关系，仅为其代理有关人事业务。

第四条 县级以上政府人事部门是同级人事代理工作的行政主管部门，负责本行政区域内人事代理工作的管理、监督和检查。

人才流动服务机构应当按照人事管理权限承办本行政区域内的人事代理业务。

第五条 从事人事代理工作人员必须符合下列要求：

（一）熟悉人事管理法律、法规和政策；

（二）熟悉人事工作业务；

（三）经过人事行政部门组织的人事管理专业培训；

（四）符合人事行政部门的其他有关要求。

第六条 人事代理对象：

（一）外商投资企业，乡镇企业、区街企业、民营科技企业，私营企业，外国企业驻本省代表机构，外省、市在本省及驻本省办事机构，非国有控股的股份制企业中的专业技术人员和管理人员；

（二）律师、会计、审计、公等社会中介机构和社会体中的专业技术人员和管理人员；

（三）辞职或者被辞退的机关工作人员、企事业单位专业技术人员和管理人员；

（四）与用人单位中止或者解除劳动关系的专业技术人员和管理人员；

（五）国有企事业单位见习期内的高校、中专学校毕业生；暂未落实工作单位的高校、中专学校毕业生；

（六）自费出国（境）留学人员；

（七）自主择业的军队转业干部；

（八）经县级以上政府人事部门确认具有技术职称的农村乡土人才；

（九）通过人才关市招聘的各类专业技术人员和管理人员；

（十）国有和非国有单位需要代理的各类专业技术人员和管理人员。

第七条 凡在本省行政区域内，各类企事业单位可以实行单位代理，也可以实行个人代理；可以全员代理，也可以对部分人员进行代理。

第八条 以下人事代理的内容可以全部委托代理，也可以部分委托代理：

（一）协助委托单位制定人才发展规划和人事管理方案；

（二）为委托单位代办各类专业技术人员和管理人员的引进、推荐和招聘业务；

（三）为委托单位代理人事考核、培训、人才素质测评等业务；

（四）办理委托单位的人才流动手续；

（五）办理人事档案的收集、整理、保管、利用、传递等管理工作；

（六）为委托单位聘用的专业技术人员和管理人员办理聘用鉴证；

（七）按照有关规定代收代缴委托单位、个人缴纳的社会保险费、住房公积金等；

（八）为委托单位招收的应届大中专毕业生、毕业研究生办理接收手续和大中专毕业生、毕业研究生见习期转正定级、初定专业关技术职称；

（九）出具因公、因私出国出境等其他证明材料；

（十）办理档案工资的调整和工龄计算业务

（十一）代管委托单位和个人的党员组织关系；

（十二）出具户口、粮油关系的证明材料或者代办户口、粮油关系迁移手续，协助管理相关的集体户口；

（十三）代办职称（资格）的考试、评审的有关手续；

（十四）根据委托单位和个人的要求，代理其他可以代理的人事管理业务。

前款第（五）项应当按照本办法第九条的规定办理；前款第（六）项第（七）项为应当代理的内容。

第九条 流动人员的人事档案理，遵循“集中统一，归口管理”的原则，按照中组部、人事部《流动人员人事档案管理暂行规定》办理。

第十条 人事代理的程序：

（一）委托方向人才流动服务机构提出书面申请，并提交相应材料：

1. 企业单位委托的，应当提供县级及以上工商行政部门发给的有效营业执照（副本）及其复印件；

2. 事业单位委托的，应当提供事业单位登记证或者该机构成立的有效批批文复印件；

2. 个人委托，应当提供能证明本人身份的有效证件以及与原单位脱离关系的证明材料。

（二）委托方填写人事代理专用文书表格：

1. 单位委托：填写《人事代理合同书》，编报《委托人事代理人员花名册》，逐人填写《委托人事代理人员登记表》；

2. 个人委托：填写《人事代理合同书》和《委托人事代理人员登记表》。

《人事代理合同书》《托人事代理花名册》《委托人事代理人员登记表》的样式由省人事厅制定。

（三）人才流动服务机构审核委托代理单位和个人的资格。

（四）委托方和人才流动服务机构双方代表签订《人事代理合同书》，确立人事代理关系。

（五）委托方向人才流动服务机构交人事档案并办理有关手。

第十一条 人事代理合同应当明确代理双方的权利和义务，具体条款由代代理双方依法约定。

第十二条 人事代理国双方应当认真履行人事代理合同，承担各自的义务，享有相应的权利。如有违反人事代理合同的，应当承担违约责任；如违反人事代理理有关规定的，由县级以上政府人事部门依据《江苏省人才流动管理暂行条例实施细则》第三十六条的规定予以处罚。

第十三条 委托人事代理的个人在人事代理期间失业的，城镇企事业单位应当出具终止或者解除劳动关系的证明，由人事代理机构提出审查意见，经同级政府社会保障机构审核并办理失业登记相关手续。

第十四条 人才流动服务机构应当提高服务质量，严格执行国家和省规定的收费标准。

第十五条 本办法由省人事厅负责解释。

评析：

本文属条目贯通式细则，首先说明制定此办法的目的和作用，然后写明进行特殊考试人员的具体情况以及具体操作办法，最后是解释权和施行日期。内容体现一个“细”字，具体明确，表现出极高的周密性和针对性。

例文五

中国注册税务师协会章程

（2019 年 8 月 16 日第六届会员代表大会通过）

第一章 总 则

第一条 本团体的名称是：中国注册税务师协会，英文名称：The China Certified Tax Agents Association，缩写：CCTAA。

第二条 本团体是由中国税务师（注册税务师）和税务师事务所等从事涉税专业服务的机构及其从业人员自愿结成的全国性、行业性、非营利性社会组织，对全行业进行自律管理。

第三条 本团体的宗旨：遵守宪法、法律、法规和国家政策，践行社会主义核心价值观，弘扬爱国主义精神，遵守社会道德风尚，维护国家和社会公众利益，维护纳税人和会员合法权益，为会员服务，促进行业健康发展。

第四条　本团体坚持中国共产党的全面领导，根据中国共产党章程的规定，设立中国共产党的组织，开展党的活动，为党组织的活动提供必要条件。

第五条　本团体接受业务主管单位国家税务总局和社团登记管理机关民政部的业务指导和监督管理。

第六条　本团体的住所设在北京市。

第二章　业务范围

第七条　本团体的业务范围：

（一）制定本行业发展规划并组织实施；

（二）制定行业自律管理制度，对会员实行自律管理；

（三）接受委托拟制涉税专业服务业务规范（准则、规则、指引）；

（四）接受委托对涉税专业服务机构从事涉税专业服务的执业质量进行评价；

（五）负责税务师职业资格考试的组织和实施工作；

（六）协助开展行业统战等工作；

（七）向政府及有关部门反映行业及会员的意见和诉求；

（八）经政府有关部门批准，开展等级税务师事务所认定工作；

（九）负责税务师职业资格证书登记服务工作；

（十）建立税务师职业资格诚信档案，并提供查询服务；

（十一）协调行业及会员内、外部关系，维护市场公平竞争的秩序；

（十二）组织和推动会员继续教育及专业培训工作；

（十三）组织业务交流，开展理论研究，提供业务援助；

（十四）负责行业宣传，依照有关规定，出版会刊及有关业务书刊，建立行业信息网络，提供专业信息服务；

（十五）开展港澳台及国际交流活动；

（十六）办理国家税务总局及有关部门授权和委托的有关事项。

业务范围中属于法律法规规章规定须经批准的事项，依法经批准后开展。

第三章　会　员

第八条　本团体的会员种类：单位会员和个人会员。

个人会员分为税务师会员和非税务师会员；单位会员分为税务师事务所

会员和非税务师事务所会员。

第九条 申请加入本团体的会员，必须具备下列条件：

（一）拥护本团体的章程；

（二）有加入本团体的意愿；

（三）在本团体的行业领域内具有一定的影响。

第十条 会员入会的程序是：

（一）提交入会申请书；

（二）经理事会或常务理事会讨论通过；

（三）由理事会或理事会授权的机构发给会员证。

第十一条 会员享有下列权利：

（一）本团体的选举权、被选举权和表决权；［（二）至（五）略］

第十二条 会员履行下列义务：

（一）遵守本团体的章程，执行本团体的决议；［（二）至（七）略］

第十三条 会员退会应书面通知本团体，并交回会员证。

会员如果2年不交纳会费或不参加本团体活动的，视为自动退会。

第十四条 会员如有严重违反本章程的行为，经理事会或常务理事会表决通过，予以除名。

第四章 组织机构和负责人产生、罢免［第十五条（略）］

第十六条 会员代表大会须有2/3以上会员代表出席方能召开，其决议须经到会会员代表半数以上表决通过方能生效。

第十七条 会员代表大会每届任期4年。因特殊情况需提前或延期换届的，须由理事会表决通过，报业务主管单位审查并经社团登记管理机关批准。延期换届最长不超过1年。

第十八条 理事会是会员代表大会的执行机构，在会员代表大会闭会期间领导本团体开展日常工作，对会员代表大会负责。［第十九条（略）］

第二十条 理事会须有2/3以上理事出席方能召开，其决议须经到会理事2/3以上表决通过方能生效。

在会员代表大会闭会期间，个别理事因工作变动等需要调整的，理事会授权常务理事会决定，并向下一次召开的理事会作出报告。

第二十一条 理事会每年至少召开1次会议。情况特殊的，也可采用通信形式召开。

第二十二条 本团体设常务理事会。常务理事会由理事会选举产生，人数不超过理事人数的 1/3，在理事会闭会期间行使第十九条第一、三、五、六、七、八、九项的职权，对理事会负责。

第二十三条　常务理事会须有 2/3 以上常务理事出席方能召开，其决议须经到会常务理事 2/3 以上表决通过方能生效。

第二十四条　常务理事会至少每半年召开 1 次会议。情况特殊的，也可采用通信形式召开。[第二十五条（略）]

第二十六条　本团体会长、副会长、秘书长如超过最高任职年龄的，须经理事会表决通过，报业务主管单位审查并经社团登记管理机关批准后，方可任职。

第二十七条　本团体会长、副会长、秘书长每届任期 4 年，连任不得超过两届。因特殊情况需延长任期的，须经会员代表大会 2/3 以上会员代表表决通过，报业务主管单位审查并经社团登记管理机关批准后，方可任职。

第二十八条　本团体会长为法定代表人。如因特殊情况，经会长委托，理事会同意，并报业务主管单位审查、社团登记管理机关批准后，可以由副会长或秘书长担任法定代表人。聘任或向社会公开招聘的秘书长不得担任本团体法定代表人。

法定代表人代表本团体签署有关重要文件。

本团体法定代表人不兼任其他团体的法定代表人。[第二十九条至第三十条（略）]

第五章　资产管理、使用原则

[第三十一条（略）]

第三十二条　本团体按照国家有关规定收取会员会费。

本团体开展评比、评选、表彰等活动，不收取任何费用。

第三十三条　本团体经费必须用于本章程规定的业务范围和事业的发展，不得在会员中分配。

第三十四条　本团体建立严格的财务管理制度，保证会计资料合法、真实、准确、完整。

第三十五条　本团体配备具有专业资格的会计人员。会计不得兼任出纳。会计人员必须进行会计核算，实行会计监督。会计人员调动工作或离职时，必须与接管人员办清交接手续。

第三十六条　本团体的资产管理必须执行国家规定的财务管理制度，接受会员代表大会和财政部门的监督。资产来源属于国家拨款或者社会捐赠、资助的，必须接受审计机关的监督，并将有关情况以适当方式向社会公布。

第三十七条 本团体换届或更换法定代表人之前必须进行财务审计。

第三十八条 本团体的资产，任何单位、个人不得侵占、私分和挪用。

第三十九条 本团体专职工作人员的工资和保险、福利待遇，按照国家有关规定执行。

第六章 章程的修改程序

第四十条 对本团体章程的修改，须经理事会表决通过后报会员代表大会审议。

第四十一条 本团体修改的章程，须在会员代表大会通过后15日内，报业务主管单位审查，经同意，报社团登记管理机关核准后生效。

第七章 终止程序及终止后的财产处理

第四十二条 本团体完成宗旨或自行解散或由于分立、合并等原因需要注销的，由理事会或常务理事会提出终止动议。

第四十三条 本团体终止动议须经会员代表大会表决通过，并报业务主管单位审查同意。

第四十四条 本团体终止前，须在业务主管单位及有关机关指导下成立清算组织，清理债权债务，处理善后事宜。清算期间，不开展清算以外的活动。

第四十五条 本团体经社团登记管理机关办理注销登记手续后即为终止。

第四十六条 本团体终止后的剩余财产，在业务主管单位和社团登记管理机关的监督下，按照国家有关规定，用于发展与本团体宗旨相关的事业。

第八章 附 则

第四十七条 本章程经2019年8月16日第六届会员代表大会表决通过。

第四十八条 本章程的解释权属本团体的理事会。

第四十九条 本章程自社团登记管理机关核准之日起生效。

评析：

这是总则分章式章程，开头为总则，阐述本组织的性质、任务、宗旨等，总则之后分章规定、组织机构设置、经费等，最后附则说明章程的解释权、修改权、生效日期等。该章程措辞庄重简洁，表述清晰、周密。

综合练习

1. 什么是规章制度？它的主要特点是什么？

2. 规章制度的主要种类有哪些？

3. 条例、规定、办法、细则之间有何区别和联系？

4. 章条式和条款式有何区别和联系？

5. 下面是一篇病文（规定），请试做修改。例文如下。

××市人民政府关于加强自行车交通管理的规定

为进一步贯彻《××市道路交通管理暂行规则》和《××市道路交通管理暂行处罚规则》和加强自行车交通管理，特重申并补充以下规定：

（一）凡骑自行车者，必须遵守以下规定：

1. 沿路靠右行驶，禁止逆行。在划有车辆分道线的道路上，不准在机动车或便道上骑行。

2. 转弯要提前减速，照顾前后左右情况，并伸手示意。在划有上下四条以上机动车道的路段上左转弯时，必须推车从人行横道内通过。不准突然猛拐、争道抢行。

3. 在三环以内，郊区城镇或公路上，不准骑车带人，不准与骑车同行者扶身并行；不准双离把、持物或攀扶其他车辆；不准骑车拖带车辆；不准追逐竞驶或曲折竞驶。

4. 自行车在道路上停车、载物、停放等均按《××市道路交通管理暂行规则》的规定执行。

（二）对违反规定的，要批评教育，处罚款 5 元至 10 元。

（三）因骑车人违反规定造成交通事故的，由骑车人承担全部责任。

（四）本规定由市公安局负责实施。

2020 年 7 月 5 日

第四章

市场调查报告

应用导航

2020 下半年电影市场调查报告

近几年来，全球电影市场得到了蓬勃发展。中国电影市场发展尤为迅速，一举成为全球第二大电影市场。电影作为快节奏生活下的最主要休闲娱乐方式之一，从步入市场上升期以来一直保持着较快的发展速度。2020 下半年国内共上映 127 部电影，累计票房近 200 亿元。50 榜单中，《速度与激情 7》《复仇者联盟 2：奥创纪元》《侏罗纪世界》包揽前三名，且票房均突破 10 亿元大关。其中《速度与激情 7》更是以 24.24 亿元的票房高居榜首，并一举刷新了国内电影票房的记录。《澳门风云 2》虽是赌神重出江湖，但也只能凭借 9.74 亿元的票房坐拥第四位。纵观这 50 部作品，国产和国外影片分别为 23 部和 21 部，可谓平分秋色。中外合拍的电影是国外探索中国电影市场的积极尝试，在夹缝中也挤占到了一定的位置。

进入 2020 年，由于相关政策限制，“积压”在 2020 年 6 月 30 日的国外大片姗姗来迟，最终与观众见面，虽然之前在国外早已上映，不少片子已经传到国内并在各类资源分享网站上流传出来，但这并不影响其在国内电影市场的“狂征暴敛”。可见，电影在国内市场的娱乐属性已经越来越明显，是国内电影市场正在逐渐成熟的标志，人们更多是以看得“爽不爽”来参考而非看没看过。而国产电影在上半年也以一大批青春题材的影片大搞情怀，收效明显的同时，观众对于此类影片的兴趣却明显透支。

截至 2020 年 12 月 30 日，2020 下半年国内共上映影片 127 部，其中 86 部为国内拍摄影片，占到了 67.7%，国外影片 31 部，占到了 24.4%，另外有 10 部影片是中外合拍作品。近年来，中国作为全球第二大电影市场，发展前景广阔，国外引进的众多影片都收获了不错的票房，国际上不少电影厂商纷纷瞄准了这一块沃土，中外合作拍摄影片就是对于中国电影市场的积极尝试与探索。

虽然 2020 下半年国内上映的影片中有 67.7%的国产作品，但数量庞大的同时优质影片的占比略显无力，豆瓣评分在 6 分以上的影片仅占到了 23.3%，而 6 分以上且票房过亿的影片占比仅为 7%。反观国外进口的影片，31 部国外影片全部评分在 5 分以上，其中 6 分以上影片占 80.6%，6 分以上且票房过亿的影片占 58.1%。

2020 下半年国内上映影片中，有 52 部作品的票房在 1 000 万元以下，其中有 6 部国外作品，并且这 6 部作品中有 2 部为 8 分以上，最低的一部得分为 5.9 分。而其余 47 部作品全部为国产作品，虽然也有得分 8 分以上的作品，但低分烂片占去了大多数席位。

一部分高分电影之所以不能收获较高的票房，原因在于电影本身作为一种娱乐方式，其娱乐性的特性越发明显，而电影作品并非全部是为娱乐而生，一部分优质作品更适合安静的欣赏而非搬到大荧幕。而且有些作品缺乏有效的推广传播手段，导致作品的大众认知度低，最终造成优质作品鲜有人问津。

观众购票方式调查结果显示，42%的人选择了通过团购的方式购票，团购成本较直接购票相对优惠，尤其是在 O2O 大力发展的环境下，团购购票优惠手段层出不穷，吸引了大量被调查者垂青。影院直接购票的人占 34%，由于看电影本身是一种娱乐方式，除了观众非常期待的影片放映时会出现一票难求的情况外，直接到影院购票还是较容易实现的，而且相对选择更加自由化。社交平台推出购票是在包括微信等社交平台发展起来以后逐渐出现的，尤其是开通支付渠道以后通过社交的手段购票约片友都更加便捷，这类购票的人群占到了 14%。电影相关网站购票人群占 8%，人们可以通过相关网站详细了解所要观看的影片的具体信息、预告片、演员导演等信息，同时对于系列集影片还可以提前补课，做好预热准备。

观影人群的年龄在 20～39 岁的人群占到了全部的 2/3，其中，20～29 岁的人群占 35%，30～39 岁人群占 31%；40～49 岁人群占 27%，50 岁以上人群和 19 岁以下人群分别占 4%、3%。现观影人群主要以年轻人和中年人为主，因为 19 岁以下人群大部分处于学生阶段，没有充裕的时间来观影；老年人更多地会选择在家中观看或者出去锻炼，对于娱乐观影的需求并不是十分强烈；年轻人群体和中年人拥有充裕的观影时间，也有足够的收入来支持观影，同时看电影也是缓解工作压力、约会交友的重要手段之一。

归根到底，国内的电影市场终究是娱乐市场，人们观影的目的无非是为了视觉上的体验和身心的欢畅，影视作品的娱乐性质越发凸显国内电影市场逐渐走向成熟的重要标志。虽然海外电影近年来不断在国内刷新票房纪录，但我们对于国内优质影片的崛起仍然充满期待。

点评：本调查报告从2020下半年国内上映电影情况、中外影片所占的比例、影评得分情况、票房收入情况、购票方式、观影人群的年龄分布、观影功能等方面进行分析论述。内容客观全面，数据真实可靠、有说服力，调查结论准确客观。

点睛之笔

教学重点

(1) 市场调查报告的作用

(2) 市场调查报告的文风特征、构思方法及其基本分类

(3) 财经市场调查报告的结构要求和语言要求

教学难点

市场调查报告的写作要领

第一节　市场调查报告概述

一、市场调查报告的概念

市场调查报告往往是根据特定的目的，运用科学的方法对某项工作、某个事件、某个问题，经过深入细致地调查后，将调查中收集到的材料加以系统整理，分析研究，而写出的有情况、有分析的书面报告。

二、市场调查报告的特点

(1) 目的明确。调查报告一般有比较明确的意向，相关的调查取证都是针对和围绕某一综合性或者专题性问题展开的。所以，调查报告反映的问题

集中而有深度。

（2）真实可信。市场调查报告是在大量搜集材料和多角度、多层面调查走访的基础上作出的分析结果，调查报告采用的材料应是经过科学处理和认真核实鉴别的，而不是道听途说的；是具体的，既有点又有面的，而不是抽象的。因此科学可靠。

（3）及时高效。市场调查报告必须迅速反映市场变化，及时提供准确信息，这样才能有的放矢，有针对性地制定竞争策略。

三、市场调查报告的分类

（1）按服务对象的不同，可分为市场需求与市场供应调查报告。

（2）按调查对象的不同，可分为金融市场调查、投资市场调查、美容市场调查等。

（3）按调查范围的不同，可分为国际性市场调查、全国性市场调查、区域性市场调查等。

第二节　市场调查报告的写作

一、市场调查报告的写法

市场调查报告的结构一般包括标题、正文和署名三部分。

（一）标题

1. 公文式标题

公文式标题由调查单位、调查内容和文种三个部分组成，如“安徽省农业厅关于农业机械销售情况的市场调查”，也可以由调查内容和文种组成，如“本市居民电视机的拥有量及需求趋势调查”。也可以由调查时间、范围、调查事由和文种组成，如“关于二〇二〇年蚌埠市助力自行车市场的调查报告”。

2. 新闻报道式标题

新闻报道式标题活泼醒目，直接指出调查对象的状况或直接表述调查的结果，或昭示调查中形成的观点。如“首都豪华轿车市场进入饱和期”“出口商品包装不容忽视”等。

3. 双标题

由主标题和副标题组成双标题。主标题揭示文章的主题；副标题交代调查对象或调查范围等。如"'泥巴换外汇'——陶瓷品出口情况调查"。

（二）正文

1. 引言

即前言，它作为市场调查报告的开头语，作用在于让读者对报告的内容、调查的意义获得初步印象。这一部分应明确调查的时间、地点、对象、范围、方法、目的或过程，也可以表明基本观点或得出的结论。文字要简明扼要。

2. 主体

主体部分的写作，要用调查获得的材料，介绍被调查事物的情况，并据此对其进行分析预测，也可提出针对性意见，应包括以下的内容。

（1）基本情况。要介绍调查对象的现实状况、历史材料及有关典型事例、统计数据等，要指出其特点及存在的问题。具体结构，可按问题性质归类表述，借用小标题或提要句的形式，也可按时间空间顺序分层次介绍，有时还可采用列表附图等方式补充说明。基本情况还可以从以下几个方面进行有选择的体现：生产与消费的关系，市场对产品的需求及产品在整体市场中的位置，消费心理与消费趋势等与市场调查报告具体种类相关的情况。

（2）分析评价和预测。通过对事实、资料的分析研究，判断、预测市场发展变化的基本趋势。

（3）对策建议。根据分析预测得出的结论，提出具体的行动计划、对策和措施。这也是市场调查的目的所在，因而要十分注重建议的切实可行。

3. 结尾

结尾是对前文的照应，也是全文的归结，一般写对未来的展望，或者突出强调自己的观点。当然，如果在开头或正文里已经把观点阐述清楚的话，也可以省略结尾。

（三）署名

通常，为了表示对调查内容负责，在全文结束之后，还要写上调查人员或单位的名字，并注明完稿日期，也有的市场调查报告将作者姓名写在标题之下。

二、市场调查报告的写作要求

（1）实事求是，以充分翔实的资料为依托。

（2）突出重点，材料要服从主旨需要。

（3）客观公正，防止先入为主。

(4) 注重分析，揭示事物发展的内在规律。

(5) 讲究时效，为市场预测和经营决策服务。

(6) 叙议结合，以科学的结论发挥市场调查报告的功能。

第三节　例文简评

例文一：

陕西本地绿茶的市场调查报告

一、调查的目的

绿茶，又称不发酵茶。以适宜茶树新梢为原料，经杀青、揉捻、干燥等典型工艺过程制成茶叶。其干茶色泽和冲泡后的茶汤、叶底以绿色为主调，故名绿茶。绿茶的特性，较多地保留了鲜叶内的天然物质。其中茶多酚、咖啡因含量保留鲜叶的85%以上，叶绿素含量保留50%左右，维生素损失也较少，从而形成了绿茶“清汤绿叶，滋味收敛性强”的特点。绿茶是中国的主要茶类，在初制茶六大茶类里产量最高，年产40万吨左右。绿茶产区最广，分布在浙江、安徽、江西、江苏、四川、湖南、湖北、广西、福建、贵州、陕西等各个茶区。绿茶和乌龙茶、花茶一样是茶叶市场上常见的品种。但是目前它被人们所接受的程度究竟如何呢？有没有进一步市场拓展的空间？通过此次调查，我们了解了经销商对绿茶的经营意愿，包括对绿茶的包装、价格的接受程度和意见，并据此预测了绿茶的市场前景，判定目标经销商群体、核心渠道，了解市场需求、竞争状况，以便结合自身企业的个性特点有的放矢、避强击弱。

本次调查共走访杨凌地区各大茶叶卖点和超级市场十几家，也现场调查了众多正在购买绿茶的消费者。对经销商的经营品种、渠道、销售旺季、主流产品价位段、主流产品类别、主流产品包装、团购下限及折让比例等一系列问题有了直观认识。对消费者的消费心理，购买习惯，购买场合，影响购买的主要因素，绿茶产品的知名度、质量以及竞争对手情况等进行了调查了解，取得了可靠的第一手资料，为本地绿茶新品牌大规模进军市场提供了事实依据。

二、调查的结果

1. 本地产品知名度的调查

茶叶在西北地区的消费市场需求潜力很大，仅陕西省每年由外地进入的茶叶就在8 000吨左右。西乡茶叶种植历史悠久，其中陕西茶叶历史上比较早的品牌是“紫阳毛尖”茶和大众化的“陕青”茶，在计划经济时期具有相当可观的市场占有率和知名度。西乡绿茶直至今天仍然有相当比例的体验人群，在调查问题“了解西乡绿茶的渠道”时，高达68％的消费者选择“喝过”，其中13％的消费者选择“亲朋介绍”，这是西乡绿茶巨大的营销潜在优势。

2. 消费者消费心理的调查

质量和口感是人们普遍最为关心的问题。经过消费者调查，消费者购买首选考虑“质量”的占29％，其次选择“口感”的占27％，而第三才是“价格”，比例占20％。这也体现出目前消费提升的潮流。传统喝茶的地区和喝茶的人群，在收入不断增加的情况下，喝茶的习惯不变，而喝茶的档次一定会越来越高，且喝茶的品种可能会因为所在文化、社交圈的变化而变化。新兴的喝茶人群正在稳步增加，这不单是因为收入因素，也是因为其他社会性饮料的生命周期有衰退迹象，即因为茶叶是根深蒂固的农产品，而非美欧盛行的工业饮料，根本的分歧是农业和工业在人类健康上理念的分野。第四选择“品牌”的占12％，反映出消费者在茶叶购买上多为随意购买，消费者的品牌意识并不突出。以上结论和经销商调查结果可以相互印证，经销商在回答“影响顾客购买的主要因素”时，选择第一位为“质量”，比例高达47％；“价格”列次位，比例为37％。在“消费者购买茶叶主因素排名”时，依次为：质量—价格—包装—产地—品种—产季，也反映出类似偏好。

3. 消费者消费习惯的调查

消费习惯对消费者的消费行为有着决定性的影响，而且消费者消费习惯对企业的营销方案及渠道操作侧重点也有一定的指导意义。调查显示消费者购买渠道相当集中，分别为茶叶市场（29％）、超市（29％）、专卖店（26％）、百货商场（13％），选择其他的仅占3％。

4. 消费场合的调查

消费场合一般为家中、办公室、茶馆、茶楼、宾馆餐厅、户外等场合。喝茶习惯从个人走向社会化，人们喝茶已经更多注重文化的区分，区分的办法就是给喝茶打上更多的社会符号。因此很多人是在特定场合中消费茶，回到家里未必有那么的讲究，即喝茶的人群化。

5. 消费者消费依据的调查

把“生活习惯”作为选择依据的占有40%；选“解渴”的占20%；把绿茶的“提神醒脑”功能作为选择依据的占14%；选“清热解毒”的占11%；“休闲娱乐”占9%，“去油腻保健”占6%。整体来看，选择考虑茶叶健康作用的只占17%，绿茶的健康因素还需要大力强化。

6. 对本地绿茶产品的调查

通过对部分经销商进行访谈，我们对绿茶的质量、外观、价格等问题进行了调查。

虽然有相当高的知名度，但是无须讳言，由于种种原因，西乡绿茶在西安茶叶市场的美誉度不容乐观，在调查中共收集到以下意见：①加工工艺粗、高端茶叶少；②质量欠佳、口感不好，销售较好时出现断货；③包装差；④品牌不突出，消费者自选率低。肯定意见有：①性价比高；②茶形好。由此可见，早期的知名度为西乡绿茶的进一步市场开拓带来的正面影响有限，且产品质量参差不齐，低端茶叶居多的负面影响不容忽视，产品的美誉度还有待进一步提高。绿茶外观的好坏对产品的销售有着直接的影响。调查结果表明，产品的外观造型还不尽如人意。

绿茶投放市场，适宜的价格有助于迅速占领市场份额，而且茶叶产品又属于价格敏感产品，价格的微小变动都会对销量产生巨大的影响。调查结果表明，对照市场上其他品牌茶叶的价格，消费者对本地绿茶价格的理解还是比较合理、公正的。

三、茶叶市场存在的问题及对策建议

1. 茶叶市场存在的问题

部分消费者反馈的茶叶市场的问题包括包装、质量、价格等方面。首要问题是市场不规范，质量参差不齐，占32%；价格过高占27%；生产日期、保质期没有保证占8%；而以下问题均为6%：品种不能满足需要；包装呆板，无新意；包装内搭售其他物品。稍加留意就会惊讶地发现，反映质量为主的问题占40%（包括生产日期、保质期没有保证）；而比照经销商调查中“同业竞争主要因素”一项，依次为价格37%；质量23%；品牌20%；其他10%；渠道7%；客户3%。看来消费者对整个行业的信任度不足，而市场对消费者对质量问题的关注度显然没有深度了解体会，值得所有经营者在经营中考虑。

在对消费者消费茶叶的依据的调查中，40%的人选择的是“生活习惯”，20%的人选择的是“解渴”。可见，生活方式和实惠是消费者消费饮料的根本依据。在这方面，消费者对绿茶的高性价比给予肯定，但真正好质量且价格适中的产品还没有得到消费者的完全认同。

2. 对策建议

第一，提高现销绿茶的质量。质量是产品的生命，优质才有优价。作为食品行业，并且是即开即饮与消费者健康密切相关的茶叶来说，质量更为重要，从市场上的样品来看，多数现销绿茶的质量还亟待提高。

第二，注重防伪标志标识。由于绿茶是即开即饮且能多次冲泡的产品，因此，在调查中，许多人提到了防伪标志，对此茶叶企业应引起高度重视。

第三，注重茶叶品牌的营建。目前，商品茶质量良莠不齐，价格缺乏诚信，茶叶品牌过少，消费者对商品茶的质量和价格的选择往往无所适从，无法判断产品的真伪、优劣和真实价位。调查中以口味、价格选择购买的消费者合计比例为47%，选择品牌的仅占12%，可见人们购买茶叶有很大的随意性。品牌是商品质量、价格的信誉保证。消费者正逐渐对品牌茶叶表示认同和信赖，市场期待着更多茶叶品牌的涌现。茶叶企业经营规模小，品牌意识淡薄，在知识产权（专利、版权、商标）方面投入不足，导致茶叶市场运营不规范、质量不稳定，消费者购买力受阻，从而制约了茶叶市场的深度拓展。成长中的国内市场和一体化的国际市场对茶叶品牌培育而言，既是市场需求又是发展契机。我国茶叶品牌从无到有、从小到大，具有极强的可塑性。加入WTO之后，我国茶叶经济愈加体现出品牌建设的紧迫性和重要性。茶叶企业应制订切实可行的品牌发展策略和计划，以良好的品牌形象参与激烈的市场竞争。

第四，注重包装茶的盈利性。包装茶增值空间大、盈利性强，是茶叶品牌塑造的主要载体之一。品牌包装茶的开发商机，为茶叶产业发展注入了新的活力。茶叶作为快速消费品面对着多元化市场，市场的定位与细分要求茶叶包装应符合现代消费理念的变化，这包括应重视从包装材质、外形、装饰、规格直至满足包装需求的系列化包装机。茶叶包装应在坚持中国特色的同时，重视与国际包装惯例接轨，特别是出口茶叶包装的选材、款式、规格、图文、标注等内容须符合进口国的法律规定、文化特点及消费习惯，以促进中国茶叶获取更高的国际市场份额和经济效益。

四、本地绿茶新品牌的市场前景及消费定位分析

1. 市场前景

总的来看，绿茶具有其他茶叶所具有的解渴等功能，同时又具有独特的

保健功能，适合茶叶消费的发展趋势，市场前景比较广阔。在本次市场调查中，有两个数据值得关注。其一，有17%的消费者购买茶叶时关注其保健功能，这是绿茶营销的一个优势。其二，在消费者问卷中，约51%的消费者选择一次购买2斤以上，这还不包含30%回答“不确定，用完再买”的，看来市场潜力是可观的。

本地绿茶产品历史悠久，在本地区知名度很高，具有很大的潜在营销优势。但本地绿茶新品牌要想取得好的销售业绩必须经过一个过程。

市场总需求是受多种因素影响的一个变量。任何有用产品，在没有任何刺激需求的投入时，都会有一个基本市场需求量，即市场需求下限。但在现代广告社会中推出一种新产品，不投入营销费月是不可能的。随着市场营销费用投入额的增加，市场需求水平也相应提高，提高的速度最初为递增，后为递减，最后达到某一点。在这一点上，无论怎样增加营销投入，需求量也不会再增加，这时即达到市场需求上限。

本地绿茶新品牌作为新产品，市场下限量会是比较低的，但人们对新事物的认可有一个认知的过程。在投入期营销投入额大，但市场需求量增长缓慢，公司在投入营销费用后的短期内不会收到很明显的效果。真正好的产品在营销支出达到一定的程度后，人们对其有了足够的认识，这时只要再增加小部分的营销支出，市场需求就会大幅度增加。从市场需求预测可以得知，绿茶的市场潜力是巨大的，市场前景是广阔的。当然，本地绿茶新品牌要想取得销售佳绩，最为关键的还是提升自身产品质量，包括关注防伪标识和包装等问题。只有这样，本地绿茶新品牌才能不断赢得消费者的青睐。

2. 消费定位分析

(1) 产品的档次定位

建议本地绿茶新品牌的产品应分为两大类：自用消费型和礼品型。自用消费型又分为习惯消费型及功能消费型。礼品型又分为旅游亲情礼品型和商务礼品型。自用消费型中习惯消费型应突出实惠及保健因素；功能消费型应突出保健及认同感。礼品型不同程度地突出亲情、保健及价值传递功能。

绿茶属保健功能较强的产品，因此，档次绝不应定得太低。本次调查数据显示，当绿茶价格在50元/斤以下时，有约38%的消费群体放弃购买。但另一方面，大部分绿茶产品也属于大众消费品，且又属价格敏感类产品，因此，档次又不宜定得太高。

(2) 目标消费者层次定位

在判定目标消费者时，应着重考虑如下因素。

消费场所：办公场所、家中、茶馆、茶楼、宾馆餐厅、户外等场合。

消费年龄：中青年消费者。

消费者收入水平：主要是具有中等收入水平以上的消费者。

自用消费型产品的消费者是消费主体，他们大致为：关注茶叶保健型因素的中青年人群（例如可突出对女性白领的健康、降脂、抗辐射导向）。

总体而言，本地绿茶新品牌的主体目标消费者应是有饮茶习惯、较关注健康且具有一定收入水平的中青年消费者。

五、结论

绿茶作为具有独特保健功能的饮品，在崇尚绿色消费的今天具有广阔的市场前景。西乡绿茶产品历史悠久，在本地区知名度很高，具有很大的潜在营销优势。这为西乡绿茶新品牌的市场推广提供了有利条件。但本地绿茶新品牌的推广还需要特别关注质量环节，经历一个合理的营销过程。总之，陕西本地绿茶新品牌具有良好的市场前景。

评析：文章的第一部分简要介绍了调查的目的和涉及的主要内容；第二部分清晰列示了调查结果；第三部分根据调查资料揭示了茶叶市场存在的问题并提出了有针对性的对策建议；第四部分则基于前面的内容分析了本地绿茶新品牌的市场前景及消费定位；结论部分高屋建瓴地总结了全文。修改后的报告内容翔实、观点鲜明、条理清晰。

例文二：

建材市场调查报告

××××年××月××日至××月××日，本人就东北地区卫浴建材市场进行了初步调查，主要走访了沈阳和长春两个地区，集中就目前休闲及整体卫浴品牌在市场终端的销售情况以及东北地区卫浴建材市场的基本状况进行了市场调查。调查的主要目的是分析东北地区卫浴建材市场的整体情况，为下一阶段阿诺玛产品在东北地区的市场推广做针对性的准备，同时为销售决策提供依据。

一、东北地区卫浴建材市场基本概况

随着中国社会经济的飞速发展和中央振兴东北老工业基地政策的深入，

东北地区的经济建设一日千里，由此也带动了房地产行业的一派勃勃生机。以沈阳为例，××××年，沈阳地区将陆续有100多个楼盘投入使用，预计住宅销售面积将在1100万平方米左右，建材及相关销售在50亿元以上，卫浴洁具的销售同比将达到6亿～8亿元。加上沈阳对外埠周边城市的辐射，巨大的市场需求和商机吸引了众多商家的目光。（略）

二、市场调查分析

1. 建材市场调查情况

作为目前沈阳、长春地区休闲及整体卫浴品牌的主要销售地，专业的建材市场是重点调查目标。根据建材市场中休闲及整体卫浴品牌所占的位置、面积、品牌影响力以及销售氛围，又分别对几个休闲及整体卫浴品牌销售的代表性建材市场：沈阳地区的中国家具城、陶林居、衡颐陶瓷城、金龙装潢材料市场、居然之家皇姑店、东北陶瓷城以及长春地区的太阳家居、中东瑞家家居、欧亚卖场等进行调查。（略）

2. 竞争品牌调查情况

休闲及整体卫浴竞争品牌是本次调查的核心，而作为对于阿诺玛整体卫浴构成竞争力的中、高档品牌中，阿波罗、华美嘉、欧露莎、英皇、益高、浪鲸、尚高、高尔夫等为代表。其表现上都有以下特点：在当地主要建材市场的显著位置设立大规模的专卖店。（略）

3. 终端促销方式情况

休闲及整体卫浴产品各品牌结合自身的品牌定位和销售策略，在终端都以不同形式的促销方式在扩张市场份额，扩大品牌影响力。而大多数的促销方式都比较单一和雷同，同时旺季、节假日的促销又是其中重点。（略）

三、市场调查总结

1. 走高端路线的休闲及整体卫浴产品品牌不断涌现，在今后一段时期内肯定成为一种趋势，无论是以休闲卫浴为主导产品的品牌还是以整体卫浴推进的品牌，对于市场的冲击力度不断加大，在终端的争夺将表现得尤为突出，因此阿诺玛在自身发展中将要不断迎接挑战，转变思路，寻找更为适合自己的终端发展路线。（略）

2. 产品的配套完善不一定代表品牌的实力，不能一味追求配套产品的齐全，更应突出主导产品和拳头产品，在主导产品和拳头产品上投入更多资源，下更多功夫，使产品线更加清晰和优化，形成以点带面的品牌效应。尚高在东北地区乃至全国市场的成功得益于：准确的品牌定位——高端、时尚；清晰的产品线——以点带面，重点突出；完善的产品配套——配套产品精益求精，宁缺毋滥。

3. 在市场推广上，目前沈阳、长春的高档休闲及整体卫浴产品完全是以经销商地区代理的方式，而经销商也只是负责做好本地区的品牌形象推广和产品售卖，基本上没有分销；不存在厂商联合或厂家设仓的方式。在休闲卫浴做批发的只有澳妮斯和澳鑫两个相对比较低端的品牌，工厂也没有参与具体的分销工作。由此造成高档的休闲及整体卫浴在东北地区二级市场的分布极度的不平衡，东北地区二级市场如鞍山、辽阳、丹东、抚顺、锦州、盘锦、吉林、延吉、大庆、牡丹江等地近几年经济发展相当迅猛，也有一批相对比较成熟的经销商队伍和接近成熟的建材市场。

4. 在促销形式上，传统的促销手段依然有其生命力，关键是形式和表现方式上更加体现一个成熟品牌和高端品牌的手法。同时组合促销和会员促销是重要的手段，产品的搭配和组合是发挥整体效果的重要方式，因此促销的源头应从产品本身的资源入手，在开发和设计的环节中就融合进去；而会员制度是品牌化路线的必由之路，完善的、合理的会员制度能成为很好的促销资源发挥的平台。

点评：本文是一份市场调查报告的范文，包括标题、引言、主体（情况概述、分析预测和建议措施）这几部分，省略了结尾部分。其中，标题采用了公文式，并省去了调查单位和调查时间，只留下调查内容和文种两个要素。引言部分和主体部分掌握的材料异常丰富，论证有理有据，只是建议部分有些薄弱，需要改动。总体而言，称得上是一篇较好的市场调查报告。

例文三：

2019 年中国笔记本电脑市场关注度调查报告

一、市场概述及观点

由于元旦和春节的接踵而至，2018 年笔记本电脑市场迎来了最后一波的销售热潮。互联网消费调研中心（ZDC）对 2019 年 12 月笔记本电脑市场的用户关注度状况进行了调查，主要包括品牌、区域、产品三大部分。

通过对笔记本电脑市场的调查，总结出以下观点：

1. 从品牌的角度上看：（略）
2. 从区域的角度上看：（略）
3. 从产品的角度上看：（略）

二、品牌关注度分析

从 2019 年 12 月中国笔记本电脑市场的品牌关注度格局上看，联想以 31%的关注比例成为 12 月关注度最高的笔记本品牌。近期，在笔记本电脑市场，联想一方面推出了第二波“学生机”计划；另一方面，在圣诞节期间，在许多消费者准备的圣诞礼物中，价格相对低廉并且轻薄、便携的“上网本”成为首选，联想将旗下乐 Pad S10、S9 的价格均进行下调，再次吸引了不少用户的眼球。惠普依然位于排行榜的第二位，获得 16%的关注比例。近期，惠普全线加装了高感光智能摄像头，而在定价上其销售价格最低配置为 4 699 元，最高配置为 6 699 元。

除以上两大品牌以外，其他品牌的关注比例均在 10%以下。神舟已经上升至排行榜的第三位，获得 9.3%的关注比例。戴尔与华硕的关注比例接近，分别为 8.7%、8.3%。宏碁、海尔分别以 5.9%、5.7%的关注比例排在第六位与第七位。索尼、三星、苹果与东芝的关注比例处于 2%～4%。其他品牌的关注比例均不到 1%。

通过调查可以看出，联想、惠普两大品牌的强势地位仍然很难动摇，而除这两家厂商之外，其余笔记本电脑厂商之间的竞争将会更加激烈，因为这些厂商的关注度差距小，极易形成赶超之势。

三、区域关注度分析

无论是从满足区域市场信息化建设的角度，还是从笔记本电脑厂商获得绝对增量的角度，区域市场都将是笔记本电脑的兵家必争之地。ZDC 调查数据显示，华东与华北两大区域市场对笔记本电脑的关注度最高，关注比例均达到 20%以上。紧随其后的是华南地区，关注比例为 18.1%。东北与华中地区的关注比例也在 10%以上。相比之下，西北与西南地区的关注度较低，均在 8 个百分点以下。

四、产品关注度分析（略）

1. 产品价位（略）
2. 宽屏与普屏（略）

3. 屏幕尺寸（略）

4. 显卡类型（略）

五、总结

12月笔记本电脑市场的寒促价格战打响，各大厂商形式多样的降价促销活动此起彼伏，降价声不绝于耳。联想、惠普表现突出，成为市场上关注度最高的两大品牌。从产品上看，在价格战的影响下，6 000元以下笔记本电脑关注度即将突破70%。迅驰2笔记本电脑的关注度也在本月创造了21.8%的新高。随着寒假和节日的临近，在“新品”加“降价”的双重攻势下，笔记本电脑市场之争将在2010年1月继续升级。

评析：

这是一份关于笔记本电脑市场关注度情况的调查报告。标题由年份+地域+调查方向+文种构成，属于公文式标题。第一部分可视为引言，特点是分类清晰、观点明确、言简意赅。正文由品牌、区域和产品关注度三大部分组成，每一部分都大量使用数据进行定量分析，保证了报告的客观性和严谨性。最后的总结部分是对第一部分观点的概括，短小简洁，没有出现与前面的观点重复和交叉的现象。

综合练习

1. 市场调查报告有哪些特点？
2. 市场调查报告的作用有哪几个方面？
3. 市场调查报告一般由哪几部分构成？
4. 市场调查报告的写作应注意哪些问题？
5. 请对市场调查报告做一简评。

3D电视短期难破健康门

在日韩巨头的大力追捧下，全球彩电业掀起了一轮3D浪潮，但由于存在短期内无法解决的健康隐患，3D电视离市场普及还很遥远。

一、全球市场表现惨淡

一部《阿凡达》，除了缔造一个票房传奇之外，最大的贡献莫过于加速了3D应用的进程。与此同时，一些日韩电视厂商从中嗅出了商机，趁机热炒“3D”概念，并迅速投入研发、生产、推广以及销售3D电视。但令人遗憾的是，相对于厂商热烈的理想图景，消费者的购买情况却十分冷清。

每年的春节前夕都是电视促销的大好时机，2020年自然也不例外。记者1月22日和23日两天走访了京城三大家电卖场，结果发现，LED电视销售火爆而3D电视却少有人问津。在大中中塔店和国美马甸店，记者看到有不少顾客在体验3D电视，并对3D电视表现出很大的兴趣，但最后基本上都不会购买。

大中中塔店的一位导购员表示，3D电视真的不好卖。老百姓目前最关心的问题就是价格，一台普通的3D电视价格一般都在万元人民币左右，再加上一些配件，例如3D播放机、3D眼镜之类的，价格可能会达到两万元，这个价位真不是一般老百姓能够承受得起的。

事实也确实如此，其昂贵的研发和生产技术成本致使3D电视的价格让全球消费者望而却步。不仅如此，要顺利看到3D画面还少不了3D眼镜和3D播放机、3D片源，三者缺一不可，这无疑成了消费者购买3D电视的阻力之一。正因为如此，尽管厂商们加大了宣传力度，但3D电视在包括中国市场在内的全球市场的表现却难以让人乐观。

根据法国购物网站Twenga于2020年发布的欧洲圣诞节购物调查显示，52%的英国人不想在圣诞节收到3D电视礼物。英国人对3D电视的排斥似乎可以预料，之前调研公司Deloitte/YouGov发布的调查报告显示，只有2%的英国人愿意购买3D电视。

在消费者理性消费理念的支持下，这种3D电视不受欢迎的现象在德国、荷兰、西班牙等国家同样存在；而在美国，美国消费电子协会的一项调查则显示，有大约89%的受访者认为，佩戴特殊的3D眼镜会限制他们在看电视的同时做其他的事情。

更令人感到惊讶的是，一向对新兴电子技术充满兴趣的日本消费者也对3D电视不太“感冒”。日本最大购物指南网站Kakaku于2020年7月公布的一项调查显示，67.4%的日本消费者对于购买3D电视表示不感兴趣。

二、健康隐患成最大障碍

与冷淡的销售境况相比，3D电视对观看者存在的健康隐患则成为摆在各大厂商和消费者面前的一个巨大障碍。

3D对人体健康的“副作用”已开始逐渐体现出来。相信许多体验过3D电视的用户都会有这样的感觉：观看3D画面较长一段时间之后，都会遇到身体不舒适的症状，如眼睛不适、头部眩晕，甚至是感到恶心等。

早在2020年4月，三星电子曾在其澳大利亚网站上低调发布了一份题为《光敏性癫痫警告和其他健康风险》的报告，罗列了一系列由于观看3D电视而可能产生的身体不适，包括视力下降、头晕、视线恍惚等引起的恶心、抽搐、痉挛、方向障碍等，其中最严重的为中风，而索尼和松下也对使用采用3D技术产品的消费者提出过类似的警示。

除此之外，专业医生也给出了大量的健康警告。纽约大学Langone医疗中心眼科的诊疗助理教授Lisa Park医生说：“恶心、头疼、疲劳等症状的出现可能是因为3D视觉相应地让眼镜的移动偏离了自然的状态。”美国加州大学柏克莱分校验光与视力科学教授Martin Banks认为，立体3D电影与电视可能产生至少7种不同的感知问题。

"我们的实验室已经证实在某些情况下，这种冲突会导致疲劳、不舒服、眼睛紧张以及头痛等症状。"Martin Banks 说，当观看者直视邻近的事物或场景，它们的视觉焦点会集中；而当他们凝视远方，其视觉焦点就会散开，也就是光学术语说的辐辏，而让眼睛肌肉聚焦，好集中关注某种东西，就叫作调节。

在现实世界，辐辏与调节会在相同的距离上同步进行；但透过 3D 眼镜看到的世界是分成两边的，让大脑被迫去耦合辐辏与调节距离上的差异。"正常情况下，你聚合眼睛的距离以及调节焦距的距离是一样的，因此不难理解你的大脑如何能够将这些信息耦合在一起。"Martin Banks 解释说："立体 3D 显示器却打破了这种耦舍，理由是有两个分开的、可能是某些在屏幕前面或后面的场景所形成的影像，分别被送到左右两眼。无论是哪一种，观看者必须把与屏幕之间距离不同的目光聚合起来，但还是得对屏幕进行视觉调节，因为那是光线的来源。"

柏克莱的研究人员分别在两个工作室进行实验，得到的结论是相同的：3D 电视会促使大脑出现辐辏-调节差异，并使得为数不少的人们出现疲劳、不舒服、眼睛紧张、头痛等症状。

全球范围内对于 3D 电视可能引发视力问题、精神问题以及一些平衡系统临床病变反应的事实已经基本达成一致。健康消费专家纷纷指出，3D 电视不仅是一款产业链不成熟、应用不成熟的产品，更可能是家庭里的健康杀手，在 3D 电视的安全性通过科学界一致的解读之前，消费者必须谨慎购买和使用 3D 电视。

目前，一些国家已对 3D 电视存在的健康隐患作出了应对策略，比如，为了确保人们能够正确使用 3D 电视，日本已于 2020 年 5 月出台了一套 3D 电视"安全指南"，督促人们、特别是儿童不能长时间观看，并明文规定各电视台不能制作过于刺激眼球的画面。同时，它还提出观赏 3D 电视时，不宜躺卧，一定要坐直身子，正视电视屏幕，这样眼睛便不容易感到疲劳。

三、只是一道家庭娱乐"开胃菜"

毫无疑问，逼真、犹如身临其境般的 3D 画面对传统 2D 画面效果的冲击，让无论是家电业界还是普通消费者都倍感新鲜刺激。然而，观看的健康舒适性对于 3D 电视来说同等重要。一些精明的消费者已经意识到，作为电视市场新鲜血液的 3D 电视，还存在很多有待突破的地方。他们表示，在 3D 电视不能切实解决相关健康隐患问题之前暂时对其保持观望态度。

据专家介绍，目前中国市场上的 3D 电视大都采用主动快门式技术，它对人眼的伤害主要源于三大因素：第一是主动快门式的特殊性质，造成显示器或电视的屏幕亮度下降，让人们观察屏幕上的细节时必须更加集中注意力，从而增加人眼的负担；第二则是主动快门式的 3D 技术将画面切换成左和右两帧，这样相对于正常的画面，3D 画面的信息量大约是之前的两倍，这无疑也会增加人眼的负载；第三，对于一些支持 3D 的影片或游戏而言，其画面会产生比较剧烈的晃动，而这些过多无规律的晃动无疑会加速眼睛的疲劳。

针对第一个因素，现在已经有显示器厂商拿出了有效的应对方法，那就是采用高透光率的镜面屏，其可以增加屏幕的亮度，而面对后两个问题，尤其是第二个因素时，除非3D技术从根本上发生大的变化，否则在短期内这个问题完全无法避免。

就目前的市场来看，观看电视的人群主要是已退休的老人和拥有长假的少年儿童。对于老人而言，由于体质普遍虚弱，观看3D电视后引发的各种不适很可能比年轻人更严重；而对于儿童来说，过早观看3D电视不仅对眼睛的发育造成障碍，那些逼真的暴力、恐怖、惊悚、悬疑场景还会在他们尚未成熟的心灵上留下阴影。

美国华盛顿大学（University of Washington）的调查指出，就算3D视频可能导致的生理性紧张都能避免，但仍可能导致类似晕眩的心理性紧张症状。据英国媒体报道，全球由于观看3D节目已经出现过比较严重的后遗症案例，例如英国一名男孩在观看《阿凡达》后出现恐惧症类型的精神障碍。

由此看来，3D电视要想获得更多的认可和更大的市场还需时日。尽管一些3D电视生产厂商纷纷抛出预言：3D电视将走进寻常百姓家，成为百姓家庭娱乐的家常菜，但有为数不少的专业人士和消费者却认为，3D电视只能算是一道“开胃菜”，不能也不应该成为家庭大众娱乐的主流。

第五章

合同和意向书

应用导航

租车合同

合同编号________

出租方：××××货运公司

承租方：×××建筑公司施工三队

出租方根据承租方需要，同意将解放牌 4 吨载重货车一辆租给承租方使用，经双方协商订立如下条款。

一、出租方必须保证所租车辆车况良好、证照齐全，车上装备符合市政拉运沙石等货物的密闭要求。

二、承租方租用的汽车只限于工地运砂石、水泥、砖、木料和预制板用。承租方只有调度权，行车安全、技术操作由出租方司机负责。

三、租用期定为一年，自 2020 年 4 月 1 日起至 2021 年 3 月 31 日止。期满承租方如果继续使用或中途停用，应在 10 日前向出租方提出协商，否则按合同期限将车调回或按合同规定照收租费。

四、租金每月为 5 000 元/辆，司机酬金包含在内，从合同生效日起计费，按月租用，不足一个月按一个月收费。每季度结算一次，租金通过银行转账，在季末的 7 日之内到账。

五、承租方要负责对所租车辆进行维护保养，如对车辆设备造成损坏，在退租时承租方应负责修复原状或赔偿，修复期照收租费。因出租方所派司机驾驶不当造成损坏的，由出租方自负，如果致使承租方不能按合同规定正常使用租赁车辆，承租方不但不用付出租方不能使用期间的租金，而且出租方每天还要偿付承租方每月租金的5%作为违约金。

六、所用燃料由承租方负责。

七、违约责任。出租方不得擅自将车调回，否则将按每天租金的双倍赔付承租方。承租方必须按合同规定的时间和租金数额付款，否则，每逾期一天，加罚一天的租金。逾期10日以上，出租方有权召回车辆和司机。

八、其他未尽事项，由双方协商，另订附件。如发生争执，无法和解，可向工商管理部门提请仲裁。

九、本合同一式两份，双方各执正本一份。

出租方：××××货运公司（章）	承租方：×××建筑公司施工三队（章）
法定代表人签字：×××	法定代表人签字：××
二〇二〇年三月三十日	二〇二〇年三月三十日

点评：

这则合同为条款式合同，条款均为协商而定，齐全完备，易于引起矛盾的内容规定明确，为执行打好了基础。

点睛之笔

教学重点

(1) 合同的概念、特点、分类和作用

(2) 合同的基本结构、具体写作要求及注意事项

(3) 意向书的作用

(4) 意向书写作的注意事项

教学难点

熟练而准确地写作合同和意向书

第一节　合同

一、合同的概念

为维护我国正常的经济秩序，促使合同制度走上法制的轨道，更有效地

保护当事人的合法权益，2020 年 5 月 28 日，十三届人大第三次会议通过了《中华人民共和国民法典》。该法典明确规定："合同是民事主体之间设立、变更、终止民事法律关系的协议。"依据这个定义，合同应是民事主体之间，为了一定的经济目的，明确权利义务而订立的协议。合同的平等主体包括法人、个体生产者、个体经营者、农户和其他经济组织和个人等。法人是与自然人相对而言的，它是社会组织在法律上的人格化。

合同是商品经济的产物，反映了一定社会经济关系的客观需要，也随商品经济的发展而发展。合同在我国的使用由来已久，在古代常以"契约""质剂""判书""傅别""质要"等名称出现。早在周代，具有法典性质的《周礼》中就有相关记载。作为当时商品交换凭证的合同、质剂、判书等，一般一式两份地写在竹木上，然后在契约背上写一"大"字，把其从中央破之为二，双方各执一份，即所谓的"同而别之"。兑现时，"合之以为信"，所以"合同"本身即有"验合相同"之意。在长期的奴隶社会、封建社会中，由于商品经济不发达，合同的使用并不广泛。

在当代，随着商品经济的发展，合同的使用范围也越来越广泛。尤其在我国经济体制改革逐步深入的今天，合同的地位更显重要。它不仅用于国内各企事业单位乃至个人之间的经济交往中，也用于国际间的贸易往来中。目前用来确定经济关系的文书，除合同外，还使用契约、协议书、协定书、意向书、会谈纪要、成交确认书、售货确认书等。其内容与作用同合同基本相同，但具体使用时仍需注意它们之间的细微区别。例如，意向书和会谈纪要常常是合同的前奏，用之把双方合作的愿望和初步设想意见用文字肯定下来，为进一步协商奠定基础；成交确认书或售货确认书多用于对外贸易中，用之对先前所议意向予以明确承认；而协议书即可等同于合同，也可用来记载合同签订前的协商意见和合同签订后的补充、修改意见，写法相对灵活，使用范围也较宽泛，既用于经济范畴，也用于经济以外的其他范畴。但概括来看，它们都可视为合同的相近概念或派生概念。

二、合同的特点

合同行为是双方或多方当事人的法律行为。这一特征主要有两个方面的含义：其一，合同行为不是单方面的法律行为，而是双方或多方当事人在平等协商的基础上确立、变革和终止权利义务关系的法律行为。当事人之间的权利义务往往是互补的，此方义务的履行，关系到彼方权利的获得，反之亦然，所以合同强调对签订合同的双方或多方当事人的约束。其二，合同必须依法订立。一经成立，就具有法律约束力。合法合同受法律保护，国家以强制力来监督、保证合法合同的实现。任何一方若不如约履行合同，都要承担由此引起的法律后果。这即是说，合同所规定的当事人之间的权利义务关系，是由法律来进行规范调整的。

合同的主体是具有独立民事权利主体资格的法人或个人。法人是指依法拥有独立支配的财产，能够以自己的名义独立参加民事活动，并能为自己独立拥有的民事权利承担民事义务和民事责任的社会组织。个体经济的主体和其他经济组织，包括外资、合资经济主体，也都必须是能够独立享有民事权利，独立承担民事义务、责任的组织和个人。否则，合同的履行将无法保证。

合同的内容体现了一定的经济目的。合同是为了一定的经济目的而签订的，其内容所反映的是当事人在商品生产和流通中的经济关系，即商品货币关系。这种经济关系具体表现为一定财产的转移、一定劳务的付出，或一定工作的完成等。所以说，经济合同体现了一定的经济目的，体现了当事人对一定经济利益的追求。

签订合同必须坚持平等协商、等价有偿和自愿互利的原则。平等协商，指合同当事人双方在法律上具有平等的地位。无论是全民所有制单位还是集体所有制单位，无论上级单位还是下级单位，也无论是组织还是个人，在权利义务上都是平等的，不允许以大压小，以强凌弱。签订合同时都应本着平等自愿的精神反复协商，任何一方不得把自己的意志强加于对方，损害对方利益。等价有偿，指合同当事人的权利义务是对等的，一方从对方得到利益，就要付出相应的代价，任何一方都无权要求对方无偿为自己提供产品和劳务。平等协商、等价有偿、自愿互利是签订经济合同的前提与基础。只有按此原则行事，才能真正达到促进协作、发展经济的目的。

三、合同的分类

经济生活的复杂丰富性决定了经济合同的多样性。依不同标准，有多种分类。

1. 按合同形式分，有口头合同和书面合同。口头合同一般多用于可即时清结、数额不大的任意性经济交往中；书面合同多用于不能即时清结、内容较复杂、数额较大的经济往来中。书面合同在格式上又有条文式和表格式两种。

2. 按合同的有效期限分，有长期合同、短期合同、年度合同、季度合同等。凡期限在一年以上的均为长期合同。

3. 按合同成立的程序分，有承诺合同和实践合同。凡双方意思表示一致，合同即告成立的，叫承诺合同，例如购销合同、建筑工程承包合同等。凡双方达成协议后，还须交付标的才能成立的合同，叫实践合同，例如借款合同、保管合同、运输合同等。

4. 按国际关系分，有国内合同与涉外合同。

5. 从合同成立是否需要特定方式划分，有要式合同与非要式合同。凡需要履行特定的方式、手续才能成立的合同，称为要式合同。如需要经济签证、公证或有关机关核准登记才算成立的合同，属要式合同。要式合同未履行特定方式前，合同不算成立，也不发生法律效力。

6. 按合同标的分，可分为转移财产的合同、提供劳务的合同和完成工作的合同。

转移财产的合同是一方将一定财产转移给对方，由对方付给价款的合同。该种合同一般有三类情况：财产所有权的转移（如购销合同）、财产管理权的转移（如供用电合同）和财产使用权的转移（如房屋、土地的租赁合同）。此类合同也包括无形财产的转移，如专利权、商标专用权转让合同。

提供劳务的合同和完成工作的合同都要求一方按约定条件付出劳动，对方支付报酬。其区别在于：前者只提供服务，不产生新的劳动成果，例如货物运输合同、仓储保管合同等；后者则最终要表现为新的劳动成果的产生，例如勘测设计合同、建筑安装工程承包合同、科研试制合同、加工承揽合同等。

7. 按业务性质和内容划分。这是目前最常用的分类方法，我国民法典把常用合同按业务性质和内容分为19类，并对其条款作了具体规定。这19类合同是：

（1）买卖合同：又称购销合同，是出卖人转移标的物的所有权于买受人，买受人支付价款的合同。

（2）供用电、水、气、热力合同：是供电（水、气、热力）人向用电（水、气、热力）人供电（水、气、热力），用电（水、气、热力）人支付电（水、气、热力）费的合同。

（3）赠与合同：是赠与人将自己的财产无偿给予受赠人，受赠人表示接受赠与的合同。

（4）借款合同：是借款人向贷款人借款，到期返还借款并支付利息的合同。

（5）保证合同：是为保障债权的实现，保证人和债权人约定，当债务人不履行到期债务或者发生当事人约定的情形时，保证人履行债务或者承担责任的合同。

(6) 租赁合同：是出租人将租赁物交付承租人使用、收益，承租人支付租金的合同。

(7) 融资租赁合同：是出租人根据承租人对出卖人、租赁物的选择，向出卖人购买租赁物，提供给承租人使用，承租人支付租金的合同。

(8) 保理合同：是应收账款债权人将现有的或者将有的应收账款转让给保理人，保理人提供资金融通、应收账款管理或催收、应收账款债务人付款担保等服务合同。

(9) 承揽合同：是承揽人按照定做人的要求完成工作，交付工作成果，定做人支付报酬的合同。

(10) 建设工程合同：是承包人进行工程建设，发包人支付价款的合同。建设工程合同包括工程勘察、设计、施工合同。

(11) 运输合同：是承运人将旅客或者货物从起运地点运输到约定地点，旅客、托运人或者收货人支付票款或者运输费用的合同。

(12) 技术合同：是当事人就技术开发、转让、咨询或者服务订立的确立相互之间权利和义务的合同。

(13) 保管合同：是保管人保管寄存人交付的保管物，并返还该物的合同。

(14) 仓储合同：是保管人储存存货人交付的仓储物，存货人支付仓储费用的合同。

(15) 委托合同：是委托人和受托人约定，由受托人处理委托人事务的合同。

(16) 物业服务合同：是物业服务人员在物业服务区域内，为业主提供建筑物及其附属设施的维修养护、对环境卫生和相关秩序的管理维护等物业服务，业主支付物业费的合同。

(17) 行纪合同：是行纪人以自己的名义为委托人从事贸易活动，委托人支付报酬的合同。

(18) 中介合同：是中介人向委托人报告订立合同的机会或者提供订立合同的媒介服务，委托人支付报酬的合同。

(19) 合伙合同：是两个以上合伙人共同的事业目的，订立的共享利益、共担风险的协议。

有了相对统一的具体规定，对普及合同法知识，指导合同制的推行，保护合同当事人合法权益，减少纠纷起了很大作用。

四、合同的写法

（一）合同的主要内容

合同的主要内容即合同条款，它是当事人双方权利义务关系的具体化，是执行的依据和发生纠纷时调解、仲裁或起诉的依据。

合同条款有三类：一是一般合同要求共同必备的主要条款；二是根据法律规定或某类合同性质要求必备的条款，它取决于法律的特殊规定和某类合同的特殊性质，例如仓储保管合同中的保管方式、损耗标准、损耗处理方法等条款；三是当事人一方要求规定，而另一方同意的条款。

主要条款是合同的核心内容，它反映了合同当事人的主要经济目的和要求，在合同的成立和执行中起着决定性的作用。合同的主要条款有如下几项。

1. 标的

标的是合同当事人双方权利和义务所指向的对象。如购销合同的标的是某种商品，租赁合同的标的是租赁物，借款合同的标的是货币，技术合同的标的是某一专利技术或非专利技术，运输合同和仓储合同的标的是承运方和保管方所提供的劳务等。合同标的是多样的，可以是货物、劳务、工程项目，也可以是货币；可以是有形的，也可以是无形的，如智力成果、管理权限等。

标的是一切合同必备的首要条款，如没有标的或标的不明确，合同就无法履行，合同就会因无实际意义而不能成立；如果标的违反法律规定和国家有关规定，则合同无效。

撰写合同时，一定要将合同标的写得明确而具体，其名称、规格、型号、商标等因素均要写清楚。

2. 数量和质量

数量和质量是确定标的的重要条件。

数量是衡量标的大小、多少的尺度，没有数量就无法确定当事人双方权利义务的大小。在合同中应明确写出标的数量、计算单位和计算方法。为了便于履行合同和避免纠纷，合同中的计量单位和计算方法应按国家或主管部门的统一规定执行；国家和主管部门没有规定的，由双方协商确定。同一合同中的同种计量单位应该统一，数量应准确清楚，如允许超欠，则要写明允许超欠的幅度，有些产品还要在合同中写清合理的磅差和正负尾数。

质量是标的的内在素质和外观形态优劣的标志，是这一标的与其他标的的重要区别。质量条款是容易引起合同纠纷的条款，撰写时，要把标的质量技术要求和标准明确具体地表述清楚。采用的质量检验标准应注明是何年何月颁发的国际标准、国家标准、部颁标准、地方标准或企业标准。质量条款应符合国家有关规定和标准化要求。有国家标准的按国家标准执行；无国家标准而有行业（部）标准的，按行业（部）标准执行；两者都没有而有地方标准的，按地方标准执行；没有法定标准的，按双方共同协商的标准执行。有些产品还要封存样品，作为检验依据。

3. 价款和酬金

价款和酬金是接受标的一方向对方支付的表现为货币的代价。以物为标的的，其代价称为价款；以劳务为标的的，其代价称为酬金，二者统称为价金。价款和酬金是合同的主要条款之一，凡有偿合同，都须有明确的价金。合同中应写明货币的名称、计算标准、单价和总额等。涉外合同要特别注明使用何种货币计价和结算。价金的支付要根据等价有偿的原则和国家物价管理、劳务管理的有关规定执行，如无规定，应由双方协商议定。

4. 履行的期限、地点和方式

合同期限，包括合同的有效期限和履行期限。有效期限是指合同具有法律效力的起止时间，超过这个期间，则合同失效。履行期限是指享有权利的一方要求对方履行合同义务（如交货或完成工作任务）的时间规定，它是确定合同是否按时履行的依据。撰写合同时，应根据双方协商结果，明确写出合同履行的期限，包括具体的年、月、日。合同的有效期限和履行期限对多数合同，尤其是一次性履行的合同来说是一致的；而对多次履行的合同来说是不一致的。例如，有效期为一年的分期付货合同，其履行期限可以依生产需要和库存条件定为多次。比如某合同定为每季头一个月的一日至十日供全年货物总量的四分之一，如迟延这个履行期限，虽在合同有效期内，但仍视为违约，购销季节性商品，尤其强调合同的履行期限。履行期限也指提供标的的一方要求对方付给价款或酬金的时间规定。

履行地点，是指合同当事人交付、提取标的的地点，它直接关系到履行合同的费用和时间，应在合同中注明。履行的地点要根据标的的性质特点或双方的约定具体来定。不可移动的标的物的履行地点就在标的物所在地。例如，建筑工程合同的履行地在建筑物所在地。可移动的标的物的履行地点要具体注明。自提货物要规定提货的地点和时限；送货要写清交货地点、运费承担者、运费标准和途中损失等；托运应定出发货地点或到货地点；接受货币，一般在接受给付一方的所在地履行；其他义务，在履行义务一方的所在地履行。

履行方式，指合同当事人采取何种方式来履行合同义务。不同的合同及双方不同的目的，对履行方式有不同的要求。合同的履行方式还包括标的交付方式、价金的结算方式和验收方式（验收规则、验收标准、质量检验标准）。如购销合同，有由需方自提或委托托运的，也有供方送货的；有一次交货的，也有分期付货的。履行方式关系到价金和效益，因此，应在协商后明确写入合同。

5. 违约责任

违约责任也叫“罚则”。经济合同的违约责任，是对合同当事人不履行合同义务或履行合同义务不符合约定的一方的制裁措施。违约责任条款的规定，一般包括违约条件、违约处置、违约金、赔偿金及支付结算办法、期限、逾期的罚则等。违约责任应写得明确具体，便于执行。一般要写明违反什么规定，违反到何种程度，相应承担什么责任。例如，建筑工程合同，往往规定准确的竣工验收时间。延误工期，则要支付一定数额的违约金，数量应根据延期的长短有所区别，延期越长，违约金支付越多；工程质量不合要求，不但要无偿返工，而且还要支付一定数额的赔偿金。

合同之所以规定违约责任，目的在于维护合同的严肃性，保证合同的严肃签订和认真履行，保护认真履行合同的当事人的合法权益。同时违约责任也是处理纠纷、分清责任的依据。

6. 解决争议的方法

如在合同履行中产生争议，《中华人民共和国民法典》第 577～第 594 条规定了解决争议的方法。当事人可以通过和解或者调解解决合同争议。当事人不愿和解、调解或者和解、调解不成的，可以根据仲裁协议向仲裁机构申请仲裁。涉外合同的当事人可以根据仲裁协议向中国仲裁机构或者其他仲裁机构申请仲裁。当事人没有订立仲裁协议或者仲裁协议无效的，可以向人民法院起诉。当事人应当履行发生法律效力的判决、仲裁裁决、调解书；拒不履行的，对方可以请求人民法院执行。

产生合同纠纷的原因很复杂，有客观原因，也有主观原因。客观原因如果属于不能预见、不能避免并不能克服的“不可抗力”的影响，如遭遇地震、风暴、严重的水旱灾害等情况，导致不能按期履行合同，应当及时向对方说明不能履行的理由，以减轻可能给对方造成的损失，并应当在合理期限内提供证明。对方当事人在取得有关证明后，可以允许免除部分或全部违约责任。

任何合同，都必须具备上述六项主要条款，否则，就很有可能引起纠纷。双方认为有必要规定的其他条款也应写入。

（二）合同的结构

合同主要有两种形式：一是表格式；二是条款式。表格式合同多适用于内容简单、条款较少、批量较多的购销合同、承揽合同等，它有使用方便、书写迅速、简洁规范的特点，但不适用于内容相对复杂的合同。条款式合同宜于表达内容复杂、特殊要求多的合同，利于清晰、周详、灵活地表述合同内容。但无论哪种形式的合同，其结构大都由以下四个部分组成。

1. 标题

标题，即合同名称，其位置在合同的首行居中。通常有以下写法：一是以合同性质、种类为标题，例如“购销合同”“保证合同”等。二是以合同标的加合同种类为标题，例如“建筑施工物资租赁合同”“技术成果转让合同”等。三是以合同的有效期加合同种类为标题，如《2021 年运输合同》。四是以单位名称加合同种类为标题，如《××市××制药厂、××县××药材公司中药材买卖合同》。五是多种因素混合运用的标题，如《××钢铁集团、××港务局 2020 年上半年钢材水路货物运输合同》。标题不可笼统写成“合同”。

2. 约首

合同的约首包括签订日期、合同编号和当事人名称等内容。

合同的签订日期和合同编号一般用比标题小的字写在标题下行的中间或偏右处。给合同编号是为了便于检查和归档，很少与外单位签订合同的单位，如感到无此必要，也可略去不写。

当事人名称，要写明签订合同的双方或多方单位名称及法人代表或代理人姓名。如当事人是个人，就写个人姓名。当事人名称要用全称或规范简称，为方便叙述，行文中当事人的名称可以用“甲方”“乙方”或“供方”“需方”等来代替，但需在当事人名称后注明。不论在什么情况下，合同中都不能用不定指代“你方”“我方”来指当事人。例如：

立合同单位　　　　　　××省××机械厂　　　（甲方）

　　　　　　　　　　　××市第三建筑公司　　（乙方）

3. 正文

合同的正文包括以下五个方面的内容：

（1）签订合同的依据和目的。

（2）双方协议的内容。包括主要条款、法律及合同性质要求必备的条款及双方协商认为有必要写入的其他条款。

（3）合同的有效期限。

(4) 合同的份数与保存。

如有表格、图纸、计划、实样、资料等附件，应在正文的文末注明，然后把附件附在合同之后，实样除外。

4. 结尾

结尾即落款部分，主要署明合同当事人的全称及各方代表人姓名，并加盖公章和私章。最后写明签订合同的日期，日期在署名的右下方。

(三) 合同的写作要求

1. 订立合同不得违反国家法律、法令、政策的要求

当事人订立合同，应当遵守法律、行政法规，尊重社会公德，不得扰乱社会经济秩序，损害社会公共利益。

合同要依法订立，其主体、订立程序及内容都要以法律、政策来规范，只有严格遵守国家法规及有关财务、税收、物价等方面的政策、制度，才能保证合同的合法性，最终使当事人的利益受到保护。凡违反国家法律、法令、政策的合同，即使双方自愿，其他条件都具备，也是无效的。例如，我国实行烟草专卖制度，赋有专卖权以外的任何单位、个人不得收购、批发买卖烟草，也就不能订立该种内容的合同。又如，违反《中华人民共和国食品卫生法》规定签订的合同，就不得成立。即便成立，也属无效合同。再如，在国家控制基建规模的情况下，任何单位必须根据国家批准的固定资产投资计划及设计任务书来签订合同。对未经批准擅自扩大规模的建设工程，设计、施工单位应拒绝与之签订合同，银行也应拒绝对其贷款。

2. 合同的内容不得违反社会公共利益和道德准则

尽管订立合同的初衷是为了一定的经济目的，但也不得违反社会公共利益和道德准则，利用合同去干有害人民身心健康的事，如故意掺杂使假，生产、经营伪劣产品，制造经销黄色书刊、光盘、录像等。凡与社会公共利益和社会主义精神文明相悖的，都应摒弃。

3. 条款齐全完备，内容具体明确，表达准确周严，格式规范正确

由于签订合同是一种法律行为，最终要付诸实施，事关当事人的合法权益及经济利益，因而当事人必须严肃慎重地行事。要逐条逐项认真推敲合同内容，合同条款应齐全完备，内容表达要明确、具体、清晰、周严。只有如此，才能为合同的顺利履行创造条件。切莫因内容缺漏或表达不当，使合同条款无法执行，或分不清责任，酿成合同纠纷，造成经济损失。

合同还要求格式规范，文面整洁，字迹工整清楚，用语准确，标点正确，

不会在理解上造成歧义。有国家统一要求的制式合同的，要使用制式合同。另外，货款要求大写。定稿誊写要用钢笔或毛笔，纸张也应选质量相对较好的。成文后的合同不可随意涂改。

4. 摒弃无效合同

《民法典》第一百四十四条至第一百五十四条对无效民事法律行为作了界定，这是所有订立合同的主体都应该回避的。

有下列情形之一的，属无效合同：

（1）一方以欺诈、胁迫的手段订立合同，损害国家利益；

（2）恶意串通，损害国家、集体或者第三人利益；

（3）以合法形式掩盖非法目的；

（4）损害社会公共利益；

（5）违反法律、行政法规的强制性规定；

（6）违背公序良俗。

第二节　意向书

一、意向书的含义和作用

意向书，是双方或多方就合作项目在进入实质性谈判之前，根据初步接触所形成的带有原则性、意愿性和趋向性意见的文书。它往往是双方或多方希望达到某种目的的意图和打算，是签订合同的前奏。在对对方的资信能力、技术、经营作风未充分了解前，对合作项目先签订一个意向书是较为合适的。意向书和契约、合同的性质很相似，都是用以表达双方通过谈判而获得共同意向或共同决定的一种形式。

应注意的是，意向书不具有强制性的法律效力。其作用主要表现在两个方面：一是有利于双方进行下一步的实质性接触和谈判；二是为下一步实质性谈判提供一个客观的、基本的依据。

二、意向书的特点

（1）目标的导向性。意向书是双方为了表示某项合作意愿而签订的文书，可为下一步磋商奠定良好的基础。因此，它只是一种导向性文书，合作目标只求总体轮廓清楚，意向大体方向一致，不求进程具体和步骤明确。它是协商过程中对各方基本观点的记录，一旦达成正式协议，便完成了意向书的使命。

(2) 条款的原则性。意向书的各项条款一般是就一些重大问题做出原则性规定，其内容的表述以定性为主，以原则为主；不求将具体问题分项列款，更不求将具体细则详细表述。这样才可能求同存异，为下一步研讨留有余地，取得较为满意的结果。

(3) 行文的灵活性。意向书的行文措辞一般比较灵活、原则，多用商量的语气，条款文字中洋溢一种友好的气氛。同时承诺也不太拘泥死板，意向书发出后，如有更好的意见，可以改变原意见。

三、意向书的类型

意向书的具体类别较多，但就合作各方所享有的权益和承担的义务来看，可分为两大类：一是具有“双方契约”和“有偿合同”性质的意向书，这种意向书使签约双方或各方既享有一定的权利，也承担一定的义务。二是具有“单方契约”和“无偿合同”性质的意向书。这种意向书只有一方单独承担某种义务。

四、意向书的写作格式和内容

意向书的写作格式，一般分为标题、导语、正文和尾部四大块。

（一）标题

标题有三种常用形式：一是文种式标题，即写明“意向书”三字，这种写法较少；二是简明式标题，由事由和文种两项组成，例如，“关于合作办学的意向书”；三是完全式标题，一般由合作双方名称、合作项目和文种三项组成，如“×××和×××合作经营××度假村意向书”。

（二）导语

导语通常要说明以下几层意思：一是签订意向书的单位；二是明确该意向书的指导思想和政策依据；三是规定本意向书需要实现的总体目标。然后用承上启下的惯用语结束引言，导出正文。

（三）正文

正文是意向书所要实现的总体目标的具体化，一般以分项排列条款的形式来表述，达成协议的各个事项，如合作项目、合作方式、合作程序、双方义务等。各项条款之间的界限要清楚，内容要相对完整，既不要交叉叠叙，也不要过于琐碎，更不能有所疏漏。

正文后半部分一般以“未尽事宜，在正式签订合同或协议书时予以补充”作结语，以便留有余地。

（四）尾部

各方谈判代表签字，写明签订时间和抄印份数、报送单位等。

五、意向书写作的注意事项

（1）不要将可能影响合作意图的敏感性问题写入意向书。如前所述，意向书仅仅是表明双方对某个项目的意愿和趋向，而不是对该项目的完全确认，加之各自对对方资信情况的了解也有待继续深化，因此在编写项目意向书时，自己一方对项目中的敏感问题、关键要求不宜写入，以便在下一步洽谈时，能进退自如，取得主动。

（2）凡己方须经过上级或其他部门同意认可才能解决的问题，不宜写入意向书。兴办一个项目，必然涉及诸多部门、单位，绝不是项目承办单位能单独解决的。因此，在拟订项目意向书时必须谨慎从事，不可将不适当的承诺写入意向书。

（3）不要写入超越己方工作范围的意向条款，也不要写入与我国现行法规和政策相抵触的内容。

（4）思考要周密，用词要准确，要讲究分寸，特别是不要随便使用肯定性的词句，尤其是关系到双方权益的问题，务必慎用肯定性词句，善用模糊性词语，以便留有余地。

第三节　例文简评

例文一：

建设工程合同

发包方（甲方）：____________________

地址：________________邮编：________电话：________

法定代表人：________职务：________

承包方（乙方）：________

地址：________________邮编：________电话：________

法定代表人：________职务：________

依照《中华人民共和国民法典》和有关规定，经双方协商一致，签订本合同，并严肃履行。

第一条 工程项目

一、工程名称：________

二、工程地点：________

三、工程编号：________

四、工程范围和内容：全部工程建筑面积________平方米。(各单项工程详见工程项目一览表)

五、工程造价：全部工程施工图预算造价人民币________元，其中：人工费________元。(各单项工程详见工程项目一览表)

第二条 工程期限

一、开工、竣工日期：依照国家颁布的工期定额，经双方商定，本合同工程开竣工日期如下：

全部工程自________年____月____日开工，至________年____月____日竣工。(各单项工程开、竣工日期详见工程项目一览表)

二、施工前各项准备工作，双方应根据工程协议书中第三条规定，分别负责按时完成。

三、在施工过程中，如遇下列情况，可顺延工期。顺延期限，应由双方及时协商，签订协议，并报有关部门备案。

1. 由于人力不可抗拒的灾害，而被迫停工者；

2. 因甲方变更计划或变更施工图，而不能继续施工者；

3. 因甲方不能按期供图、供料、供设备或所需材料、设备不合要求，而被迫停工或不能顺利施工者。

第三条 物资供应

一、全部工程所需的物资按下列第（　　）项供应方式办理：

1. 特殊材料、统配部管材料及统配部管机电产品，均由甲方负责采购，供应至乙方指定地点。其他材料由乙方负责采购供应。

2. 统配、部管材料，由乙方负责办理申请、订货、调剂合用，特殊材料及统配、部管的机电产品，由甲方负责采购供应至乙方指定地点，其他材料均由乙方负责采购供应。

3. 包工不包料工程，全部材料、设备由甲方采购供应到现场或指定的加工地点。

4. 其他方式：____

二、由甲方负责供应材料和设备的品种、规格、数量及进场期限，详见甲方供应材料、设备一览表。

三、成套设备和非标准设备，由甲方负责办理申请、订货及加工，引进成套设备在交付乙方前，由甲方负责检验（甲方委托乙方总包承办设备订货及非标准设备加工，应另签订协议）。

四、工程所需材料，如因供应部门规格、品种或材质不能满足工程要求必须以其他规格、品种代替或加工处理时，应事先取得原设计单位和甲方同意，并由三方签订协议后实行。由于代用或加工而发生的量差、价差及加工费，应按现行规定办理结算。

五、凡应附有合格证明的材料，在进场时必须由供应方负责验证；如无合格证明，必须经供应方试验合格后方准使用，其试验费用，应由供应方负担。因建设单位或设计单位对有出厂合格证明的材料要求重新试验而产生的试验费用，应由甲方负担。

六、由甲方负责供应的材料和设备，如未按期供应或规格、质量不合要求，经双方努力仍无法解决，因此造成乙方的损失，应由甲方负担。

第四条　工程款结算

一、全部工程造价的结算方式，按下列第(　　)项规定办理：

1. 以审查后的施工图预算加增减变更预算进行结算。

2. 按施工图预算加包干系数确定的包干造价结算，包干范围以外的费用，另按有关规定付款。

3. 按标准施工图单方造价包干结算，包干范围以外的费用，另按有关规定付款。

4. 包工不包料工程，按预算定额规定的人工费结算。

5. 招标的工程，按中标的价款结算。

二、工程款拨付与结算办法，按现行规定办理（详见附件）。

第五条　施工与设计变更

一、乙方要依据国家颁发的施工验收规范和质量检验标准以及设计要求组织施工，要全部达到合格。

二、要坚持按图施工，任何一方不得随意变更设计。如遇下列情况给对方造成窝工、返工，材料、构件的积压，施工力量和机械调迁等损失，应由责任方负担：

1. 施工中如发现设计有错误或严重不合理的地方，乙方应以书面形式通知甲方，由甲方在 7 天内与原设计单位商定，提出修改或变更设计文件，经甲乙双方签订协议后，方准施工。

2. 在施工中，如遇设计变更超出原设计标准或规模时，应在施工前按审批程序重新报批，经审查处审核工程预算，经办银行审查投资后，并由甲乙双方签订协议，方可施工。否则，任何一方不得强行施工。

3. 在施工中，如遇中途停建、缓建，甲乙双方对在建工程应商定做到安全部位。

4. 在施工中，如发现甲方投资不足，不能按时拨付工程进度款，而中途停建、缓建，给乙方造成损失的，应由甲方承担。

三、乙方应严格执行隐蔽工程验收制度，凡隐蔽工程完成后，必须经过验收作出记录，方能继续进行下一工序的施工。一般隐蔽工程由乙方自行检查验收，并作好记录。重大或复杂隐蔽工程，应由乙方书面通知甲方和设计单位共同进行验收，并办理隐蔽工程验收手续。如甲方未届时参加，乙方可自行检查验收，甲方应予承认。

四、甲乙双方在施工中遇到工程生项，应按定额管理办法报批。变更工程协议所附的变更预算，应在施工前及时送经办银行，作为结算工程款之依据。

第六条　竣工验收、结算与保修

一、乙方在单项工程竣工前 5 日将验收日期以书面通知甲方届时验收，如甲方不能按时参加验收，须提前通知乙方。取得乙方同意后，另订验收日期，但甲方须承认竣工日期，如再不按时参加验收，其所发生的管理费和各项损失均由甲方承担，并偿付给乙方按预算造价每日万分之一的逾期违约金。

二、竣工工程验收合格，从验收之日起 3 天内，乙方向甲方移交完毕。如甲方不能按期接管，致使验收后的工程发生损失，应由甲方承担。

三、本项工程中的单位工程，如需单独移交甲方，在移交时，双方应办理中间验收手续，作为该单位竣工工程验收之依据。

四、在进行竣工工程验收中，如发现工程质量不符合规定，乙方应负责无偿修理或返工，并在双方议定的措施和期限内完成。经验收合格后，再行移交。由此造成工程逾期交付的，乙方应偿付给甲方按预算造价每日万分之一的逾期违约金。

五、工程已基本竣工，如遇某种材料或设备问题双方均无法解决，致使该项工程不能全部按期竣工，经双方研究同意，可做减项竣工，并对已完工程进行竣工验收和办理移交手续。

六、竣工工程验收，以国家颁发的施工验收规范、质量检验标准及施工图为依据。在进行竣工验收时，乙方应在验收前10天向甲方提供以下文件：

1. 增减变更文件和其他洽商记录。

2. 隐蔽工程验收记录和中间交工验收记录。

3. 工程竣工后，应绘制竣工图，工程变更不大的由施工单位在原施工图上加以说明，提交建设单位存档。工程变更较大的，可以由建设单位自绘或委托设计单位、施工单位绘制竣工图。

七、乙方在单项工程竣工验收后，属于民用建设项目的，应于竣工验收后15天内，属于工业建设项目的，应于竣工验收后30天内，将竣工结算件送交甲方进行审查。甲方应在接到竣工结算件后，民用建设项目在15天内，工业建设项目在20天内审查完毕，如到期未提出异议，由经办银行审定拨款。

八、工程竣工验收后，乙方对施工的土建工程质量负责保修一年，采暖工程保修第一个采暖期。在保修期内，确由施工单位责任造成的屋面漏雨，管道漏水、漏气、堵塞等质量事故，乙方应负责无偿修理。（属于专业性建筑安装工程按国务院各有关主管部门的特殊规定办理）

九、工程未经验收，甲方提前使用或擅自动用，由此而发生的质量或其他问题，由甲方承担责任。

第七条　违约责任和仲裁

一、由于乙方责任未按本合同规定的日期竣工（以竣工验收合格日期计算），每逾期一天，应偿付给甲方按预算造价万分之一的逾期违约金；属于包工不包料的，每逾期一天，应偿付给甲方按预算人工费千分之二的逾期违约金。

二、甲乙双方不得借故拖欠各种应付款项，如拖期不付，按银行的短期贷款利率偿付给对方逾期付款的违约金。

三、实行合理化建议奖和提前竣工奖的，甲乙双方应根据有关政策的规定，另行协议。

四、建筑安装工程承包合同发生纠纷时，当事人双方应及时协商，协商不成时，任何一方均可申请各级住房和城乡建设局或双方上级业务主管部门进行调解；解决不了的，可选择下述第（　　）项处理：（1）向建筑物所在地的仲裁委员会申请仲裁；（2）直接向人民法院起诉。

第八条　附则

一、预算审查手续，由建设单位将建筑安装工程承包合同（附施工图预算）送市建设工程合同预算审查处审查。要求鉴证的，可到建筑物所在地的区、县工商行政管理局进行鉴证。

二、在本合同签订之前，双方签订的施工准备合同（工程协议书），可作为本合同之附件。

三、招标工程，按《××市建设工程招标、投标暂行办法》签订合同。

四、双方商定的其他事项：

1. ________________________________

2. ________________________________

第九条 合同附件

一、工程项目一览表。

二、全部施工图纸。（合同正本有此附件）

三、施工图预算。（合同正本及银行有此附件）

四、甲方负责供应的材料、设备一览表。

五、有关协议：

1. ________________________________

2. ________________________________

六、有关补充合同：

1. ________________________________

2. ________________________________

第十条 合同份数及有效期

一、本合同一式________份，甲乙双方各执正本一份，并分别报送双方业务主管部门副本一份。

二、本合同自双方签订之日起生效。在全部工程竣工验收并结清尾款后失效。

建设单位（发包方）：________　　建工单位（承包方）：________

工程负责人：________　　工程负责人：________

________年____月____日　　________年____月____日

评析：

这是一份制式合同，条款齐全，是在总结此类合同实践的基础上为规范其内容而制定的，比较符合行业特点。签约单位按照这种合同样本签约，一般不会在主要条款上有所疏漏。由于条款较为细致地考虑了施工规律和相应的法律要求，因而不易引起合同纠纷。该合同格式正确，表达有序，文字准确明晰。

例文二：

中国建设银行个人消费借款合同

贷款种类：
合同编号：
中国建设银行印制贷款人：
中国建设银行住所：
联系电话：
传真号码：
借款人姓名：
工作单位：
家庭住址：
联系电话：
还款账号：
保证人：
住所：
通信地址：
电话：
存款金融机构及账号：
传真号码：
出质人：
住所：
通信地址：
电话：
开户金融机构及账号：
传真号码：
抵押人：
住所：
通信地址：
电话：
开户金融机构及账号：
借款人（以下称甲方）：

贷款人（以下称乙方）：

甲方因________需要，向乙方申请________贷款，乙方经审查同意发放贷款。甲乙双方根据《中国建设银行个人________贷款管理办法》，经协商一致，订立本合同。

第一条 借款用途

（一）消费人或使用受益人：________。

（二）借款用于________。

（三）指定的商户或单位：________。

第二条 借款金额

人民币（大写）________。

第三条 借款期限

本合同约定借款期限为________年，自乙方将借款划入到本合同规定账户之日起计算，即（或）从________年________月________日至________年________月________日。

第四条 放款条件

本合同项下的担保合同生效后，乙方将借款划入到本合同规定账户。

第五条 贷款支用

（一）双方约定在本合同生效后________个工作日内办理贷款支用。

（二）贷款支用方式：甲方同意乙方将贷款划入下述账户。

1. 账户名称：________，账号：________。

2. 账户名称：________，账号：________。

3. 账户名称：________，账号：________。

第六条 借款利率

（一）双方约定月利率为________。

（二）借款期内遇国家法定利率调整时，实行一年一定，每年年初按中国人民银行确定的相应档次的利率确定借款利率；但借期不超过一年的，执行本合同利率，不受国家法定利率的调整而影响。

第七条 还本付息

（一）甲方按月等额归还借款本息。经计算，甲方在支用贷款的次月起按每月归还本息共计________元，还款日为每月________日（最后一次还款不能迟于本合同期届满日）。如果本合同借款期限不超过一年的，甲方则在借款到期时一次性偿还借款本息，不实行按月等额归还本息的方式。

（二）甲方委托银行自动划扣贷款本息。

甲方授权乙方在每月还款日自动从甲方在银行开立的储蓄卡账户或储蓄存折账户中扣收每月本息额，因该账户存款余额不足等甲方原因导致乙方在还款日未受足额清偿的，未受清偿的贷款视为逾期贷款。

如甲方提供的个人账户出现冻结等情况而造成无法扣收本息的，甲方须及时向乙方提供新的还款账户用于扣收贷款本息。

（三）甲方全部提前归还借款本息，应提前15天通知乙方并经乙方同意。

乙方按合同约定的利率已计收的利息不随还款期限、国家法定利率的变化而调整；乙方因甲方提前还款所受的损失，不再要求甲方予以补偿。

第八条　合同的变更与解除

（一）本合同生效后，甲、乙任何一方不得擅自变更和解除本合同。

（二）甲方将本合同项下的权利和义务转让给第三方的行为，在同时满足以下条件后生效：

1. 必须经乙方书面同意；

2. 乙方与第三方已签订债权债务转让合同或已签订新的借款合同；

3. 本合同项下的担保合同已做相应变更。

第九条　借款担保

甲方必须为履行本合同提供担保。

（一）甲方以保证方式提供担保的，保证人应与乙方另行签订《保证合同》，保证人应承诺：

1. 保证担保范围

贷款金额（大写）________元及利息、借款人应支付的违约金（包括罚息）、赔偿金以及实现借款债权和抵押权的费用（包括律师费、诉讼费等）。

2. 保证方式

连带责任保证。如借款合同期届满甲方没有履行债务的，乙方有权就甲方应承担的债务从保证人存款账户中的资金予以相应的扣划。

3. 保证期间

自借款合同生效之日起至借款合同履行期限届满之日后两年止。

4. 保证效力

借款合同其他条款无效并不影响本保证人承诺担保条款的效力。

5. 提前承担保证责任

借款合同履行期限届满之前，甲方以自己的行为表明或乙方有其他证据证明甲方将不履行或不能履行借款合同的，乙方有权要求保证人提前承担保证责任，本保证人同意承担。

（二）甲方以抵押方式提供担保的，抵押人应与乙方另行签订《抵押合同》，抵押合同附件“抵押物清单”列明的抵押物须依法登记的，应办理登记。

（三）甲方以质押方式提供担保的，出质人应与乙方另行签订《质押合同》，质押合同“质押财产清单”列明的质押财产须移转占有或依法办理出质登记。

（四）乙方认为抵押物、质押财产在担保期间须办理财产保险的，甲方应办理抵押物、质押财产在担保期间的财产保险。

甲方在财产保险单上应填写或注明乙方为被保险人，并与保险人在保险单中特别约定，一旦发生保险事故，保险人应将保险赔偿金直接划付至乙方指定的账户。

甲方应将保险单证交由乙方代为保管。

（五）保证人失去担保能力，或作为保证人的法人发生承包、租赁、合并和兼并、合资、分立、联营、股份制改造、破产等行为，足以影响借款合同项下的贷款本息清偿的，乙方有权要求甲方重新提供担保，并办理担保手续。

（六）设定的抵押物意外毁损或灭失，足以影响借款合同项下的贷款本息清偿的，乙方有权要求甲方在抵押物价值减少的范围内提供新的担保，并办理担保手续。

（七）设定的质押财产出现非乙方因素的意外毁损或灭失，足以影响借款合同项下的贷款本息清偿的，乙方有权要求甲方在质押财产价值减少的范围内提供新的担保，并办理担保手续。

第十条 甲乙双方的其他权利义务：

（一）甲方应按本合同约定的用途使用贷款，不得将贷款挪作他用，甲方无条件接受乙方对贷款使用情况进行检查；

（二）甲方应向对乙方提供的借款有关资料的真实性负责；

（三）甲方自愿接受乙方对其收入情况进行检查；

（四）乙方须按合同约定及时足额发放贷款。

第十一条 违约责任

（一）甲方未按本合同还款计划偿还借款，即出现本合同第七条（二）项逾期偿还贷款的，乙方则按逾期金额和天数以万分之________利率计收利息。

（二）甲方未按本合同约定用途使用贷款，乙方对挪用部分的贷款按挪用天数以万分之________计收利息。

（三）甲方发生下列情况之一时，乙方有权停止向甲方发放贷款，或提前收回已发放贷款的本息，或解除本合同：

1. 本合同生效后，无论何种原因导致甲方未能发生本合同项下的消费行为；

2. 甲方未按本合同约定用途使用贷款的；

3. 甲方向乙方提供虚假借款资料的；

4. 甲方拒绝接受乙方对其收入情况进行检查的；

5. 借款人连续三个月不履行还款义务或有其他缺乏偿债诚意的行为；

6. 出现本合同第九条第（五）（六）（七）项约定情况而甲方未提供新的担保的；

7. 甲方被宣告失踪，而其财产代管人拒绝履行本合同的；

8. 甲方丧失民事行为能力，而其监护人拒绝履行本合同的；

9. 甲方死亡或被宣告死亡而其财产合法继承人拒绝继续履行本合同的；

10. 甲方卷入或即将卷入重大的诉讼或仲裁程序及其他法律纠纷，足以影响其偿债能力的。

（四）保证期间内，保证人发生下列情况之一时，乙方有权停止向甲方发放贷款，或提前收回已发放贷款的本息，或解除借款合同：

1. 保证人失去担保能力的；

2. 作为保证人的法人发生承包、租赁、合并和兼并、合资、分立、联营、股份制改造、破产等行为，足以影响借款合同项下保证人承担连带保证责任的；

3. 保证人拒绝乙方对其资金和财产状况进行监督的；

4. 保证人向第三方提供超出其自身负担能力担保的。

（五）抵押期间内，抵押人发生下列情况之一时，乙方有权停止向甲方发放贷款，或提前收回已发放贷款的本息，或解除借款合同：

1. 抵押人不妥善保管抵押物或拒绝乙方对抵押物是否完好进行检查的；

2. 乙方要求抵押人对抵押物办理财产保险，而抵押人未按乙方要求办理抵押物财产保险的；

3. 因第三人的行为导致抵押物价值减少，而抵押人未将损害赔偿金作为保证金存入乙方指定账户的；

4. 抵押物价值减少，抵押人未在 30 天内向乙方提供与减少的价值相当的担保的；

5. 未经乙方书面同意，甲方赠与、迁移、出租、转让、再抵押或以其他任何方式处分抵押物的；

6. 抵押人经乙方同意转让抵押物，但所得的价款未划入乙方指定账户并用于提前清偿所担保的债权的。

（六）质押期间内，出质人发生下列情况之一时，乙方有权停止向甲方发放贷款，或提前收回已发放贷款的本息，或解除借款合同：

1. 乙方要求出质人对质押财产办理财产保险，而出质人未按乙方要求办理质押财产保险的；

2. 质押财产价值减少，出质人未在30天内向乙方提供与减少的价值相当的担保的；

3. 出质人经乙方同意转让质押财产，但所得的价款未划入乙方指定账户并用于提前清偿所担保的债权的。

（七）乙方除本条第（三）项规定情况外未按借款合同约定及时足额发放贷款，乙方应按未发放的贷款金额日息万分之________向甲方支付违约金。

第十二条 甲乙双方任何一方变更住址（地址）、电话等应事先通知另一方。

第十三条 其他约定

…………

第十四条 合同争议的解决

本合同在履行过程中发生争议，各方可以协商解决，也可直接向乙方所在地的人民法院提起诉讼。

在协商或诉讼期间，本合同不涉及争议部分的条款各方仍须履行。

第十五条 本合同满足以下条件后生效：

1. 本合同项下的担保合同已签订；

2. 本合同经双方签字或盖章。

第十六条 本合同有效期

本合同有效期从生效之日起至本合同项下借款本息足额清偿之日终止。

第十七条 本合同正本一式两份，甲乙双方各执一份。

甲方（签字）： 乙方（公章）：

授权代理人（签字）：

年 月 日 年 月 日

评析：该文是借款合同。合同明确了合同当事人各方（借款方、贷款方），借款金额、利率，以及合同当事人各方的权利义务的各项细节问题，如借款期限、还款时间、借款担保等。为进一步保障借款的安全性，该借款合同还规定了违约责任、合同争议解决的方法。并且，该合同还规定了合同生效条件和有效期。最后，合同当事人各方签字并加盖公章使合同生效。

例文三：

买卖合同

合同编号：________________

签订地点：________________

签订时间：________________

立合同双方：________________

供方：________________

需方：________________

供需双方本着平等互利、协商一致的原则，签订本合同，以资双方信守执行。

第一条　商品名称、种类、规格、单位、数量

商品名称	种类	规格	单位	数量	备注

第二条　商品质量标准

商品质量标准可选择下列第________项作为标准：

1. 附商品样本，作为合同附件。

2. 商品质量，按照________标准执行（副品不得超过________%）。

3. 商品质量由双方议定。

第三条　商品单价及合同总金额

1. 商品定价，供需双方同意按________定价执行。如因原料、材料、生产条件发生变化，须变动价格时，应经供需双方协商。否则，造成损失由违约方承担经济责任。

2. 单价和合同总金额：________

第四条　包装方式及包装品处理________

（按照各种商品的不同，规定各种包装方式、包装材料及规格。包装品以随货出售为原则；凡须退还对方的包装品，应按铁路规定，定明回空方法及

时间，或另作规定。）

第五条 交货方式

1. 交货时间：________

2. 交货地点：________

3. 运输方式：________

第六条 验收方法________

（按照交货地点与时间，根据不同商品种类，规定验收的处理方法）

第七条 预付货款

（根据不同商品，决定是否预付货款及金额。）

第八条 付款日期及结算方式________

第九条 运输及保险________

（根据实际情况，需委托对方代办运输手续者，应于合同中订明。为保证货物途中的安全，代办运输单位应根据具体情况代为投保运输险。）

第十条 运输费用负担________

第十一条 违约责任

1. 需方延付货款或付款后供方无货，使对方造成损失，应偿付对方此批货款总价________%的违约金。

2. 供方如提前或延期交货或交货不足数量者，供方应偿付需方此批货款总值________%的违约金。需方如不按交货期限收货或拒收合格商品，亦应偿付供方此批货款总值________%的违约金。任意一方如提出增减合同数量，变动交货时间，应提前通知对方，征得同意，否则应承担经济责任。

3. 供方所发货品有不合规格、质量要求或霉烂等情况，需方有权拒绝付款（如已付款，应订明退款退货办法），但需先行办理收货手续，并代为保管和立即通知供方，由此所发生的一切费用损失，由供方负责；如经供方要求代为处理，并须负责迅速处理，以免造成更大损失，其处理方法由双方协商决定。

4. 约定的违约金，视为违约的损失赔偿。双方没有约定违约金或者预先赔偿额的计算方法的，损失赔偿额应当相当于违约所造成的损失，包括合同履行后可以获得的利益，但不得超过违反合同一方订立合同时应当预见到的因违反合同可能造成的损失。

第十二条 当事人一方因不可抗力不能履行合同时，应当及时通知对方，并在合理期限内提供有关机构出具的证明，可以全部或部分免除该方当事人的责任。

第十三条 本合同在执行中发生纠纷，签订合同双方不能协商解决时，可向人民法院提出诉讼（或申请________仲裁机构仲裁解决）。

第十四条 合同执行期间，如因故不能履行或需要修改，必须经双方同意，并互相换文或另订合同，方为有效。

需方：________（盖章） 供方：________（盖章）

法定代表人：________（盖章） 法定代表人：________（盖章）

开户银行及账号：________ 开户银行及账号：________

________年________月________日

评析：该文是买卖合同。文中明确规定了标的物，以及标的的数量、质量、价款、交货及验收的方法，等等。合同明确规定了当事人（供方、需方）的违约责任，以及当出现纠纷时的解决办法。该合同文字简洁、表述清楚，为当事人双方执行权利义务、认真有效地履行合同内容提供了有效的法律保障。

例文四：

委托合同

签订日期 年 月 日 编号

委托单位 加工单位

经双方协商签订本合同，并共同信守下列条款。

品名	规格	计量单位	数量	单价（元）	金额（元）	交提货日期
合同金额（大写）						

（续表）

<table>
<tr><td colspan="6">质量标准</td></tr>
<tr><td colspan="6">加工供料规定、单耗</td></tr>
<tr><td colspan="6">验收方法</td></tr>
<tr><td colspan="6">包装及费用承担</td></tr>
<tr><td colspan="6">交货方法、地点及运输负担</td></tr>
<tr><td colspan="6">货款结算方法</td></tr>
<tr><td colspan="6">违约责任</td></tr>
<tr><td colspan="6">附则</td></tr>
<tr><td>说明</td><td colspan="5">1. 本合同规定的内容双方必须全面履行，不得单方任意修改。如一方因故需要修改、中断、废止，应经双方协商同意另立协议
2. 若由于企业本身原因不能履行本合同，责任方要负责赔偿经济损失，按国家有关规定执行
3. 本合同正本 2 份，双方各执 1 份，副本　份送双方业务主管部门、签证机关
4. 合同有效期：自　　年　　月　　日至　　年　　月　　日</td></tr>
<tr><td colspan="3">委托单位：
代表人：
地　址：
电　话：
开户银行：
账　号：</td><td colspan="3">加工单位：
代表人：
地　址：
电　话：
开户银行：
账　号：</td></tr>
<tr><td colspan="2">委托单位主管部门
审核
日期</td><td colspan="2">加工单位主管部门
审核
日期</td><td colspan="2">签证机关

签证日期</td></tr>
</table>

评析：

该文是委托合同，属于表格式合同。通过对表格中内容的设置来体现合同的内容与要求。这种对合同条款的表格式处理方法使内容更加简单、清楚、一目了然，便于合同当事人双方对合同的理解与执行。

例文五：

请指出下面这份合同的问题并修正。

合同

××市食品公司（甲方）向××市肉类加工厂（乙方）订购200吨食用猪油，特立本合同，以为凭证。

1. 食用猪油每吨8 000元，由××市肉类加工厂于××××年×月至×月分四次通过火车托运的方式向××市食品公司交付。

2. 付款办法采取银行委托承付，××市食品公司收到第一批货物后五日内先交货款的50%，在验收全部货物后五日内付清余下货款。

3. 包装采用铁桶，空桶收回。

4. 食用猪油按国家标准，水分不超过1%，如不合格，××市食品公司拒收。

5. ××市肉类加工厂逾期不履行合同，按每天1%货物折价款付给××市食品公司违约金。

本合同一式两份，甲乙双方各执一份。

甲方：××市食品公司　　　　　　乙方：××市肉类加工厂

经理：×××　　　　　　　　　　厂长：×××

××××年×月×日

评析：

这份合同存在如下问题。

(1) 合同标题不规范，应写明具体合同种类。

(2) 没有约首部分，应补齐。

(3) 正文的开头将约首部分的内容和主要条款内容混杂，使得合同条理不清。

(4) 合同的主要条款的设定不够清楚，排列缺乏逻辑性。如关于标的的数量和质量的限定，分设在第1条和第4条，且与履约的期限、方式混杂，显得有些混乱。

(5) 合同的基本条款缺少或不完整。如缺少解决争议的方式，只有对于乙方的违约责任要求。

(6) 语言表述不够准确、严密。如履约方式的规定还不够细致，总价款没有写明。

(7) 约尾写作不完整、不规范。如缺少双方的具体资料并加盖印章。

例文六：

创办××联营公司意向书

××热电厂（以下简称甲方）和×××市××区经济开发部（以下简称乙方）于××年×月×日就共同创办××联营公司的问题进行了初步协商。根据双方需要，为合理利用双方优势，提高社会效益和经济效益，改善生产、生活环境，双方在平等互利的基础上达成如下联营意向。

一、创办的××联营公司在创建之初的生产经营项目主要有二：一是利用甲方在生产过程中产生的废渣生产煤渣砖；二是代客户运输。

二、甲方提供运输工具载重车数辆给联营公司，按月收取适当的租用费。乙方提供土地一块给联营公司，按月收取适当的租用费。甲方提供一定数量的生产技术指导人员，乙方提供所需的生产人员，双方人员由联营公司开支付酬。

三、此联营项目投资总额估计五百余万元（包括基建、厂房、设备及流动资金）。甲方投资比例约占七成，乙方投资比例约占三成，实现的利润按投资比例分成。

四、联营公司是具有法人资格、实行独立核算、自负盈亏的企业。

五、双方各派代表若干人组成筹建小组，具体负责筹建工作。筹建小组应于明年一季度完成可行性研究并提交工作方案。

六、有关具体问题双方在进行可行性研究后进一步协商。

七、本意向书一式两份，双方各执一份。

甲方（盖章）：________　　　　乙方（盖章）：________

甲方代表×××（签字）：　　　　乙方代表×××（签字）：

年　　月　　日

评析：

这是一份双方联办公司的意向书。标题由项目名称和文种构成。导言部分写明双方单位名称、因何事项进行了“初步协商”，以及合作的指导思想。然后用一句“……达成如下联营意向”引出主体部分。主体部分采用条文式结构，依次写了××联营公司的经营项目、双方的职责、双方投资比例、公司的性质和经济形式、组建筹建小组及意向书份数等内容。

本意向书的语言表达准确而有分寸，注重使用留有余地的弹性语言、模糊语言，比如载重车是“数辆”、土地是“一块”、投资比例约“七成”“三成”，各派代表“若干”等，还有“有关具体问题双方在进行可行性研究后进一步协商”，这些都颇能体现意向书语言的特点。

综合练习

1. 什么是合同？合同有哪些作用？
2. 简述合同的格式。
3. 合同正文部分应包含哪些条款？
4. 订立合同应注意哪些问题？
5. 意向书的作用是什么？
6. 意向书写作有哪些注意事项？
7. 请对以下劳动合同做一简评。

劳动合同

北京市劳动合同

甲方	乙方
	文化程度
	性别
法定代表人	出生日期　　年　　月　　日
或委托代理人	居民身份证号码　　　　　　邮政编码
甲方地址	家庭住址
	所属街道办事处

根据《中华人民共和国劳动法》，甲乙双方经平等协商 自愿签订本合同，共同遵守本合同所列条款。

一、劳动合同期限

第一条　本合同期限类型为________期限合同。

本合同生效日期________年________月________日，其中试用期________个月。

本合同________终止。

二、工作内容

第二条　乙方同意根据甲方工作需要，担任________岗位（工种）工作。

第三条　乙方应按照甲方的合法要求，按时完成规定的工作数量，达到规定的质量标准。

三、劳动保护和劳动条件

第四条 甲方安排乙方执行________工作制。

执行定时工作制的，甲方安排乙方每日工作时间不超过八小时，平均每周不超过四十四小时。甲方保证乙方每周至少休息一日，甲方由于工作需要，经与工会和乙方协商后可以延长工作时间，一般每日不得超过一小时，因特殊原因需要延长工作时间的，在保障乙方身体健康的条件下延长工作时间每日不得超过三小时，每月不得超过三十六小时。

执行综合计算工时工作制的，平均日和平均周工作时间不超过法定标准工作时间。

执行不定时工作制的，在保证完成甲方工作任务的情况下，工作和休息休假乙方自行安排。

第五条 甲方安排乙方加班的，应安排乙方同等时间补休或依法支付加班工资；加点的，甲方应支付加点工资。

第六条 甲方为乙方提供必要的劳动条件和劳动工具，建立健全生产工艺流程，制定操作规程、工作规范和劳动安全卫生制度及其标准。

甲方应按照国家或北京市有关规定组织安排乙方进行健康检查。

第七条 甲方负责对乙方进行政治思想、职业道德、业务技术、劳动安全卫生及有关规章制度的教育和培训。

四、劳动报酬

第八条 甲方的工资应遵循按劳分配原则。

第九条 执行定时工作制或综合计算工时工作的乙方为甲方工作，甲方每月一日以货币形式支付乙方工资，工资不低于________元，其中试用期间工资为________元。

执行不定时工作制的工资支付按________执行。

第十条 由于甲方生产任务不足，使乙方下岗待工的，甲方保证乙方的月生活费不低于________元。

五、保险福利待遇

第十一条 甲乙双方应按国家和北京市社会保险的有关规定缴纳职工养老、失业和大病医疗统筹及其他社会保险费用。

甲方应为乙方填写《职工养老保险手册》。双方解除、终止劳动合同后，《职工养老保险手册》按有关规定转移。

第十二条 乙方患病或非因工负伤，其病假工资、疾病救济费和医疗待遇按照________执行。

第十三条 乙方患职业病或因工负伤的工资和医疗保险待遇按国家和北京市有关规定执行。

第十四条 甲方为乙方提供以下福利待遇________。

六、劳动纪律

第十五条 乙方应遵守甲方依法制定的规章制度：严格遵守劳动安全卫生、生产工艺、操作规程和工作规范；爱护甲方的财产，遵守职业道德；积极参加甲方组织的培训，提高思想觉悟和职业技能。

第十六条　乙方违反劳动纪律，甲方可依据本单位规章制度，给予纪律处分，直至解除本合同。

七、劳动合同的变更、解除、终止、续订

第十七条　订立本合同所依据的法律、行政法规、规章发生变化，本合同应变更相关内容。

第十八条　订立本合同所依据的客观情况发生重大变化，致使本合同无法履行的，经甲乙双方协商同意，可以变更本合同相关内容。

第十九条　经甲乙双方协商一致，本合同可以解除。

第二十条　乙方有下列情形之一，甲方可以解除本合同：

1. 在试用期间，被证明不符合录用条件的；

2. 严重违反劳动纪律或甲方规章制度的；

3. 严重失职、营私舞弊，对甲方利益造成重大损害的；

4. 被依法追究刑事责任的。

第二十一条　下列情形之一，甲方可以解除本合同，但应提前三十日以书面形式通知乙方：

1. 乙方患病或非因工负伤，医疗期满后，不能从事原工作，也不能从事由甲方另行安排的工作的；

2. 乙方不能胜任工作，经过培训或者调整工作岗位，仍不能胜任工作的；

3. 双方不能依据本合同第十八条规定就变更合同达成协议的。

第二十二条　甲方濒临破产进行法定整顿期间或者生产经营发生严重困难，经向工会或者全体职工说明情况，听取工会或者职工的意见，并向劳动行政部门报告后，可以解除本合同。

第二十三条　乙方有下列情形之一，甲方不得依据本合同第二十一条、第二十二条终止、解除本合同：

1. 患病或非因工负伤、在规定的医疗期内的；

2. 女职工在孕期、产期、哺乳期内的；

3. 义务兵复员退伍和建设征地农转工人员初次参加工作未满三年的；

4. 义务服兵役期间的。

第二十四条　乙方患职业病或因工负伤，医疗终结，经市、区、县劳动鉴定委员会确认完全或部分丧失劳动能力的，按________办理，不得依据本合同第二十一条、第二十二条解除劳动合同。

第二十五条　乙方解除本合同，应当提前三十日以书面形式通知甲方。

第二十六条　有下列情形之一，乙方可以随时通知甲方解除本合同：

1. 在试用期内的；

2. 甲方以暴力、威胁或者非法限制人身自由的手段强迫劳动的；

3. 甲方不能按照本合同规定支付劳动报酬或者提供劳动条件的。

第二十七条 本合同期限届满，甲乙双方经协商同意，可以续订劳动合同。

第二十八条 订立无固定期限劳动合同的，乙方离休、退休、退职及死亡或本合同约定的解除条件出现，本合同终止。

八、经济补偿与赔偿

第二十九条 下列情形之一，甲方违反和解除乙方劳动合同的，应按下列标准支付乙方经济补偿金：

1. 甲方克扣或者无故拖欠乙方工资的，以及拒不支付乙方延长工作时间工资报酬的，除在规定的时间内足额支付乙方工资报酬外，还需加发相当于工资报酬百分之二十五的经济补偿金；

2. 甲方支付乙方的工资报酬低于本市最低工资标准的，要在补足低于标准部分的同时，另外支付相当于低于部分百分之二十五的经济补偿金。

第三十条 下列情形之一，甲方应根据乙方在甲方工作年限，每满一年发给相当于乙方解除本合同前十二个月平均工资一个月的经济补偿金，最多不超过十二个月：

1. 经与乙方协商一致，甲方解除本合同的；

2. 乙方不能胜任工作，经过培训或者调整工作岗位，仍不能胜任工作，由甲方解除本合同的。

第三十一条 下列情形之一，甲方应根据乙方在甲方工作年限，每满一年发给相当于本单位上年月平均工资一个月的经济补偿金：

1. 乙方患病或者非因工负伤，经劳动鉴定委员会确认不能从事原工作，也不能从事由甲方另行安排的工作而解除本合同的；

2. 劳动合同订立时所依据的客观情况发生重大变化，致使本合同无法履行，经当事人协商不能就变更劳动合同达成协议，由甲方解除劳动合同的；

3. 甲方濒临破产进行法定整顿期间或者生产经营状况发生严重困难，必须裁减人员的。

以上三种情况，如果乙方被解除本合同前十二个月的月平均工资高于本单位上年月平均工资的，按本人月平均工资计发。

第三十二条 甲方解除本合同后，未按规定给予乙方经济补偿的，除全额补发经济补偿金外，还须按该经济补偿金数额的百分之五十支付额外经济补偿金。

第三十三条 支付乙方经济补偿时，乙方在甲方工作时间不满一年的按一年的标准发给经济补偿金。

第三十四条 乙方患病或者非因工负伤，经劳动鉴定委员会确认不能从事原工作，也不能从事由甲方另行安排的工作而解除本合同的，甲方还应发给乙方不低于企业上年月人均工资六个月的医疗补助费，患重病和绝症的还应增加医疗补助费，患重病的增加部分不低于医疗补助费的百分之五十，患绝症的增加部分不低于医疗补助费的百分之一百。

第三十五条 甲方违反本合同约定的条件解除劳动合同或由于甲方原因订立的无效劳

动合同，给乙方造成损害的，应按损失程度承担赔偿责任。

第三十六条 乙方违反本合同约定的条件解除劳动合同或违反本合同约定的保守商业秘密事项，对甲方造成经济损失的，应按损失的程度依法承担赔偿责任。

第三十七条 乙方解除本合同的，凡由甲方出资培训和招接收的人员，应向甲方偿付培训费和招接收费。其标准为：________。

九、劳动争议处理

第三十八条 因履行本合同发生的劳动争议，当事人可以向本单位劳动争议调解委员会申请调解；调解不成，当事人一方要求仲裁的，应当自劳动争议发生之日起六十日内向________劳动争议仲裁委员会申请仲裁。当事人一方也可以直接向劳动争议仲裁委员会申请仲裁。对裁决不服的，可以向人民法院提起诉讼。

十、其他

第三十九条 甲方以下规章制度________作为本合同的附件。

第四十条 本合同未尽事宜或与今后国家、北京市有关规定相悖的，按有关规定执行。

第四十一条 本合同一式两份，甲乙双方各执一份。

甲方（盖章）

乙方（签章）

法定代表人或委托代理人（签章）

签订日期： 年 月 日

鉴证机关（盖章）

鉴证员（签章）

鉴证日期： 年 月 日

第六章

市场预测报告

应用导航

2021 中国餐饮市场预测报告

当前，中国经济正处于从投资型驱动向消费型驱动转型的换档期，第三产业所占比重不断提升，城镇化规模和质量稳步推进，餐饮业充满发展潜力和机会。不过，竞争加剧、企业微利已成为餐饮行业无法改变的事实，并将长期维持。全行业仍需摆正思想认识，在新常态下顺应形势练内功，创新驱动谋发展。

（1）行业发展环境将得到进一步优化

中共中央对于深化改革的决心是不容置疑的，深化改革将具有空前的广度、力度和深度。继 2014 年商务部出台《加快发展大众化餐饮的指导意见》后，中央将继续以坚定的决心通过一系列调控政策，优化餐饮产业结构，加快制定支持大众化餐饮发展的财政、税收、金融政策，清理不合理收费，减轻企业负担，营造良好的发展环境，为加快发展大众化餐饮保驾护航，从而实现保障和改善人民生活、扩大内需、促进就业的现实需求，推动餐饮业向现代生活服务业转型升级，促进餐饮业的可持续健康发展。

（2）新常态、新形势、新发展

针对消费者消费偏好、消费习惯、消费方式的新变化，以及市场需求的新要求，餐饮服务大众化、个性化、多元化成为市场主体，餐饮企业应在追逐“盈利”的同时，找回“产品和服务”这一餐饮行业的本质。消费者在一波一波强烈的宣传攻势下逐渐回归理性，提高产品和服务质量、加强自身管理水平依然是增强企业竞争力的正理。此外，在餐饮业 O2O 飞速发展的今天，餐饮企业还应适时调整商业模式和服务模式，与时俱进，以立于不败之地。

经过 2020 年“找方向”之后，餐饮业逐步进入“修炼内功，提高管理水平，常态化下可持续发展”的阶段，整个餐饮产业组织也将显现出“三小三大”即小店面大后台、小产品大市场、小群体大众化的新特征。

(3) 企业扩张势头逐渐恢复。

前两年餐饮市场陷入最艰难困境，餐饮企业也随之放缓扩张速度，部分业绩不佳的门店甚至关闭。阵痛期过后，企业开始摩拳擦掌，不仅是海底捞、小南国、吉野家等国内餐企，麦当劳、赛百味、星巴克等国际知名品牌也都计划在 2021 年之后逐步加快新开店步伐，刚上市的呷哺呷哺、外婆家、必胜客等还打算拓展区域市场、扩大版图布局，而眉州东坡、永和大王还计划在海外市场树立品牌形象。

(4) 资本引进来、中餐走出去

随着中国餐饮市场逐渐理性回归，资本市场纷纷涉足投资。弘毅投资基金、路易·威登集团旗下的私募股权基金都已在 2019 年完成对国内餐饮的投资，并且，越来越多的国际餐饮企业也开始关注中国餐饮，希望可以进一步发掘中国大陆市场。2020 伊始，美国著名的中餐连锁企业 Panda 集团就与金鹰商贸集团有限公司达成协议，希望可以开展餐饮业务合作。

在引入资本的同时，中国餐饮还在加速“走出去”。通过海外交流考察、赴海外投资开店、参与中餐烹饪技艺国际交流展示、参加国际烹饪技艺赛事等一系列活动，积极向世界宣传和推广中华餐饮文化。另外，2020 年中餐世界申遗工作已重新启动，餐饮中国梦的实现将会更近一步。

2021 年是中国餐饮业落实“十四五”目标的开局之年，也是巩固行业转型成效，迈向餐饮收入 3 万亿新阶段的关键时期。走满足大众需求、适应市场变化、提升盈利水平的理性发展之路，就是餐饮业未来发展的“新常态”。预计 2021 年春节餐饮市场将迎来开门红，让我们拭目以待。

（来源：中国烹饪协会）

点评： 本预测报告的第一段概述了当前中国餐饮业发展的背景，然后从 4 个方面对中国餐饮业未来的发展方向、方式进行了预测，最后一段是对餐饮业的发展之路进行总结陈述。

点睛之笔

教学重点

(1) 市场预测报告的概念和方法，以及预测过程中采用的技术手段

(2) 市场预测的基本特点及作用

(3) 市场预测写作的结构要求和语言要求

教学难点

市场预测报告的写作要领

第一节　市场预测报告概述

一、市场预测报告的概念

市场预测报告是以经济理论为指导，综合市场经济的历史资料、目前状态以及相关信息，进行统计归纳、分析研究后，对市场经济的变化规律及其发展趋势做出科学判断的一种前瞻性报告。经济预测报告既是市场经济中常用的文体，也是促进市场经济建设有秩序发展的重要手段。

二、市场预测报告的作用

1. 科学决策的向导

市场预测报告是建立在市场调查和市场分析的基础之上的合理推论，是经济理论与经营实践有机结合的成果。对市场现状充分、准确的分析和预测，有助于企业管理的决策者把握市场的变化规律，洞察业内的动态走势，明确未来的经营方向。可以说，准确的经济预测，往往能规避失误，提高决策的正确性。

2. 企业发展的动力

未来的市场是动态的、变化的。市场预测报告往往能提示市场需求的倾向和变动趋势，使企业经营管理提前明确发展思路，拟定产销规划，抢占市场先机，从而提高企业的科学化、现代化管理水平，提高企业的市场适应能力和竞争能力。

3. 资源优化的参谋

企业的生存必须适应市场的变化，企业的发展总是要以最少的资源博取最大的效益。市场预测报告对市场发展变化的合理推断，为企业的人力资源、产业规划、产品结构、产销安排、原料采购、成本控制、能源配给和资金运作等资源的运用，提供了应变、调整的依据。企业通过这些资源优化，科学整合，不仅为企业、社会节约了大量的宝贵资源，也为企业、社会增加了财富，为国家的经济发展创造了可持续发展的强劲动能。

三、市场预测报告的特点

1. 可信性

可信性是市场预测报告科学性的具体体现和深化。市场预测报告以充分准确的历史事实和客观现实为依据，通过寻求事物发展过程的内在联系和基本规律，进而推测市场经济未来的发展趋势。这种科学的预测不是主观随意的猜测，也不只是经验归纳式的简单推断，而是运用现代信息学、经济学、统计学等学科的原理和方法，融合行业的专业知识，经过科学的运算、严密的推理和客观的描述，得出的正确结论。预测的结果越逼近未来发展的事实，就越具有可信性。

2. 专业性

撰写市场预测报告是一项严肃的工作，其预测的目的是指导微观乃至宏观的经济工作。这就要求预测的主体不仅具有市场预测的专业知识和能力，还应具有切实把握被预测客体的专业知识和能力。具有丰富的专业知识和一定分析深度的市场预测报告，才具有权威性和说服力，才会对社会的发展起到正确的导向和积极的推动作用。

3. 创见性

预测本身是一种创见。一般来说，市场经济是有规律可循的，但市场经济的明天不会是今天或昨天的简单重复。市场预测报告的写作就是要排除重云密雾，摒弃人云亦云，吹糠见米，去芜存菁，直至形成独到的真知灼见。

4. 前瞻性

市场预测报告的前瞻性有两个方面含义。一方面，市场预测报告是面向未来的，不论是近期预测还是远期预测，其结论都是先于事实的一种表述，而且均要接受市场检验；另一方面，预测结果与事实之间具有近似性。预测越科学、越准确，就越逼近未来的事实，也就越具有前瞻性。

第二节　市场预测的分类及方法

一、市场预测的分类

市场预测的内容广泛而复杂，凡是能引起市场变化的因素都是市场预测的内容，其核心问题是商品的供给与需求关系，所以市场预测应围绕商品供求关系的变化来进行。

根据预测范围不同市场预测可分为宏观和微观两类。

（一）宏观市场预测

宏观市场预测是对大范围或整体现象未来所做的综合预测。它包括社会商品购买力与商品可供量总额平衡的预测、商品供求构成的发展变化趋势及特点的预测，还包括商品供应量的城乡、地区分布趋势的预测。

（二）微观市场预测

这种预测包括以下几方面内容：①主要商品市场需求量发展趋势预测；②市场占有率预测；③主要商品供应量发展趋势预测；④新商品发展趋势预测；⑤商品价格变动趋势预测；⑥商品生命周期预测。

二、市场预测的方法

市场预测方法很多，大体上可分为定量预测方法和定性预测方法，非数学模型预测方法和数学模型预测方法。常用的预测方法如下。

（一）集合意见法

集合意见法就是集合工商企业的厂长、总经理及与市场有关的各类科室人员对商品提供的供求意见，然后将各种意见归纳起来，分析、判断确定预测值。

（二）专家意见法（又称德尔菲法）

专家意见法是根据预测的目的和要求，向专家提供一定的背景资料，请他们根据自己的判断，对未来做出预测。

专家预测法在具体运用中，常采用两种形式：专家会议法和专家通信法。专家会议法就是邀请有关方面的专家，通过会议的方式，请各专家发表预测意见（方案），在其分析判断的基础上，综合出预测结果。专家通信法是请各专家在互相保密的情况下，用书面的方式独立地回答预测者提出的问题，并经反复多次修改各自的意见，最后在各位专家意见趋于稳定时，预测者进行综合，确定预测值。

（三）时间数列模型预测

这种预测是假定已知时间数列的变化趋势会连贯到未来时期，运用这种连贯性原则预测未来。常用趋势外推法、移动平均法、指数平滑法等方法。

（四）因果预测法

因果预测法也称相关分析法。市场上各种经济现象都是互相联系的，一种经济现象发生变化会引起另一种经济现象的变化。例如，市场商品价格变化会引起商品销售量的变化；居民的手持现金变化会引起银行储蓄、商品购买力的变化，我们称这种经济关系为相关关系，运用这种相关关系可以进行相关因素预测。

第三节　撰写市场预测报告的准备——市场预测

一般地讲，市场预测包括确定预测目标、收集预测所需资料、选择预测模型和方法、预测分析与评价。

一、确定预测目标

预测的第一个环节是确定预测目标。目标明确，才能达到一定的预测目的。确定目标包括确定市场预测的范围、目标领域和时间要求。市场预测目标的确定应服从市场决策的要求。为此，首先要了解决策的要求，并据此来确定应达到的基本要求。

预测目标确定后对其目标要进行分析。目标分析是解决问题的第一步。所谓目标分析，就是运用系统的分析方法，逐步把握市场预测目标的外部环境与内部因素之间的关系，找出影响市场变化的主要因素，在此基础上再选择合适的预测方法。例如，关于对我国发展普及型小轿车发展前景的预测，目标确定后，对预测目标要进行分析。影响小轿车生产与发展的因素有：社会集团需求和家庭个人需求。社会集团需求又分解为企事业单位、旅游出租业、乡镇企业需求。影响个人需求的因素有收入水平、价格、消费能力、社会消费倾向等。小轿车生产发展的影响因素有：生产能力、产品发展周期、轿车质量等。对影响因素进行逐步分析，认识总目标就容易了，收集资料就更有把握。

二、收集预测所需资料

市场资料的收集是市场预测的依据。市场预测所需资料、信息可以分为两种：一种是关于市场预测对象本身的资料，又称为内部信息：另一种是背景材料，称为外部信息。内部信息与预测市场的历史和现在发展状况有关。外部信息与影响预测对象发展过程的各因素有关。在收集外部信息时，应注意收集那些能对预测对象的未来发展起重大影响的背景材料。信息资料的收集一定要注意广泛性、适用性，信息资料收集得不完全、不全面、不系统，将严重影响预测质量，但也不是说收集的信息越多就越好，应把握好资料的详略分寸。

市场预测中信息资料的来源有以下几个方面：①部门和企业内部的原始记录；②国家政府部门和市场管理部门公布的各种统计资料；③各主管部门收集的资料；④各种信息情报中心的交流资料；⑤各种研究单位、报纸杂志刊登的调查报告、统计资料；⑥采用各种调查方式取得的第一手资料。

对于收集来的各种市场信息资料一定要进行鉴别和整理加工，判别资料的真实性和可靠性，去伪存真，采用有用、可靠、真实的资料。

三、选择预测模型和方法

选择预测模型和方法是市场预测的关键。据统计，目前进行市场预测的方法有 300 多种，基本预测方法有十几种。对于每个预测项目都可用多种方法得到预测结果。考虑人力、物力、财力、时间等条件的限制，往往只需选择其中的一种或几种方法就可以达到目的。但是，每种预测方法对不同预测目标的有效性是不同的，如果方法选择不当，将大大降低预测的效果和可靠性。在选择预测方法时，主要应考虑以下三个方面的因素：①预测目的和要求；②预测目标本身的特点；③现有的条件。

关于方法的选取，首先应服从预测的目的，以便向决策者提供所需要的具体信息。例如，对一个企业来说，产品市场预测、短期销售计划、年度生产计划和产品发展规划比较所需要的信息是不同的，因此选用的预测方法也不同。其次，选择预测方法时要结合预测目标本身的特点。不同的预测目标具有不同的属性和其内在的变化特点，如产品的生命周期。有些消费品如儿童玩具、服装、家用电器等，它们的生命周期表现为流行曲线，这类产品一旦被社会居民接受，其发展速度非常迅速，但更新淘汰得也非常快，因此，不适合采用趋势外推法。再次，选择预测方法时必须考察现有条件。因为预测方法的选取必须建立在能够实现的基础上，尽管各种预测方法很多，实际应用中往往由于数据、经费、人力、设备等方面的影响，许多方法实施起来十分困难。最好的方法就是面对现实，建立一个实用的数学模型。在达到预测要求的情况下，预测模型越简单越好。大量事例表明，预测精度并不和选用模型的复杂性成正比。另外，模型的选取要尽可能充分地利用现有数据信息和前人经验。实际上，任何预测方法的使用都不是孤立的，应结合具体情况，发挥各种方法的长处，将各种可行的预测方法和预测人员的知识经验融合在一起，相互补充，以期解决预测问题。

四、预测分析与评价

运用收集到的资料和选择的预测方法，就可以建立预测数学模型，计算或推测预测目标未来的发展趋势。但是，由于这种分析和推测是根据现有的知识体系以及当前社会情况，对未来做出的估计和判断；又由于社会体系的复杂性和不确定性、市场信息的不全、经验的不足等原因，预测结论和实际情况总是存在一定偏差。因此，对于任何预测结果都要进行分析和评价。

通常的办法是计算估计误差，估计误差反映了预测值和实际值之间有多少误差，以确定预测结果是否可信，并根据分析情况对预测结果进行修正，使之更接近于实际。

第四节 预测报告的写作

撰写市场预测分析报告，是预测工作最后的落脚点，是预测工作的书面总结材料。

一、市场预测报告的写作格式

（一）标题

市场预测报告的标题表明预测的对象的范围，反映期限、预测目标。一般来讲它包括四个要素，即对象、时限、范围和文体名称。预测报告的标题要求做到简明、醒目。

（二）前言

前言是预测报告的开头部分。它的主要任务是交代预测的对象、目的和意义。有的前言部分简单介绍预测对象的现状，初步揭示预测的结论。也有的前言可以省略，如预测对象单一、篇幅短小的市场预测报告，就可以不写前言，一开头就直接进入主题。前言要求简明扼要。

（三）主体

主体是市场预测报告的核心部分，一般包括现状、预测和建议或对策三个部分。

1. 现状

现状部分是指运用一定的信息资料和数据，对预测对象的历史、现状情况进行说明，是进行下一步推断预测的根据。市场预测现状部分，一般主要反映市场需求情况、商品资源情况、市场行情情况、企业生产经营状况等。但是由于预测的侧重点和预测的内容不同，在反映市场现状时不能面面俱到，而要有所取舍，有所侧重。

市场现状分析部分的写作必须注意材料的真实性，选材要有代表性，能够反映出市场的主流和本质。不能以局部范围的个别情况代替总体现状，将枝节问题当成主流。所以，现状部分的叙述要去粗取精，去伪存真，反映市场的真实、本质状况。

2. 预测

预测部分是通过现状部分获得的有关资料，运用科学的预测方法和一定的逻辑推理，对预测对象的未来发展、变化趋势进行预测并做出判断，提出预测结论。预测部分是市场预测报告正文的核心部分，是体现预测主题特征的部分。因此，在写作时要注意，所用预测方法要正确将数学模型分析与推理分析相结合，定量分析预测与定性分析预测相结合。市场变化复杂、因素多，不能简单机械地套用数学模式。此外，预测时除了运用预测模型外，还可采用图表和文字说明。

3. 建议或对策

建议部分是根据预测结果提出的如何适应未来的建议和办法，是一篇市场预测报告的最终落脚点。如果说现状部分回答了预测对象“现在怎么样”，预测部分回答了预测对象“将来怎么样”，那么建议部分则回答“最终怎么办”。建议部分的内容要尽量具体、切实。切忌教条地空洞记述，所提措施必须切实可行，切忌脱离现实的空想。

市场预测报告的三个部分之间紧密相连，有着严密的逻辑关系。但在具体写作中，可以根据预测的目的、资料占有情况的不同，适当调整先后顺序，恰当安排主体的结构布局。此处的先后次序不是一个固定模式，可灵活进行调整。

（四）结尾

结尾是预测报告全文的收尾和结束，主要目的是起到全文的首尾照应作用。

市场预测报告的结尾写法很多，有的以发展展望作结尾，以引起读者关注；有的以预测中的问题作结尾，以引起重视。结尾部分要简洁自然，干脆利落，简明扼要。切忌画蛇添足，空喊口号。

二、市场预测报告的写作要求

1. 深入调查，从实际出发

市场调查必须在对市场的历史、现状进行深入细致的调查基础上进行，这也是写好预测报告的前提。调查阶段所取得的资料不准确、不全面，不仅不能全面正确地把握市场变化的趋势和规律，而且很可能得出错误的结论，给生产和决策带来损失。因此，掌握市场历史与现状资料是写好预测报告的前提。

2. 目标明确，突出重点

预测目标在市场预测报告的写作中具有重要作用，明确目标后，材料的收集、筛选、使用，报告的结构安排才有依据。目标明确后要突出重点，一篇预测报告只能回答重点问题，不能面面俱到。

3. 预测报告要掌握好有关经济政策

我国的市场营销活动主要是在党和国家的经济政策指导下进行的，不熟悉经济政策，单靠对市场现状的了解和运用预测方法，是搞不好市场预测的。同时，分析问题时要从我国国情出发，充分考虑有关政策规定。

4. 语言要求准确、简练

市场预测报告的价值，主要看预测的结论是否准确，建议是否切实可行。因此，撰写市场预测报告必须对采用的资料和预测模型反复落实、推敲。语言的运用要准确、简洁，不必单纯追求语句的华丽和渲染。只有准确、简洁的语言，才能更好地表达准确的结论和切实可行的建议、措施。

第五节　例文简评

例文一：

2021 年××市场预测

据国家信息中心提供的消息，国内有关人士认为，2021 年下半年至明年，××市场供给将保持相对平稳价格小幅攀升的态势。但由于各地经济发展的不平衡，以及运输到货等因素影响，少数××品种在局部地区有可能发生较为明显的波动。

2021 年下半年至明年的市场情况分析如下。

国际市场形势预测：（内容根据企业调查数据编写）。

国内市场形势预测：（内容同上）。

资源供给市场预测：（内容同上）。

市场价格分析预测：（内容同上）。

报告人：×××

2021 年 5 月 20 日

评析：

企业经营需要面对市场，没有市场需求，企业的生产将处于盲目状态，所以企业在生产开展之前需要对市场需求进行预测，这就是市场预测报告的目的。市场预测报告没有固定的模式，可以根据企业自身情况增加或减少预测内容，重点在于把市场预测的信息收集完整，运用数据进行说明。

例文二：

2021 年平安快餐店市场预测报告

随着高校的大规模扩招，学生数量大幅度增长。大学生对生活质量的要求日益提高，传统的大学生食堂已不能满足大学生餐饮需要，快餐行业在学校周边迅速发展壮大。近期，新冠疫情趋于平稳，快餐行业行情看好。为了了解我们学校周边平安快餐店的发展状况，特做一份平安快餐店 2021 年市场预测报告。

一、现状

（一）平安快餐店环境分析

1. 地理环境

平安快餐店处于龙湖春天美食城内，西边距离安徽财经大学 200 米左右。安徽财经大学有将近 2 万名学生，且附近居民区集中。

2. 店面环境

店面规模小，消费场所局限，无宽敞的地方让消费者在店面进餐，装修简单，但店面干净整洁。店面两旁分别是快餐店，店面对面是砂锅饭店面。附近还有不少快餐店和面食店，客源量很多，这大大增加了平安快餐店的消费额。

3. 竞争环境

平安快餐店周边有很多快餐店和面食店，竞争非常激烈。其中桂林砂锅饭、波记烧卤饭、广香源烧卤饭、佳和快餐、味中味快餐等是最大的竞争者，其余的快餐店对其影响较小。

（二）平安快餐店的商圈

1. 因平安快餐店北边距离蚌埠医科大学 300 米左右。消费者以学生为主，消费金额不高，属于文教区商圈。

2. 以平安快餐店为中心，距离平安快餐店 300 米为半径画圆，它的周围还有安徽科技大学、蚌埠学院，安徽电子技术学院及居民住宅区，所以人流量大。但在这个商圈中，也有几家竞争者。如：桂林砂锅饭、波记烧卤饭、广香源烧卤饭、佳和快餐、味中味快餐等是最大的竞争者。

（三）平安快餐店的经营范围：只经营快餐和砂锅饭

（四）价格和规格：平安快餐店快餐每份价格主要在 8～10 元之间浮动。与其他快餐店对比，它的价格相对较合理。学生普遍能接受这样的价格。

（五）促销策略：无

（六）平安快餐店内基本信息

一个门面、十来张桌子、一个厨房、两个卖饭窗口、7～8 个工作人员。

二、预测

1. 随着大学大规模扩招，学生数量大幅度增长，而且连年扩张使得这一数量继续增加。随着大学生消费水平的逐步提高，平安快餐店周边市场潜在的爆发力日益增强，因此平安快餐店周边的饮食业是有一定的潜力的。

2. 高校人流量越来越集中。

3. 饮食业发展呈稳健增长的趋势。

4. 平安快餐店周边可能会有更多快餐店和面食店开张，也有可能会有比它更强的竞争对手出现，竞争将会更激烈。

5. 市场原材料价格不断上涨，消费群体不能接受不断上涨的价格。

三、建议：

1. 针对不同的季节，推出与本季节相应的产品；

2. 偶尔做一些吸引顾客的活动；

3. 保证原材料来源的可靠性，保证质量；

4. 做相应的宣传，给顾客留下更好的印象，特别是公益性的宣传；

5. 卫生要清洁点；

6. 门面装修好一点，给顾客营造一个良好的就餐环境；

7. 偶尔开出一些优惠价格；

8. 送外卖；

9. 把门面扩大，为消费者提供更多的座位。

四、结尾：每一家快餐店，都有自己的经营目标，都希望把自己的店面经营得更好，随着大学大规模扩招，学校学生数量大幅度增长，为平安快餐店的发展提供了更为有利的条件，希望平安快餐店能够提供更适合大学生的快餐，把食品质量提到更高点，更好地为大学生及广大顾客服务。

评析：

餐饮业经营需要面对市场，没有市场需求，餐饮业的经营将处于盲目状态，所以餐饮业在开张之前需要对市场需求进行预测，这就是市场预测报告的目的。市场预测报告没有固定的模式，可以根据餐饮业自身情况增加或减少预测内容，重点在于把市场预测的信息收集完整，运用数据进行说明。

正文由基本情况、趋势预测和建议三部分构成。基本情况部分中首先说明预测的对象、经营环境的现状，快餐行业行情看好的前景；然后从分析平安快餐店的商圈情况的基础上，进行了经营趋势的预测；最后采用分条列款的方式提出了几点合理的建议。全文按照调查现实、预测未来、提出建议的标准结构进行阐述，每一部分各从多个方面或多个层次并列表述，层次分明，资料充分，论证严密，条理清晰，用词贴切。

综合练习

1. 市场预测报告有哪些特点？

2. 市场预测报告的作用有哪几个方面？

3. 市场预测报告一般由哪几部分构成？

4. 市场预测报告的写作应注意哪些问题？

5. 请深入某工厂或某商店，了解某一单项产品或商品的销售情况，写一篇市场预测报告。

6. 请对市场预测报告做一简评。

2021年水稻市场预测

2021年，水稻播种面积将有所扩大，产量呈恢复性增长，但库存进一步下降，稻米价格预计将维持在现有的较高价位运行。

一、生产形势分析

（1）全国粮食安全工作会议后，农业农村部提出了确保2021年全国粮食总产不低于4 550亿公斤的目标，各地加大了粮食生产的力度。但小麦播种面积减少已成定局，单产又难以有大的提高，小麦总产量增加很难；玉米存在与大豆和棉花争地的问题，因此，2021年粮食目标任务的完成主要依靠稻谷。

（2）随着农村税费改革、粮食直补政策和良种补贴政策的实施，特别是稻谷和稻米价格的大幅反弹（较2020年初上涨30%以上），较好地激发了农民种植粮食的积极性，水稻生产播种面积将有一定程度的扩大，如果不发生大的自然灾害，稻谷总产量将出现恢复性增长。

（3）全球粮食产量和库存量连续几年减少的情况，已引起各国政府的高度关注，2021年度全球包括水稻在内的粮食作物的播种面积和产量将出现转折，呈扩大和增长态势。

综上所述，2021年国内、国际水稻生产均呈扩大趋势。

二、供需状况分析

（1）弥补库存的需求增加。据国家粮油信息中心稻米市场年度分析，去年，我国稻米商品库存量与国内消费量的比例，全国稻谷产量均有所降低，价格坚挺，出库量大于入库量。因此，为保证粮食安全，2021年各地将增加粮食储备。

（2）消费数量呈增长态势。稻米消费途径主要是口粮、工业用粮和饲料用粮，口粮需求随着人口的自然增长呈刚性增加，工业用粮随着粮食工业的扩张而呈上升趋势，饲料用粮近几年将保持10%的增长速度。

（3）进出口将呈现净出口格局。我国稻米出口市场主要在第三世界国家，这些国家大米进口首先考虑价格因素。我国稻米品质不断提高，加上出口采取优质优价的策略，参与国际市场竞争的能力明显增强。因此，稻米进出口将呈现出口大幅增长而进口明显减少的格局。

根据需求状况，结合库存和生产情况分析，2021年全国稻米市场供求可以基本保持平衡。

三、价格走势预测

（1）从供求关系的影响来看。2021年，水稻播种面积虽有一定程度的扩大，总产会相应增加，但由于与经济作物相比，种植水稻的比较效益仍然较低，播种面积大幅增加的可能性不大，增产潜力有限，供求关系不会出现大的改变。因此，价格下降的压力和进一步上涨的动力都不会太大。

（2）从生产成本的影响来看。根据中国商业联合会的市场预测报告，2021 年国内市场物价将有所上升。随着生产资料包括农资的价格上涨，稻谷生产成本也将有所增加，社会上涨价心理预期较强，稻米价格下降的压力很小。

（3）从国际稻米价格的影响来看。全球稻米处于供求平衡或求略大于供的状况，库存下降，今后稻米价格将有所上升，但升幅有限，这将为国内稻米价格维持在较高水平提供支撑。在经过价格大幅上扬后，国内稻米价格已明显接近或高于国际市场价格，进一步上涨的空间也较为有限。

因此，总体而言，全国大部分地区的稻米价格仍将维持在较高价位运行。

××××××

二〇二一年三月二十日

第七章

可行性研究报告

应用导航

××县×××中学改扩建项目预可行性研究报告

一、项目名称：×××中学改扩建工程

二、项目单位位置：×××乡×××村

三、项目性质：改扩建

四、项目所在地基本情况：

×××乡总面积为77.5平方公里，辖52个行政村，人口为39 905人，人均年收入达32 189元。现有专任教师120名；七年级学生718人，八年级学生718人，九年级学生718人，共计学生2 154人。

五、改扩建的必要性及优越条件

随着我乡普及九年义务教育成果的巩固和提高，初中在校生人数逐年增加，而现存的问题是我校办学规模小，很多学生被拒之门外，只能到外地学校借读。学校现有规模与社会需求不适应的矛盾越来越突出，严重制约了当地教育的发展，改建、扩建×××中学的规模已成为当务之急。

×××中学具有优越的地理环境条件。首先，它位于×××乡政府所在地，这里商业发达，经济繁荣，是全乡政治、经济、文化的中心。其次，它位于革命老区，著名的×××烈士陵园坐落在×××乡×××村，具有光荣的革命历史与革命传统，是对学生进行德育教育和爱国主义教育的理想基地。最后，交通便利，××公路横穿全乡，乡村硬化路面纵横交错，交通条件非常优越。

六、学校当前及扩建后的规模

目前，学校占地面积为 24 000 平方米，生均 11.1 平方米，建筑面积为 4 328平方米，生均 2 平方米。现存 B 级危房为 858 平方米。改建、扩建后学校占地面积为 7 333 平方米，生均达 33.9 平方米，建筑面积为 17 035 平方米，生均达 7.9 平方米。

七、建设内容及资金估算

1. 须建三层教学楼一座，建筑面积 4 080 平方米，每平方米 1 360 元，计 554.88 万元。

2. 须建两层实验楼一座，建筑面积 1 345 平方米，每平方米 1 360 元，计 182.92 万元。

3. 须建三层宿舍楼一座，建筑面积 7 290 平方米，每平方米 1 360 元，计 991.49 万元。

4. 须建学生食堂，建筑面积 3 000 平方米，每平方米 1 360 元，计 408.00 万元。

5. 须建两层办公楼一座，建筑面积 1 320 平方米，每平方米 1 360 元，计 179.53 万元。

6. 须建水冲厕所，计 70 万元。

7. 新征地 50 亩，每亩 15 万元，计 750 万元。

8. 须新增学校运动场地设施配置，计 40 万元。

以上建设项目，共需投资 3 176.82 万元。资金来源争取上级专项拨款。

八、学校改扩建后的社会效益

1. 改扩建后的×××中学，每年可招生 800 人，扩大了招生规模，有效地巩固和提高了“普九”的成果。

2. 便于全乡初中学生就近入学，减轻了其家庭经济负担，同时也有效地降低了学生的辍学率。

3. 改扩建后的×××中学，每年可向上一级学校输送大批的合格新生，有效地促进全县教育质量的提高，同时也为社会培养大批建设人才，为当地经济的发展作出贡献。

九、结论

综上所述，改扩建×××中学非常必要，对促进当地教育发展，推动当地经济、文化的发展具有重要意义，可有效解决当地学生入学难和舍近求远的问题，极大地满足人民群众对当前教育的需求，对推动全乡教育和社会的全面发展起着积极作用，具有较好的社会效益和经济效益。呈请上级部门列项建设，早日发挥效益。

点评：

这是一篇引自网络的预可行性研究报告。参照预可行性研究报告的编制格式与注意事项，可发现本报告存在一些问题。第一，文体运用不太恰当。这种篇幅短小的报告可以直接用立项申请或项目建议书的形式编写，不必采用预可行性研究报告的标题。第二，报告格式项目不全面、不清晰。报告缺少项目承办单位情况介绍，项目建设必要性的充分的法律、政策依据，项目建设初步的时间规划。将项目建设必要性与优越条件并为一项，不太合理。第三，表述不够严谨准确。如对资金来源的介绍表述为“争取上级专项拨款”就不够准确，“上级”的说法很空洞。报告最后一句应转段表述，而且本句存在语病。总之，作为一篇预可行性研究报告，它有许多需要修改完善之处。

点睛之笔

教学重点

(1) 可行性研究报告的实际价值，以及该种报告与一般报告的区别

(2) 可行性报告的研究方法

(3) 可行性报告的基本特点及表达方式

(4) 可行性报告写作的结构要求和语言要求

教学难点

可行性报告的写作要领

第一节　可行性研究报告概述

一、可行性研究报告的概念

可行性研究报告是一种运用经济理论和科学方法，对某一项目在技术上、经济上是否合理可行，进行全面分析、论证、比较，做出最终评价和决策研究的文书，也是为最终确立和审批提供可靠依据的书面文件。因此，在进行可行性报告的撰写过程中，必须严格依照程序，对双方的技术条件、资金状

况、项目（产品）的市场竞争力、设备和技术的先进程度以及近期和远期的经济效益进行多方案比较和详细的科学论证，使可行性报告成为审批的最佳方案和决策依据。

一般来说，一个项目的项目建议书经有关主管部门批准后，即可进行可行性研究。可行性研究报告的编制程序一般分为初步可行性研究和详细可行性研究。

1. 初步可行性研究

初步可行性研究也称为预可行性研究，它是在项目建议书的基础上，对内容和方案进行粗略的估算、初步审查，以确定该项目是否可行的一种研究过程。初步可行性研究对投资额和成本的估算的精确度要求在±20%范围内。它的结论一般分为以下几种：否定项目，停止继续研究；可以投资，或决定合资；还须经过详细可行性研究，经过慎重严谨的分析后再做决定。因此，初步可行性报告的作用主要是对于一些大型的、复杂的项目来说，可以及早得出大致的结论，避免人力、物力、财力的浪费。需要指出的是，初步可行性研究处于项目建议书与详细可行性研究之间，只是一个过渡阶段，并非必经阶段。一些不太复杂的项目往往在立项批准后，就可以直接进入详细可行性研究。

2. 详细可行性研究

详细可行性研究又称为正式可行性研究、技术经济可行性研究，简称为可行性研究，它是在全方位、多方案进行科学的数据分析和严格的技术经济论证后，提出最终决策方案的一种研究程序。详细可行性研究报告是对内容和方案进行周详的分析、探讨、论证后得出的结论，其投资额和成本估算的精确度要求在±10%范围以内。所以，详细可行性研究报告是投资方做出决策的书面文件，也是主管部门、计划审批部门和银行、金融机构决策的依据。可行性报告一经呈报批准，就可依其所确定的方案，投资各方进入章程的起草、签署以及合资企业的筹备、兴建等实质性的阶段。

需要说明的是，一般来说，小型的、比较单一的项目，可以直接进行正式的可行性研究；而大型的、比较复杂的项目，则要进行反复多次的可行性研究，直至得到唯一的结论。

二、可行性研究报告的作用

1. 为企业决策提供重要依据

可行性研究报告为企业提供的是经济环境、行业发展趋势等宏观或微观的发展情况，能给决策者提供参考。但由于每个企业的具体环境不同，同样的发展趋势，对每个企业的影响肯定不会相同。能否进行科学的决策，是企业能否更好地适应市场竞争，在竞争中立于不败之地的重要保证。因此，企业在进行某一项活动前，必须根据自身的各方面条件，进行可行性研究，并加以论证，这样才能为企业的发展提供科学的智力支持与科学指导，才能保证企业决策的正确性、可行性。

2. 项目审批和申请贷款的重要依据

企业投资某一项目，必须撰写可行性研究报告上报上级主管部门审批。这样，一方面可行性研究报告也就成了企业决策与上级主管部门之间的中介，成为上级主管部门对企业投资进行审批、可行性管理以及有效监督的重要依据；另一方面，企业在投资某一项目建设时，往往会有资金不足等困难，这就需要向银行或其他金融机构申请贷款，而银行或其他金融机构总是根据企业提供的可行性研究报告的项目论证，根据其项目实施以后可获得的经济效益来决定是否给予贷款，或给予多少贷款的。

3. 政府加强宏观调控的重要依据

经济建设需要政府加强宏观调控，以避免盲目性，避免一窝蜂地上项目，搞重复建设，造成资金的大量浪费和巨大的经济损失。无论是基本建设还是技术开发、技术引进、技术改革、设备引进、招商引资、合资办企业等，政府及有关部门都要从宏观上加强监管，严格审批，而政府及有关部门正是以各企业事业单位上报的可行性研究报告为重要依据，来实施宏观调控和对项目进行审批的。

三、可行性研究报告的种类

由于分类标准不同，可行性研究报告可分为多种。

（一）根据拟投资建设项目的规模划分

1. 一般性可行性研究报告

一般性可行性研究报告是指那些规模不大、投资不多的拟建小型项目的可行性报告，如车间的扩建、机器设备的改造与革新、生产流程的调整等。

2. 大中型项目可行性研究报告

大中型项目可行性研究报告是指那些规模比较大、投资比较多、涉及比较广、影响比较大的拟建项目的可行性研究报告，如合资办企业，新厂房的选址与兴建，大宗设备的引进，供电供水厂房的建设，公路铁路、港口码头的建设等。这类可行性研究报告一般都要分阶段来编写，因此又可将它分为机会可行性研究报告、初步可行性研究报告、详细可行性研究报告等。

（二）按照其项目的不同特点划分

1. 自营项目可行性研究报告

这是指由企业自己单独投资项目所编写的可行性研究报告，包括产品开发、技术改造、科技研究、基建设施等。比如投资生产某一家电产品，投资建设一座商厦，对现有的生产技术设施进行扩建、性能改造等，都要按可行性研究报告的通常论证方法，统一考虑方案规划、技术论证、经济核算等方面的问题。

2. 合营项目可行性研究报告

这是指由双方合营的项目所编写的可行性研究报告。所谓合营的项目，或共同投资；或由一方出资金，另一方出技术设备；或国内合营；或中外合资。它要求合资双方对项目在经济财务、技术设备、生产管理、利润风险的分担以及合作条件等方面完全达成一致的意见，同时进行可行性的论证。

3. 引进项目可行性研究报告

这是指对引进海外的技术、设备进行可行性研究后所撰写的报告。它要求从我国的国情出发，充分考虑引进项目的吸收消化能力、管理能力、材料能源供应能力、交通运输能力等。同时，还要了解该项目在国外的水平、发展趋势、价格及其真实可靠程度。20 世纪 80 年代初，我国的一些地方、一些企业曾出现盲目引进海外技术设备的现象，导致技术设备虽先进但无法消化使用，或者不合国情等严重情况的出现，造成资源和资金的巨大浪费，这都是缺乏可行性论证的缘故。

第二节　可行性研究报告的写作

一、可行性研究报告的结构要求

编制可行性研究报告是一项科学性、严密性、准确性要求极高的工作。明确并掌握可行性研究报告的内容，不仅能提高整个可行性研究的工作效率，避免和减少决策的失误，而且对研究报告的结构安排、写作方法也具有非常重要的意义。

可行性研究报告由标题和正文构成，具体可分为总论、概括、项目设计、拟建规模和生产能力、效益分析、综合评价结论等部分。

（一）标题

一般采用公文的标题写法，写法较为固定，由事由和文种构成，如《关于生产××牌空调的可行性研究报告》、《关于外商投资经营新世纪实业有限公司的可行性研究报告》。有的也把项目承担者写入标题，如《××集团投资北京房地产项目的可行性研究报告》。有时，文种也可省写为可行性论证，如《常州新北区安家镇工业园控制性详细规划可行性论证》，但一般要用全称。

（二）正文

正文一般由总说明、专题论证、结尾、附件组成。

1. 总说明

总说明又叫总论或概论。它是项目的基本概况，分为项目的背景和概括两个部分。背景部分主要交代项目的名称、承办单位、项目总负责人及经济与技术方面的负责人、项目建议书的审批文件。概括部分须说明项目实施的必要性（项目的特点、意义、国内外市场供求、生产情况）、主要指标（项目方案、生产规模、工艺技术、投资预算、经济效益）、问题和建议。总说明由于是对整个报告内容全面扼要的介绍，是全文的缩影，因此上级机关、主管部门领导以及有关专家、合作者能从中得到报告的第一印象和总体感觉，因而要求在写作上一定要字斟句酌，做到内容完整、中心突出、层次清晰、行文简洁，有较强的可读性。总说明对下文还起着提纲挈领的作用，写作时还要注意与下文专题所论证的基本问题相呼应。

2. 专题论证

这部分是可行性研究报告的核心。通常从以下几个方面对项目的可行性做具体的陈述和论证：

（1）企业的基本情况和承办项目的条件。企业的管理机构、劳资情况、产销情况、利润水平、负债情况、物资供应情况等；企业承办项目的有利、不利条件。

（2）项目生产规模和能力。项目的名称、规格、性能、用途、生产规模、能力。

（3）物料供应情况。资源、原材料和燃料的来源、数量、价格及其他辅助设施的情况。

（4）厂址选择。地点、自然生态、交通通信、经济和周边环境、水电的供应现状和前景。

（5）厂房设计方案。

（6）技术和设备的方案。技术和设备的选择、有关工程的情况、有关辅助设施的情况。

（7）机构的设置和人员的配备。生产管理体制、管理机构的设置、人员的定员、来源和培训计划。

（8）资金方案。项目费用、资金的来源、使用分配和偿还方式。

（9）经济效益评估。产量、产值、成本、利润、经济寿命、企业经济评价、国民经济评价。

（10）环保、劳保和消防设施。三废的种类、成分、数量、污染程度以及防治的技术、措施和程度；劳动保护的技术、设备和措施；消防的技术、设备与措施。

（11）项目实施计划。从项目的申报到落成试产一系列过程的先后安排、时间和进度。如项目的申报、落实资金、勘察设计、设备购置、施工安装、验收等。

3. 结尾

通过专题论证，报告的结尾要写上可行的总的结论。如“本项目用多种方法进行经济分析，认为可行。因此，结论为：本项目经济上有益，技术上有保证，原料上有来源，销售上有方向，将可行性研究报告上报，请审批”。有的还在结论中写上问题和建议，请求上级机关和主管部门给予解决与支持。作为上行文，大多数可行性研究报告还要在最后写上“以上报告当否，请领导研究批复”“以上报告是否可行，请批示”之类的结束语。

4. 附件

附件是可行性研究报告的一个重要组成部分。附件包括有关重要资料、证明文件和表格，主要是为了说明正文中有关材料与论证的可靠性，供项目审批机关参考。可行性研究报告的附件较多，主要有中方的资格证明、资产评估书，外商的有关资格、资信、经营状况等证明文件，有关的资金、场地、基础设施配套、环境保护等内容的协议文件或上述业务主管部门的签署意见，有关意向书、建议书的上级机关批准文件等。

另外，有些篇幅过长、头绪较多的统计资料、说明文字、技术论证过程、财务清算，以及与正文可行性论证关系不直接的平面规划图、批文等，也可以作为附件放在正文的最后，保证正文中心突出，简明扼要。

二、可行性研究报告的内容要求

可行性研究是由投资各方共同参与完成的，其整个过程除了具有一定的科学性、系统性外，还有相当的复杂性。这就给研究报告的写作提出了更高的要求。在写作过程中，要注意以下几个方面：

1. 真实性

真实性是可行性研究报告的基础。由于项目启动，要经上级主管部门的审批，有的单位为了使项目获得批准，往往不惜夸大论证中的有利因素，而隐去或缩小不利因素，对有关数据、指标常常采用弹性模糊的写法。这样，虽然有时也能瞒过审批机关，使项目获得通过，但由于论证缺乏真实性的基础，项目上马后困难重重，很难实施，导致骑虎难下，造成人力、物力和财力的重大损失。例如，这些年出现的“开发区热”，由于有些开发区根本不具备必要条件，可行性报告虽然被上级批准了，圈了一大片土地，上马后却很少有外商来投资、开发创业，致使土地荒芜、资金浪费，损失巨大，令人痛心疾首。

2. 可行性

可行性是可行性研究报告的关键。可行性研究报告是涉及自然科学和社会科学的多学科、跨部门、跨行业、多层次的综合性研究报告，有较为严格的调查研究程序。

联合国工业发展组织编写的《工业可行性研究手册》，把可行性研究分析分为四个阶段：一是机会分析阶段，即初步调查研究投资的环境条件，分析投资的方向是否具有可行性，也就是能否发展成为投资项目；二是初步分析阶段，即在投资方向具有可行性的情况下，再组织各学科门类的专业机构和有关人员，做进一步调研，对项目的各个问题做初步论证，判断可行程度，做出初步的决定；三是详细分析阶段，即在详细分析的基础上做更深入周密的调查研究，设计若干个方案，从技术上、经济上仔细分析不同方案中各个问题的优劣利弊，选择出一个或一种最佳的方案；四是形成报告阶段，即对方案做出整体评估和决策，从而形成可行性研究报告。

3. 内容的专业性

可行性研究报告是一种专业性较强的文种，其内容不仅要求精确、详细、完整，而且涉及工程、技术、财务、环境、法律等多方面的专业知识。因而在编制可行性研究报告时，一定要精心挑选懂工程、懂技术、懂经济、懂业务的各方面人才组成专门班子，以保证可行性研究报告具有综合专业性。在编制的过程中，还应该充分发挥各种专业人员的作用，充分运用他们各自的专业知识，按照科学的方法和步骤，进行测算分析、论证推断，为项目的审批机关提供具有专业性的可靠资料。

4. 表述的周密性

可行性研究报告以叙述、说明为主，议论为辅的方式，从各方面、各层次来表述对项目的看法和意见，这就要求在表述时，提出观点要明确，列举事实要可靠，分析问题要辩证，得出结论要正确，从而达到全文层次清楚，严谨周密。

第三节 例文简评

例文一：

××公司年产2万吨陶粒砂生产线可行性研究报告

第一章 项目概述

一、项目概况

××公司年产2万吨陶粒砂生产线建设项目，项目建成投产后，年新增销售收入××万元、净利润××万元、上缴税金××万元。建设内容有：①建设粉煤灰铝矾土陶粒砂生产线1条以及检测试验设备仪器；②建设配套供电、供气、给排水和环境工程；③建设生产厂房及配套原料库、成品库等，项目建设期6个月。项目总投资××万元，其中：固定资产投资××万元，铺底流动资金××万元。项目总投资利润率35%，具有良好的获利能力和经济效益。

二、建设目的与指导思想

1. 建设目的

××公司建设年产2万吨粉煤灰铝矾土陶粒砂生产线，其目的在于：充分利用区域内矿藏的供应优势，培育地方优势特色产业，加速高新节能技术成果的推广应用，促进循环经济的全面发展。

2. 指导思想

按照国务院办公厅《节能减排综合性工作方案》的要求，结合国家重点产业布局，充分发挥区域内丰富的矿藏资源和能源优势，坚持自主创新，促进科技成果向现实生产力转化，推动产业结构优化升级，促进发展方式转变。

第二章 项目的意义和必要性

一、项目建设的意义和必要性

1. 实现资源优势向经济优势转变的需要；

2. 实现资源型产业可持续发展的需要；

3. 我国石油天然气开采市场的需要；

4. 发展新材料高新特色产业的需要。

二、国内外现状（略）

三、技术发展趋势（略）

四、市场需求分析（略）

第三章 项目的技术基础

一、成果来源及知识产权情况（略）

二、技术特点与现有技术比较所具有的优势（略）

第四章 项目建设方案

一、总体目标

建成年产 2 万吨的陶粒砂生产线，充分利月国内自主创新技术。

二、建设内容

1. 新建粉煤灰铝矾土石油压裂支撑剂生产线 1 条；

2. 新建煤气发生站 1 座；

3. 全厂性及生产车间的动力配电设施建设；

4. 给排水和污水处理池等环境工程；

5. 新建厂房及配套原料库、成品库等。

三、生产工艺与设备

将原料粉煤灰、铝矾土微粉均化处理后送至成球机制球，经烘干后进行筛分，检验合格后成为半成品。然后，将半成品送入窑炉烧结，经分级、抛光、筛分、除尘、检验、包装后，得产成品。

四、土建工程

本项目建筑面积为××平方米，其中，新建生产厂房××平方米，库房××平方米；新建办公及化验用房××平方米，公用设施用房××平方米。生产厂房和库房为彩钢结构，其余均为砖混结构。

五、项目给排水方案

工厂每天生产用水约 9 吨，生活用水约 3 吨；排水系统为明沟排放，明沟的设置根据地形而定。生产、生活用水、雨水均进入明沟，经过污水处理池处理，达到规定标准后，由明沟排出。项目拟修建高位蓄水池 1 座，体积 80 立方米；低位蓄水池 1 座，体积 200 立方米；污水处理池 1 座，体积 100 立方米。

六、项目供电方案

该项目安装用电负荷约 200 千瓦，需要负荷约 180 千瓦，负荷等级最高为二级负荷，由 6 千伏专线引来，厂区内设一 6 千伏变电所。本项目动力及厂区照明用电选用 Sll－M－200 电力变压器 1 台。变电所内设低压配电屏 MNS，车间内部供电采用低压动力配电箱 XL 型放射式配电。全部电机旁操作设启动、停止按钮，车间照明采用节能灯具，部分采用防尘节能灯具。照度按标准考虑。由于回转窑不能停止工作，考虑到电网检修等停电因素，项目拟购置 60 千瓦柴油发电机组 1 台作为保安用电。

七、人员配备

××公司是民营企业，已按照《中华人民共和国公司法》组建了完整健全的企业组织机构。公司实行执行董事领导下的总经理负责制，下设综合财务部、生产工程部、质量保障部、市场部等部门。

八、人员培训

为了更好地掌握操作技术和设备的维护、维修及其他有关知识，本项目需要对有关人员进行培训。对于操作和设备维修人员，采取与设备生产厂家联合培训的方式，使其熟练掌握操作、维修技能。对于其他人员，由公司分批分阶段进行系统培训。培训期 3～6 个月。

九、建设进度计划（略）

十、建设期管理

公司成立建设项目领导小组，由公司总经理负责，组员包括副总经理、生产总监、财务负责人及公司各部门主要职能人员，负责整个项目的进度、费用和质量管理。

第五章　环境保护和资源综合利用

一、环境保护

1. 编制依据

（1）环境质量标准（略）

（2）污染物排放标准（略）

2. 项目对区域环境影响分析及污染治理措施

二、节能与资源综合利用（略）

三、劳动安全卫生与消防

1. 编制依据（略）

2. 危害因素和危害程度（略）

3. 安全措施方案（略）

4. 劳动卫生（略）

5. 消防（略）

四、主要原材料供应措施

1. 主要原材料供应

本项目生产主要原材料是 Al_2O_3 且含量≥70%的铝矾土，年需要量×吨，项目的主要原材料供货来源稳定，运输半径合理。

2. 主要原材料价格

铝矾土：680～700 元/吨；锰、铁矿粉：3 800～4 000 元/吨；优质煤：900 元/吨。

五、外部配套条件落实情况

1. 项目建设用地已经落实。

2. 已与有关部门和企业签订了项目供水、供电协议，项目供水、供电条件已经落实。

3. 目前，公司自筹资金已经到位，项目贷款资金已与有关单位签署了相关协议。

4. 本项目环境评估及各项施工手续已办理完毕，已完成各项工程设计，施工单位已经确定。

第六章　投资估算与资金筹措

一、投资估算

1. 编制范围

本项目投资估算的费用范围如下：

（1）本项目新建主厂房，成品和原材料库房建设，制粉车间、制球车间、烧结车间设备及辅助设备购置；

（2）动力配电设施、设备购置；

（3）污水处理池的建设及水处理设备购置。

除此之外，本项目投资估算还包括设备采购安装工程费、其他费用（含预备费），以及生产经营期间所需流动资金。

2. 编制依据

(1)《投资项目可行性研究指南》;

(2) 企业提供的有关资料。

3. 费用估算说明

(1) 建筑工程费（略）

(2) 设备购置费

根据供货厂家提供，主要设备价格按询价或厂家报价，设备购置费共计××万元。

(3) 安装工程费

本项目工艺设备安装费按照设备总价的5%计算，为××万元；给排水系统设备安装与管道制作费为××万元；供配电系统新增设备安装与材料费为××万元；安装工程费共计××万元。

(4) 其他费用

土地租赁费按每亩××万元计算，土地年租金××万元。

建设单位管理费、前期工作咨询费、勘察设计费、环境影响咨询费、招标代理服务费、工程建设监理费、其他生产准备费、联合试运转费、职工培训费、办公家具购置费等。

(5) 预备费

基本预备费费率按工程费用与其他费用之和的5%计取，共计××万元。

(6) 流动资金

生产过程中用于购买原材料、支付贷款利息及工资等所需的周转资金(流动资金)。经测算，项目所需流动资金××万元。

4. 项目总投资

项目总投资＝建设投资（含建设期利息）＋铺底流动资金

项目总投资××万元，其中建设投资××万元，占××%；铺底流动资金××万元，占××%。

二、资金筹措及贷款偿还计划

1. 资金筹措方案

本项目总投资××万元，其中固定资产投资××万元，铺底流动资金××万元。

资金来源：

(1) 固定资产投资××万元，企业自筹××万元，申请银行贷款××万元。

(2) 铺底流动资金××万元。

2. 资金使用计划

根据项目实施进度和资金来源情况，全部投资××万元，分6个月投入。

3. 贷款偿还计划

根据项目盈利预测，项目建设投资借款本金分4年偿还，平均每年偿还××万元。

第七章 项目法人单位基本情况

项目法人的所有制性质和主营业务：

××公司（以下简称公司）成立于2016年12月，注册资本1 000万元，公司主营业务为生产、销售陶粒砂和支撑剂。

第八章 项目财务分析、经济分析和主要经济指标

一、财务评价依据

根据国家发改委、住房和城乡建设部颁布的《建设项目经济评价方法与参数》（第三版）的有关规定和评价方法，结合本项目的特点，对项目进行规范的财务、经济分析。

二、财务评价基础数据的选取

1. 财务价格

原材料、燃料、动力价格均按目前市场价格计算，其消耗定额根据工艺计算提供。

2. 计算期与生产负荷

项目计算期为12年，其中建设期为半年，生产期为11.5年。建设期不生产、销售本项目产品。生产期第1年生产能力达40%，计8 000吨；第2年生产能力达90%，计1.8万吨；第3至第11年达产，年产量为2万吨。

3. 其他计算参数

产品销售税金及附加：该项目进项税率和销项税率按17%计算，城市维护建设税为增值税的7%，教育费附加为增值税的3%。所得税税率为25%。项目基准收益率为12%。

三、销售收入估算

项目建成达产后，可年产高强度陶粒石油压裂支撑剂2万吨，按平均每吨××万元的销售价格进行计算，预计项目达产年销售收入达××万元。

四、总成本及经营成本、各项费用估算

1. 折旧与摊销估算

机器设备按10年折旧，残值率5%；房屋建筑按20年折旧，残值率5%；无形资产按10年平均摊销。经测算，项目年折旧费××万元，年摊销费××万元。

2. 工资与福利费估算

项目劳动定员49人，其中管理、技术人员10人，生产工人39人。项目年工资及福利费××万元。

3. 其他成本估算

其他成本包括修理费、其他制造费、产品销售费和其他管理费等。

4. 总成本费用估算

本项目达产后，年总成本费用为××万元，其中年可变成本费用为××万元，年固定成本费用为××万元。

五、财务盈利能力分析

由以上财务分析可知：本项目投资利润率、投资利税率和投资回报率均大于行业基准收益率，说明项目盈利能力高于行业基本要求，项目实施后可收到较好的经济效益，投资回收期短。

六、经济分析主要指标

经济分析主要指标表

序号	项　目	单位	数据和指标	备注
1	项目总投资	万元	××	其中：固定资产投资××万元； 铺底流动资金××万元
2	销售收入	万元	××	
3	销售税金及附加	万元	××	
4	利润总额	万元	××	
5	所得税	万元	××	
6	净利润	万元	××	
7	总投资利润率	%	××	
8	总投资利税率	%	××	
10	投资回收期	年	4	

七、财务评价结论

通过以上财务指标计算和分析，可以得出以下结论：

本项目自身的财务状况很好，投资利润率35%，投资回收期不到4年

（含建设期），达产后年创利税××万元，说明项目有较好的盈利能力。

由此得出，本项目在经济上可行。

第九章　项目社会经济效益分析

1. 有利于项目所在地区新材料产业的发展。（略）

2. 推动本企业和本行业研发水平的提高，促进循环经济的发展。（略）

3. 增加出口，促进就业。（略）

第十章　项目风险分析

一、经营风险

目前，随着国家海洋石油战略的推进，铝矾土陶粒砂产品的应用领域不断扩大，产品供求关系存在矛盾。未来几年，随着铝矾土陶粒砂生产规模的扩大，陶粒砂市场出现供大于求时，企业就将存在经营风险。

对策：一是充分利用知识产权对企业的保护作用；二是加大技术研发投入，强化应用技术研究，提高其他企业进入行业的技术门槛；三是密切关注国家宏观经济政策的变化，并加强对相关行业的研究，及时把握最新的政策变化和行业动态，及早研究对策，同时加强技术研发和创新，使产品适应市场需求，尽可能地将政策风险降到最低，保持公司的持续稳定发展。

二、管理风险

本项目实施以后，公司需要大量的各类专业人才的支撑，目前公司主要通过自身培训为主、外部招聘为辅的方式来保证发展中所需的专业人才。

对策：一是公司将采取激励机制，强化内部管理，提高职工整体素质和经营服务水平；二是公司将加大人力资源投入，加强人才引进和培养，超前储备，科学合理地分配人力资源。

三、财务风险

该项目投资达××万元，其中主要用于设备购置。项目的资金来源主要为自筹和银行贷款，在某种意义上说存在资金风险。

对策：一是为了减少设备价格波动，购置设备均按到厂价结算，避免设备运费可能出现的价格波动；二是为了减少贷款利息，采取短期贷款方式解决；三是积极争取政府资金支持；四是尽快扩大规模，提高市场份额，降低生产成本，增强抵御风险的能力。

四、技术风险

目前，公司技术提供者提供的技术已成功应用于多个企业，设备已经定型，生产工艺技术已得到验证，项目产品已广泛应用于国内外多个石油开采项目，效果良好，表明项目技术风险期已过。

对策：一是建立适合企业发展的人才激励机制；二是以公司现有团队为基础，广纳贤士，不断增强公司的技术研发实力；三是充分利用高校、科研院所资源，加强横向联合，不断进行技术创新。

五、风险分析结论

该项目生产的产品由于市场较大，且国内外市场缺口较大，在近 3～5 年期间内，风险较小。但行业的技术门槛相对不高，随着市场的不断扩大，必然导致新建企业增多，将加大该领域的竞争风险，为此该项目必须加快建设速度，尽快抢占国内外市场份额才能有效降低项目投资风险。

评析：本例文通过大量的数据，从自然条件、基础设施、产品需求、投资前景、环境情况、基础设施等多个方面对项目的可行性进行了充分的论证，最后得出结论。整篇报告分章列示，为全面进行论证提供了足够的篇幅；每章中又分条以小标题的形式对具体的内容进行了概括，语言简洁。总之，这是一篇论据充分，论证严密，具有很强说服力的可行性研究报告。

例文二：

通用汽车携欧洲电力巨头开展电动车充电设施建设可行性研究

通用汽车日前宣布，公司将携手世界领先的电力供应商——西班牙电力公司，对插电式电动车的充电配套设施建设展开可行性研究。双方表示希望通过此项研究，为相关充电基础设施建设提供一个可行性的技术标准，从而为雪佛兰 Volt 等插电式电动车的市场化推广铺平道路。

据了解，这项研究将在西班牙和英国同时展开，届时通用汽车和西班牙电力公司将针对这两个国家的私人住宅、办公场所、公共停车场以及私人停车场等不同场地的电动车充电插座的不同需求进行系统性的调查和分析，并研究解决相关电表的安置问题。

双方表示希望通过此项研究，在综合考虑电动车增程行驶（E－REV）对于充电的需求以及供电网络容量的基础上，对充电设施的相关技术标准进行确认。研究双方认为，如果电动车充电设施建设被证明可行的话，将有更多欧洲国家加入电动汽车的支持行列。

据了解，西班牙电力公司是全球领先的能源供应商，公司业务遍及全球 40 多个国家和地区。公司供电总量达 42 000 兆瓦，涉及消费人群 2 700 万。

评析：

这个报道中，对电动车的市场发展前景有更高的期待，而后的可行性研究报告将促使厂商做出最后的产销决定。从中可见，可行性研究报告在商业决策中具有十分重要的意义。

综合练习

1. 什么是可行性研究报告？
2. 编制可行性研究报告一般包括哪些必不可少的内容？
3. 某学校要扩建图书馆，请撰写该项目可行性研究报告。
4. 请对可行性研究报告做一简评。

××建立钛白粉厂的可行性研究

钛白粉（TiO_2）是精细化工产品，占世界无机颜料总消费量的 50%以上，占世界白色颜料总消费量的 80%以上，主要用于涂料，其次是塑料、橡胶、化纤等。

钛白粉主要有金红石型和锐钛型两大类，有硫酸法和氯化法两种生产工艺。

钛白粉历来是世界性的热销商品。我国钛白粉历来短缺，特别是占涂料用量 50%以上的金红石型钛白粉，几乎全靠进口，花费大量外汇。为了满足国民经济发展的需要，要大力发展钛白颜料，重点是发展高档次钛白颜料。

一、××建立钛白粉厂的基本条件（略）

二、钛白粉市场概况

我国钛白粉工业落后，仅占世界总产量的 13%，发展缓慢。（略）

钛白粉工业的落后严重地拖了我国涂料工业的后腿。（略）

按预测，2010 年需钛白粉×万吨，2020 年需×万吨。当前除镇江钛白粉厂年产×吨长石型钛白粉改造项目外，仍无别的长石型钛白粉新建项目。

20 世纪 90 年代，资本主义国家经济不景气，加上苛刻的环保法，使欧洲一些大型硫酸法钛白粉工厂限产或关闭，2002 年世界钛白粉生产能力下降到 237.8 万吨。2003 年以美国经济回升为转机，需要量大增，造成世界的钛白粉短缺。2006 年需求量达 250 多万吨，供应能力利用率达 102%。利用率的上升，促使价格的上涨。（略）

今后若干年内世界消费量平均增长率为 1.5%～2.3%。预测，2010 年世界消费量将增至 286 万吨，2020 年增至 310 万吨，而按 2002—2009 年的供应能力，年平均增长率只有 0.94%。预计供应能力只有 256.3 万吨，2020 年仅有 278.5 万吨。

三、生产工艺的选择和技术设备的来源

生产工艺的选择。（略）

技术设备的来源。（略）

主要设备名称。（略）

四、建设规模、物料及动力供应规划

建设规模的选定。（略）

物料及动力供应规划。（略）

五、厂址选择（略）

六、环境污染的防治（略）

七、生产组织形式和劳动力定员

投资概算。（略）

资金来源设想。（略）

八、经济分析

工厂产品成本的估算。（略）

利润估算。（略）

净现值分析。（略）

基准投资收益率。（略）

盈亏平衡分析。（略）

敏感性分析。（略）

九、结论

以上分析研究表明：为开发利用××丰富、易采、质优的钛砂矿，引进国外先进设备，以××化工二厂为基地建设年产×吨（第一期）氯化法金红石型钛白粉是可行的；若不能引进国外先进技术设备，利用国内现有的技术设备在××化工二厂的基地上建设年产×吨（第一期）氯化法金红石型钛白粉厂也是可行的。

二〇二一年二月十五日

第八章
经济活动分析报告

应用导航

××电力集团公司上半年经济活动分析报告

同志们：

现在，我向大会报告集团公司上半年的经济活动情况。

一、公司系统在集团公司党组的正确领导下，真抓实干，克服困难，实现了“时间过半、任务过半”的目标

上半年集团公司经济运行主要呈现以下特征：

1. 电力生产和基建安全形势总体良好

上半年，未发生电力生产、基建人身死亡事故和群伤事故，未发生特别重大事故，未发生责任性重大设备事故，未发生垮坝和水淹厂房事故，未发生重大火灾事故。发生发电生产人身重伤事故1次，同比增加1次；发生一般设备事故2次，同比减少7次；发生设备一类障碍77次，同比减少48次；发生非计划停运108次，同比减少135次。

2. 在电力供应紧张形势下，充分挖掘现有机组潜力，克服煤炭供需矛盾突出和南方来水偏枯等不利因素影响，发电量和售电量保持稳步增长

上半年，集团公司发电量为637.91亿千瓦时，同比增长5.84%，完成全年计划的50.49%。其中：火电537.48亿千瓦时，占总发电量的84.26%，同比增长4.97%；水电为100.43亿千瓦时，占总发电量的15.74%，同比增长10.75%。

从区域来看，华北地区的发电量占集团公司总发电量的20.45%，同比增长6.55%；东北地区占16.5%，同比增长7.82%；华东地区占31.4%，同比

增长1.48%；华中地区占23.21%，同比降低3.03%；西北地区占8.45%，同比增长65.28%。

火电机组利用小时进一步提高。上半年火电设备平均利用小时达3 167小时，同比增加130小时，比全国火电设备平均利用小时高出207小时。

水电来水呈现“北丰南枯”态势。福建、江西、湖南由于降水量少、来水相对偏枯，发电量均有所下降。福建减少2.51亿千瓦时，同比降低43.36%；江西减少2.26亿千瓦时，同比降低64.51%；湖南减少7.05亿千瓦时，同比降低15.12%。西北地区的青海、甘肃、宁夏来水较好，发电量增加21.28亿千瓦时，同比增长65.28%。

新投产机组对发电量增长贡献较大。新投产机组发电量11.37亿千瓦时，占发电量增量的32.3%，为缓解电力供需矛盾和发电量稳步增长发挥了积极作用。

上半年，售电量增长速度高于发电量增长。集团公司售电量为593.05亿千瓦时，同比增长5.93%。其中：火电为493.78亿千瓦时，水电为99.27亿千瓦时。

3. 供电煤耗和综合厂用电率均有下降，节能降耗工作取得成效

上半年，集团公司综合厂用电率7.03%，同比下降0.43个百分点。其中：火电占8.13%，同比下降0.33个百分点；水电占1.16%，同比下降0.62个百分点。

上半年，集团公司供电煤耗为366.74克/千瓦时，同比下降1.04克/千瓦时。

4. 销售收入增长幅度高于电量增长，售电量的增加和火电售电单价的提高推动了电力收入的增长

上半年，集团公司实现销售收入为137.87亿元，同比增长10.11%，与预算执行进度基本同步。其中：电力销售收入为132.76亿元，占总销售收入的96.29%，同比增长9.97%；热力销售收入为3.74亿元，占总销售收入的2.71%，同比增长7.65%。

电力收入中，火电为114.1亿元，占电力收入的85.95%，同比增长10.39%；水电为18.65亿元，占电力收入的14.05%，同比增长7.47%。电力收入增加中，七成来自于电量增长，三成来自电价提高。

上半年，平均售电价格为226.13元/千千瓦时，同比提高6.03元/千千瓦时。其中：火电受7厘钱调价和电价矛盾疏导作用影响，售电均价同比提高8.93元/千千瓦时。水电因价格相对较低的黄河上游电量比例升高，售电

均价同比下降 7.01 元/千千瓦时。

上半年，全资、控股公司电力收入增长速度高于内部核算电厂收入增长。全资、控股公司电力收入同比增长 12.25%，内部核算电厂电力收入同比增长 4.96%。

5. 固定成本得到有效控制，但因电煤价格不断攀升，总成本未能控制在预算执行进度之内，成本增长远高于收入增长

上半年，集团公司销售总成本为 118.92 亿元，为年度预算的 51.06%，同比上升 14.04%，高于收入增长 3.93 个百分点。其中：电力产品销售成本为 112.51 亿元，占销售总成本的 94.61%，同比上升 13.83%；热力产品销售成本为 5.41 亿元，占销售总成本的 4.55%，同比上升 16.32%。

电力成本中，火电成本为 100.57 亿元，占电力成本的 89.39%，同比上升 13.19%；水电为 11.94 亿元，占电力成本的 10.61%，同比上升 19.53%。

从电力成本构成来看，燃料成本占电力成本 51.4%，同比上升 2.9 个百分点；水费及固定成本占电力成本比例相应下降。燃料成本预算执行进度 58.13%，其他成本项目均控制在 50%以内。

燃料成本增加是推动成本上升的最主要原因。上半年，电力燃料成本同比增加 9.88 亿元，上升 20.03%；其中：因煤炭价格大幅度上涨，增加燃料成本为 6.99 亿元。火电售电单位燃料成本同比上升 14.17 元/千千瓦时。电价政策性调整难以平衡煤价的上涨。

从单位看，内部核算电厂成本控制总体好于独立发电公司。上半年，内部核算电厂成本同比上升 3.43%，全资、控股公司成本同比上升 15.04%。

6. 在电力利润下降、热力增亏的情况下，由于财务费用大幅下降、营业外支出减少，保持了利润的基本稳定

上半年，集团公司实现利润为 10.68 亿元，同比减少 0.24 亿元，下降 2.17%，其中：电力产品利润同比下降 8.02%；热力同比增亏 43%。

从利润形成结构来看，财务费用大幅降低和营业外支出减少是保持上半年利润基本稳定的主要原因。通过优化债务结构，降低资金成本，规避汇率风险，财务费用同比减少 1.48 亿元。营业外支出同比减少 0.55 亿元。

从各单位利润完成情况来看，上半年内部核算电厂实现利润总体略有增长，全资及控股公司实现利润同比下降 3.41%。累计亏损单位 20 家，减少 1 家。亏损单位的亏损额由上年同期的 3.39 亿元，下降到 1.9 亿元，减亏 1.49 亿元。

上半年财务状况保持稳定。合并资产总额为 899.27 亿元，同比增长

9.34%；负债总额为573.75亿元，同比增长13.1%；所有者权益为235.23亿元，同比增长1.14%。资产负债率达63.8%，同比升高2.12个百分点。

7. 固定资产投资按计划实施，发展布局和结构调整取得明显成效，前期项目规模初步满足集团公司持续发展需要

上半年，固定资产投资为16.17亿元，完成年计划的40.77%。实际到位资金31.13亿元，其中：资本金0.96亿元，银行贷款6.38亿元，企业债券22.4亿元，利用外资0.58亿元，其他资金0.81亿元。

上年结转建设规模322.6万千瓦。上半年新开工大连泰山等两个热电项目共28.5万千瓦。投产碗米坡1号和2号水电机组、白鹤二期1号机组、通辽六期5号和6号供热机组，共49.6万千瓦。到6月底，在建规模共有301.5万千瓦，其中：水电占85.57%，火电占14.43%，大中型基本建设规模占94.53%，"以大代小"技改规模占5.47%。

目前，开展前期工作的项目共73项、7 069.1万千瓦。其中：已上报开工报告52.5万千瓦，已批可研报告300万千瓦，已批项目建议书620.5万千瓦，已上报可研报告待批483.5万千瓦，已上报项目建议书待批2 149万千瓦，正在开展初评和规划的3 463.6万千瓦。

从布局和结构上看，分布范围由组建初的17个省份发展到目前的22个省份。其中：黄河上游和沅水等流域上的水电项目13个共1 083.6万千瓦，辽宁核电和山东海阳等8个核电项目，蒙东等煤电基地的煤电项目、其他新建和扩建煤电项目50个共4 255.5万千瓦，天然气发电项目2个共130万千瓦。

8. 生产规模扩大，现价工业总产值增加，职工人数减少，劳动生产率进一步提高

截至6月末，集团公司系统职工期末人数为75 273人，比上年同期减少969人，比上年末减少522人。

以现价工业总产值计算，上半年集团公司全员劳动生产率为31.33万元/人，同比提高16.4%。其中：火电企业劳动生产率为30.65万元/人，同比提高15.8%；水电企业劳动生产率为46.12万元/人，同比提高21%。

同志们，我们在面临诸多非常尖锐和复杂的矛盾面前，能够形成经济运行的良好局面，是非常不容易的。比较而言，我们是在老、小、旧机组比较多、设备长期处于高负荷运行、煤质下降、新机组投产压力大的情况下，保持了生产、基建的安全稳定局面；我们是在煤、电、油、运供需矛盾突出、新增生产能力相对不多、市场结构发生新的不利变化、南方来水偏枯的情况

下，实现了发电量的稳定增长；我们是在电煤价格飞涨、电价调整不能弥补燃料成本增加的情况下，保证了经济效益基本稳定，亏损面没有扩大，亏损额大幅下降；我们是在成立之初发展项目严重不足、电源前期竞争极其激烈的情况下，初步为合理布局、结构调整和产业技术升级，进行了规划储备；我们是在着力消除旧的体制、机制性障碍的变革探索实践过程中，认真贯彻年初工作会议精神，坚持以增收节支，促进经济效益的稳步提高，坚持以业绩评估，促进经营管理水平的全面提升，坚持以改革创新，促进管理体制和经营机制的根本转变。这是公司系统全体干部员工齐心协力、坚强拼搏的结果。

二、经营形势严峻，机遇与挑战并存，内部管理仍有薄弱环节，完成全年任务还很艰巨，要把握主要矛盾，趋利避害，巩固和发展上半年良好势头

综观当前和今后的经营工作：

第一，外部市场环境存在诸多不利因素。一是电煤供应紧张、煤质下降、价格大幅上扬，严重危及设备运行的安全性和经济性，严重影响经济效益的稳定和提高。上半年，集团公司供煤量低于耗煤量，截至 6 月底，实际库存煤同比下降 69.65 万吨，下降幅度达 33.92%。阜新、娘子关、平圩、姚孟等大部分电厂库存煤经常处于警戒线以下，造成部分机组降负荷运行，甚至被迫停机检修。入厂煤平均低位热值同比下降 5.09%，造成设备磨损严重，锅炉效率降低，辅机耗电增加，助燃用油上升。上半年，因电煤价格上涨，集团公司增加燃料成本高达近 7 亿元，已有的电价政策难以平衡。进入 7 月份后，第三轮煤价上涨又起，河南、山西、东北等地区煤炭企业纷纷要求涨价，有的煤炭企业要求计划内价格增长幅度高达 44%，几乎影响到所有火电企业，给正常生产经营带来严峻挑战。二是电力市场不规范和市场结构变化存在不利影响。在国家多次规范电价管理的情况下，上半年，批准的基数电量安排不到位、自行组织竞价和计划外电量、压低或变相降低电价的现象，在相当多的地区仍然存在。一些区域因市场结构变化等原因，造成市场份额下降。如上半年，上海地区区外来电的增加和新机组投产，使集团公司电厂的发电量同比大幅降低。上海用电量同比增长 13.2%，上海当地电厂发电量同比增长 1.2%，集团公司电厂发电量同比下降 5.76%。受水情不好影响，有些电厂有价无量，争取到的电价政策不能发挥作用，下半年难以出现恢复性增长。三是银根适度紧缩，银行实际执行利率上浮空间扩大，实际利率上升，将加大资金成本，也增加了电热费回收难度。

第二，迎峰度夏、防洪度汛面临严峻考验。一是设备可靠性要求提高。

一方面今年以来电煤质量下降直接影响设备健康状况，另一方面夏季用电要求调峰能力提高。二是防洪度汛压力加大。目前正值主汛期，沅水上的三板溪已进入施工高峰期，在建项目较多的黄河来水好于去年，公伯峡又是今年计划投产的关键项目。

第三，企业管理仍存在薄弱环节。一是一些企业违规违纪问题仍然存在。上半年审计检查、财务整顿和业绩评估工作中，发现一些单位违反国家财经纪律，违规经营的现象并未杜绝，与集团公司反复强调的法制化、规范化管理要求仍然存在很大差距。有的单位私设“小金库”、账外账，编制虚假工程，人为调整消耗指标，截留收入利润，乱挤乱摊成本，关联交易很不规范等。有的违纪金额较大，问题性质还很严重。二是部分单位计划和预算指标完成存在较大差距。

第四，核心竞争力有待加快培育和壮大。一是前期规划形成的布局和结构要加快推进，尽快形成电力生产力，形成规模和结构优势。二是集团公司组建以来，坚持不懈为之实践的，符合集团公司特点和适应市场化要求的，在继承旧体制的历史遗产同时开辟未来的专业化、集约化的管理模式，要进一步实践并完善，破中求立，立中完备。三是在稳步向电力相关产业延伸发展的多元化和成员单位组织形式的多样性格局中，实现条条块块的紧密结合。四是做到任何内部资源，都不会成为公司增长和发展的“瓶颈”。

同时，我们也有许多有利条件：

第一，国民经济仍将保持快速发展，用电需求也会继续呈现旺盛的局面。随着国家宏观经济调控措施逐步到位，我们有理由相信，煤、电、油运供求紧张的局面将得到缓解。同时，集团公司的辽宁和海阳核电项目、黄河水电基地、蒙东等煤电基地已经纳入国家能源中长期发展规划，新的产业政策为集团公司发展提供了广阔的空间，面临难得的发展机遇。

第二，改革逐步深入。电力市场监管力度正在加大，“三公”的市场环境将逐步形成。国有企业改革继续深化，建立现代企业制度、分离企业半社会职能、推进主辅分离的配套措施已经或正在到位。内部改革全面展开，职工对改革的承受能力正在增强。曾经困扰集团公司的黄河公司资产债务重组、价格税收问题等突出困难和矛盾已经或正在得到解决。

第三，集约化、专业化管理体制格局初步形成。工程分公司、运行分公司、资金结算管理中心、新型燃料管理体制的作用已经显现。比较而言，集团公司成本利润率居于较高水平，成本竞争优势正在逐步形成。

我们要视变化为机遇，善于变中求胜。集团公司组建以来的工作，充分体现了在追求变革的同时，敢于引领变革。要树立信心和勇气，不被暂时的困难所吓倒，把握主要矛盾，积极主动地趋有利于企业健康成长之利，避妨碍经济效益提高和国有资产保值增值之害，采取更加有力的措施，努力做好下半年的工作。

三、振奋精神，迎难而上，完善措施，狠抓落实，继续坚持以增收节支、业绩评估、改革创新推动重点工作开展，确保全年任务完成

1. 加强安全生产管理，保证发电设备安全、稳定、经济运行

切实落实安全生产责任制。进一步贯彻落实党中央、国务院关于加强电力安全生产工作的指示精神和集团公司的要求，坚持“安全第一，预防为主”的方针不动摇。认真学习集团公司安全政策声明，牢固树立“任何事故都是可以避免的”安全管理理念，践行对社会的庄严承诺。认真汲取川东特大井喷等事故的沉痛教训，落实各级安全生产责任制，切实把安全生产工作做细致、做扎实、做深入。

确保迎峰度夏和防洪度汛安全。当前，正值迎峰度夏、防洪度汛的关键时期，要克服松懈麻痹思想，以高度的政治责任感和严谨科学的工作态度，完善各项组织措施和技术措施，保持与电网调度部门的紧密联系，密切关注汛情的变化，认真做好应急预案。水电厂和有水电工程建设的单位，要保持与防洪部门的密切接触，认真做好主汛期防汛检查，确保安全工作万无一失。

确保体制改革过程中安全生产局面的稳定。做好运行、检修和辅业分离体制改革过程中的安全管理工作，务必做到责任落实、措施得力、监督到位。

加强设备运行和检修管理。发生机组非计划停运的单位，要认真分析原因，在设备检修、运行管理和技术监督等方面采取有力措施，提高设备可靠性，经得起高负荷下安全稳定运行的考验。针对当前煤质下降的实际，要做好运行分析和燃烧调整，提高运行效率，最大限度地减少非计划停运。

做好新机投运准备工作。下半年，公伯峡1号、2号机组，碗米坡3号机组，景德镇扩建机组和洪泽热电机组都将陆续按计划投产，要做好相关准备工作，保证新投产机组安全稳定运行。

2. 以市场为导向，有重点地推进市场营销

加强燃料管理。密切跟踪煤炭市场变化，加强与煤炭、运输、电网和其他发电企业的协调，发挥区域燃料公司的作用，全面加强煤炭量、质、价的管理，严格执行集团公司燃料供应预警和价格协调制度，确保发电用煤的连续稳定供应和合理库存，努力抑制煤价进一步上升。东北地区的电厂要继续做好霍林河煤炭掺烧工作。

努力开拓市场。江西、东北、河南地区的电厂，要充分发挥现有发电能力，尽快扭转发电量增长低于市场用电量增长的局面。上海地区的电厂要加强与电网企业和政府部门的沟通和联系，确保年度发电量计划完成。各水电厂要密切关注水情变化，合理调度，提高水能利用率。

全面落实电价政策。已经出台的电价政策要确保执行到位。积极配合国家发改委、电监会组织开展的全国电力价格专项检查，确保电价“三统一”政策的落实，防止压低或变相降低上网电价，纠正对发电企业的不合理收费，促进电力市场的规范运作。

完善区域市场竞价的各项准备。在区域电力市场模拟运行基础上，掌握规则，熟悉模式，适应监管，研究市场，了解同行，完善策略，实现增供扩销、增产增收。

加大电热费回收力度。随着内部电厂价格独立和资金市场变化，预计电热费回收难度将会加大。此项工作必须常抓不懈，不要把矛盾积累到年底，确保正常的资金周转。

3. 进一步加强经营管理，巩固和扩大经营成果

严格控制成本。按照“增收节支50条要求”，继续严格控制生产成本、经营成本、管理成本、发展成本和改革成本，抓住每项成本控制的关键环节和关键因素，把成本控制落到实处。要把燃料成本的管理放到突出位置，防止固定成本“前低后高”。

继续疏导电煤价格矛盾。积极争取新的价格政策，努力实现燃料成本的收支平衡，缓解生产经营的严峻局面。各供热单位要立足于热力价格在当地突破，扭转热力连年亏损局面。

狠抓扭亏增盈。集团公司决定全部亏损企业在两年内都要彻底实现扭亏为盈。扭亏增盈是开展“增收节支年”活动的重要内容。要不因当前遇到的特殊困难而气馁，扭亏决心不变，扭亏目标不变。从加快老厂发展、深化内部改革、挖掘管理潜力、用好国家政策四个方面，推进扭亏增盈。

加强现金流量管理。资金结算管理中心应该成为集团公司的“司库”，围绕这一目标，进一步完善资金集中管理体系，巩固银行账户清理成果，加大资金集中管理力度，加强资金监管，继续发展好内部资金市场，加强资金运作，满足生产经营和发展资金需求，为下一步财务公司的运作奠定基础。巩固上半年财务费用大幅降低的成果，确保对利润的贡献不滑坡。

完成清产核资。在上半年财务清理、资产清查基础上，完成下一步损益认定、资金核实等工作，认真处理历史遗留问题，全面执行新的企业会计制

度。努力完成厂网分开改革的资产财务接收工作。

加强工程造价管理。发挥“标杆电价”机制对工程成本的约束作用，按社会平均成本衡量工程建设成本，塑造成本竞争优势。坚持从严格审查初步设计、落实执行概算、优化设计和施工方案入手，严格控制工程造价。

加强监督检查成果的运用。切实抓好审计监督、效能监察、财务整顿、业绩评估中发现问题的整改落实。进一步规范关联交易，真实核算收入和生产、工程成本，杜绝人为调整指标的行为。重视和加强财务管理基础工作。

4. 加快前期工作，确保开工投产，尽快形成生产能力

确保计划投产项目按期投产。公伯峡、景德镇和碗米坡项目能按期投产，是完成全年基本建设目标的关键。要重点推动，及时解决实际工作中遇到的问题，保证新增134.1万千瓦装机目标的全面实现。

确保前期工作及时推进。计划开工的11个项目，大部分进入开工报批准备阶段，任务很重，不能有丝毫松懈。平圩项目一定要保证按期开工，贵溪、分宜、漕泾项目要尽快落实开工的九项条件，新乡、平东、永济项目要加紧催批可研报告，同时做好其他开工条件的落实工作。争取开工的12个项目，要加快前期报批和施工准备，力争尽早开工建设。进一步加快核电、煤电基地等项目的前期工作步伐。

确保建设资金的需要。要安排好资本金的平衡，优化融资方案，兼顾满足资金需求和降低资金成本。加快项目公司组建，为落实融资创造条件。

5. 推进资产重组和资本运作，扩张经济规模和提高盈利能力

在上半年完成吴泾六期资产并购的基础上，围绕核心资产扩张、较高经济回报、市场份额拓展和资源整合，下半年重点抓好四个方面：一是完成与霍煤集团的资产重组，结合解决黄河公司不合理的资产债务结构，推动黄河上游的重组。二是继续推进中电国际海外上市。三是完成财务公司购并。四是完成鲤鱼江的重组和开封发电股权的收购。同时，研究出售淘汰不具备控制力的发电股权，努力推进“一厂多制”问题的逐步解决。

6. 落实改革的各项配套措施，促进深化内部改革

要解决集团公司深层次的问题和矛盾，形成符合市场要求和集团公司特点的管理模式，破除旧体制的弊端，必须走深化改革和专业化、集约化管理之路。

落实好各项配套措施。一是建立新体制下发电、检修和辅业公司的安全管理模式、安全责任体系，建立与之相适应的各项制度。二是建立和完善新

体制下的劳动分配关系、财务关系、结算关系，促进新机制的形成。三是建立和完善与燃料、工程、运行、检修、物资等专业化、集约化管理相适应的、与改革目标相统一的协调的财务经济关系。

落实委托管理责任。为优化区域资源配置，集团公司调整了三级管理构架，三项责任制考核相应调整。二级单位要切实承担起在安全生产、经营管理和发展建设上的委托管理责任，各项工作尽快到位。

实践以“一元化”管理“多元化”。通过进一步整合内部资源，坚持统一的战略布局、统一的企业文化、统一的规范标准、统一的业务流程、统一的财务审计控制、统一的考核评价、统一的人力资源开发机制、统一共享的信息资源，以及“策划、程序、修正、卓越”的精神，实现以“一元化”管理“多元化”。

7. 加大监督力度，促进企业依法经营和健康发展

完善监督体系。建立健全财务监督，审计监督，派出董事监事和财务总监、纪检监察和法律监督各自履行职责并相互协作配合的监督管理体系，构筑防范经营风险的防线。

建立和完善审计监督机制。建立专业审计队伍与特聘审计队伍相结合，内部审计力量与借助外部中介审计相结合，审计监督与其他监督相结合，以自上而下的审计为主并与各单位自我监督相结合的审计监督机制。集团公司决定：在当前深化内部改革过程中，各单位必须保持一支专业审计力量。到明年年底，完成对系统内各单位的第一轮审计。对不具备上岗资格要求的审计人员，限期调离审计工作岗位，也不能从事财务岗位的工作。

继续开展财务整顿。财务整顿工作延续到年底，整顿重点不变。要以对组织负责、对企业负责、对员工负责、对个人负责的态度，不走过场，务求收到实效。衡量各单位财务整顿工作成效的手段是内外部审计、检查。

坚持标本兼治，从源头治理。集团公司决定：各单位成立的完全依赖主业的力量，承揽主业咨询业务，皮包公司性质的科协、技协等单位，一律限期撤销；车间、班组在银行设立的账户一律限期清理撤销；对审计发现的难以在规范管理的条件下经营的以职工持股等形式进行的增容改造项目，限期由各单位主业自有资金安排收购。各单位都要结合审计意见和财务整顿结果，研究从源头上治理，彻底解决问题。

建立责任追究制度。对顶风违纪、明知故犯、性质严重、数额巨大的违规违纪问题，按国家和集团公司的规定，追究责任人的责任。

同志们，今年是集团公司深化改革、加快发展的重要一年。全年各项任

务目标不变。让我们在集团公司党组的正确领导下，坚持以习近平新时代中国特色社会主义思想为指导，认真贯彻落实党中央、国务院一系列重大决策和部署，求真务实，艰苦奋斗，全面完成全年各项工作任务，为国民经济发展和社会进步做出不懈努力！

点评： 这篇经济活动分析报告，针对××电力集团公司上半年的生产经营活动，通过大量的数据，进行了较为翔实的分析，指出了××集团公司上半年生产经营活动中存在的问题，以及取得的成就。并根据未来的经济形势变化，部署了下一阶段的工作重点。报告采用大量的数据，分析条理清晰。总之，这是一篇数据丰富，逻辑合理，具有很强的实用性的经济活动分析报告。

点睛之笔

教学重点

(1) 经济活动分析报告的概念与经济预测报告的区别
(2) 经济活动分析报告的文体特征
(3) 经济活动分析报告的分类
(4) 经济活动分析报告写作的结构要求和语言要求

教学难点

经济活动分析报告的写作要点

第一节　经济活动分析报告概述

一、经济活动分析报告的概念

经济活动分析报告，就是人们以经济理论和经济政策为指导，根据地区、企业部门或某一经济领域的计划指标、统计资料、会计核算、审计材料以及其他调查得来的材料，进行全面系统的分析研究而写成的书面文件。它通过分析原因，总结经验教训，揭示趋向规律，为生产和工作提供可靠决策依据。它是用来记载和描述经济活动和成果的书面材料，是经济管理部门经常使用的一种专业应用文。它可以是对涉及整个国民经济问题的分析，如《当前经济形势分析与对策》；可以是对某一行业的问题分析，如《中国轿车市场分析》；也可以是对某一地区、某一企业，甚至是对企业内某一部门的某项经济指标的分析，如《国美集团2020年度利润指标完成情况分析》。总之，经济分析报告的适用范围很广泛。

二、经济分析报告的作用

当前，经济分析报告已成为企业改善经营管理、提高经济效益的依据，也是各基层单位领导企业、指挥生产、制定决策的依据，是提高企业生产、经营、管理的重要工具。

1. 经济分析报告是加强企业生产、经营、管理，提高经济效益的重要手段

任何企业都存在生产、经营、管理问题，其水平的高低，直接影响着企业的经济效益。各企业要获得较好的经济效益，就必须对企业经济活动状况进行分析，总结经验，提出改善管理方法的措施，促使企业在管理上狠下功夫，向管理要效益。

对企业经济活动进行管理，必须采用经济、科学的方法。经济活动分析是经济管理的一种方法，它比会计管理、统计管理、计划管理更具有多样性、综合性、灵活性，所以它有利于各级领导全面、及时地指导工作，有利于调动广大群众参与企业管理，有利于提高管理水平。

2. 经济分析报告能准确、及时、系统地反映企业的基本经济状况，并进行分析和预测，为企业经济的发展提供依据

经济分析报告是基于会计、统计、核算提供的资料，经过分析而写出的书面材料，它是企业经济活动的反映和总结。因此，经济分析报告能从总体上、从不同的侧面对企业经济活动进行监测和监督，使其经济活动正常运转，并能检查企业的各项政策方针的实施，考核经济效益，检查和揭示存在的问题，不断促进企业进入良性发展轨道。

3. 经济分析报告能为企业决策提供依据

所谓决策，就是为了达到既定目标，通过预测、分析、比较和判断，在两个以上可以相互替代的不同方案中选择最好的一个方案。企业的发展取决于管理，管理的重心在于经营，经营的中心在于决策。正确的战略性决策可能使企业起死回生，转危为安，兴旺发达；错误的决策可能使企业一败涂地，破产倒闭。可见决策在企业管理中具有十分重要的作用。

正确预测分析有赖于充分、可靠的信息资料，经济分析报告是信息来源之一。企业领导掌握这部分信息，有利于指挥生产、制定方针政策，减少生产、经营、管理的失误。

三、经济分析报告的种类

经济分析报告可以从不同的角度，按照不同的标准，分为不同的种类。按分析内容类别，分为财务分析报告、统计分析报告、业务分析报告、产品或商品库存结构分析报告等。按分析报告内容与文字简繁程度，分为详尽分析报告和简单分析报告。按涉及内容、范围分析的经济分析报告，因经常使用，所以做如下具体介绍。

1. 综合分析报告

综合分析报告又称全面分析报告。这种分析报告，一般是从经济活动的全局出发，把某一部门、某一企业在一定时期内的经济活动作为一个整体进行分析而写成的报告，研究经济活动的效果。经济分析报告在写作过程中常常从经济效益入手，因为经济效益反映了一个企业的总体综合情况，而这种分析报告所写出的企业分析内容全面，有一定深度，对企业改进生产、提高经营管理水平有重要的指导作用。

2. 专题分析报告

专题分析报告又称专项分析报告。它是根据企业经营管理的需要对企业中某个比较突出的问题进行深入的调查分析以后写出的一种书面报告。它的内容多为结合中心工作对一些重点问题进行专门分析。例如，产品质量分析、降低产品成本分析、计件工资问题分析等。有的是对重大经济改革、实施情况的分析，例如，粮食调价后，粮食市场问题分析；关于企业扩大自主权问题的分析等。这类报告内容单一，一般为一事一议，反映问题迅速、及时，分析问题深入、透彻，形式灵活，实用价值比较高。

3. 进度分析报告

进度分析报告多在旬、季、年末综合报表中编写。报表为进度分析报告提供数字依据，进度分析报告为报表提供情况和文字说明。进度分析报告有反映某项计划完成情况的分析，有短期经营、生产进度分析，资金运用、原材料供应、产品销售等分析。这种分析内容更为单一、具体，反映问题快；写作过程多用实际资料反映具体情况，分析评议极少。因此，实际部门的经济分析报告大多采用简报形式。

四、经济分析报告的特点

1. 专业性

经济分析报告专用于经济领域，涉及工、农、商、金融、财税、税务等不同部门的各种专业问题。如工业经济活动中的产销、成本、质量等问题，商业经济活动中的购销、库存、劳动效率等问题，它甚至还涉及整个经济活动中的各种专门问题，如物价、消费等。因此，它的内容大都具有较强的专业性。

2. 定量性

经济分析报告非常注重以数据作为分析和立论的依据。在内容的表述上，定量性的数字占有极重要的地位，其对事理的分析往往建立在数据的基础上，或与数据密切相关，其常用的比较、平衡、因素、动态等几种分析法，也都离不开对数据的分析。例如，对比分析法，就是将实际完成数与计划数等多种相对应的数字进行单向对比或综合对比。

3. 检验性

对经济活动进行分析的目的，就是通过对经济活动的过程与结果的分析，检查经济部门和企业单位贯彻执行党和国家经济方针、政策、路线及有关财经制度、财经纪律的各项指标完成的情况，考核经济活动的成效，并对此做出客观、公正的评价，指出影响其各项指标执行结果的各种因素。正因为如此，经济分析报告的检验性在具体的对比分析中就显得十分突出。

4. 指导性

经济活动分析一个很重要的目的与意义，就是通过分析总结，找到影响计划指标完成或未完成的主要因素和影响总体经济效益的薄弱环节，进而引起管理者的高度重视，及时采取相应的举措，加强管理，提高管理水平和经济效益。因此它对经济部门和企业的发展规划、工作重点与计划的制订实施，都具有重要的指导意义。

五、经济分析报告的结构

经济分析报告的结构一般包括标题、导语、正文、结尾等几部分。

1. 标题

经济分析报告，单从形式上看，狭义的理解其为经济文书的一个文种，即经济分析报告；广义上理解，它则是某类文章的总称，即凡是对经济活动予以分析研究的文章，都可以视为经济分析报告。据此，经济分析报告的标题主要有两种：公文式标题和文章式标题。

（1）公文式标题。一般由单位、分析内容和文种组成，其文种常冠以“报告”，如《股份有限公司关于二〇二〇年度营销业绩分析报告》《市第三季度房地产市场分析报告》《我市人才市场供求分析报告》等。

（2）文章式标题。这类标题丰富多彩，没有固定的格式，通常是围绕文章的主题内容，充分彰显文章的理性与个性。单标题的如《网上开店：路宽灯绿没“警察”》《外资并购在风险与利润的碰撞中提速》《港人理财“四部曲”》等；双标题的如《是“清嘴”，还是“亲嘴”——清嘴广告玩悬念》《物流人才急缺，业界着急——国际物流认证能否挺进中国》等。

2. 导语

导语即概述，一般包括市场目标现状、资料的来源、分析的主要目的和意义等，要求言简意明。

3. 正文

经济分析报告的正文一般由市场现状、分析研究、结论与建议三个部分组成。

（1）市场现状。主要是陈述分析对象的发展概况和现实状况，重点突出分析对象的规模、特点和主要数据，揭示对象的主要矛盾，以引起读者的关注，为分析研究提供基础。

（2）分析研究。这是写作的核心部分。根据调查、搜集得来的资料和数据，运用多种科学的研究方法，进行定性、定量分析和逻辑论证，进而获得对事物本质的认识。这部分常见的写作结构有三种：一是并列式结构，即将数据和资料根据其内在的联系分门别类，继而对这些不同类别的资料逐一分析，然后根据经验和逻辑做出判断。这种结构适用于对宏观事物的定性分析。二是推导式结构，即将数据的资料按照其因果关系进行排列，逐步显示出事物发展的具体程度，这种结构适用于对微观事物做定量的分析。三是综合式结构，即将宏观的研究与微观的研究结合运用，对分析对象既做定性的分析，也做定量的分析，以求更全面地把握事物的本质。

（3）结论与建议。结论一般分为两种，一种是宏观的结论，主要描述事物的“可能性”和“趋势导向性”；另一种是微观的结论，主要是通过具体、精确的数学描述、判断事物量的变化以及由量的渐变而导致的质的飞跃。

建议部分可以是肯定式的建议，也可以是或然式的建议。肯定式的建议是指当事物的发展目前只有一种可能的趋势时，建议的重点要放在应该注意的问题上，如网上开店时机已经成熟，经营者要注意网上店铺的“专业性”

"技巧性"和"建立除价格之外的价值性"。或然式的建议是指当事物的发展有几种可能的趋势时，建议先将其一一列出，然后根据利益最大化的原则给予导向式的说明。

4. 结尾

经济分析报告的结尾并非必要部分。有的文章用精短的文字总括全文，或提示重点，或描述前景；也有的文章以正文的收束作为结尾。

第二节　经济活动分析报告的写作

一、经济活动分析报告的写作步骤

经济分析报告的写作，大致有以下三个步骤。

1. 根据经济活动分析的目的，搜集资料，掌握企业实际经济情况

企业经济活动分析的目的与企业的任务有密切联系，所以经济活动分析的目的首先必须依据经营的需要而定，依据企业存在的实际问题进行分析。因此，撰写分析报告时必须依据目的搜集资料，这样分析才有依据，写出的分析报告才切合实际。

企业经济活动分析所依据的资料有文字资料和数字资料；有现实资料和历史资料；有企业资料和外企业资料；还有计划资料、会计核算和统计资料。这些资料都是进行企业经济活动分析的重要依据。有了这些资料就可以进行经济活动的动态、横向、纵向、对比研究，以便掌握第一手资料，为经济活动分析打好基础。

2. 依据资料深入分析，做出评价

将收集来的资料进行整理、汇总、加工分组，用活动分析的方法，结合数字和文字两个方面资料对经济现象进行分析。通过分析，对企业的经济活动做出正确的评价。

3. 归纳整理，写出分析报告

最后一步就是根据分析得出的结论，抓住主要问题，围绕经济活动的目的，进行归纳提炼，写出书面分析报告。

二、经济活动分析报告的写作要求

1. 明确目的，抓住重点

作者务必从掌握到的一堆材料中，找到分析问题有价值的信息，明确写

作的目的，即通过这个分析报告，要侧重说明哪些是具有实质意义的问题，得出什么结论以及改进工作的建议，能给人什么启示或借鉴。作者在明确目的以后，就要抓住重点，集中地深入分析，坚决舍弃那些与写作目的无关或关系不大的材料。

2. 处理好硬资料与软资料的关系

这里所说的硬资料，是指具体的数据、报表、凭证、计划，都是现成的、账面上的资料；软资料则是指经济管理经营的策略、技巧、企业管理、企业精神等。经济分析报告的专业性、定量性的特点，决定了它在写作中要通过许多数据等硬资料来分析问题，有些经济分析报告甚至以大量的数据、图表为主，以事理性说明为辅。硬资料是看得见摸得着的，易于被注意到，也便于推断；而软资料则是无形的，属于账面外的情况，很容易被人忽略。因此，我们在写作中，一定要注意调查、了解和搜集软资料，并加以分析。只有将这两种资料有机结合起来分析，得出的结论才能全面、客观、公正与准确。

3. 要善于运用各种分析方法

经济活动过程是比较复杂的，其中各个因素之间的相互联系、相互影响也是多种多样的。在分析经济活动过程时，单用一种分析方法很难全面分析活动的内容。只有把几种分析方法结合起来运用，才能做出全面透彻的分析。当然，由于经济活动的内容丰富多样，分析的目的与侧重点也各不相同。所以，有时候也要根据不同的内容、写作目的和重点，以某种分析方法为主，其他方法为辅，将宏观的分析与微观的分析结合起来，既分析客观因素，又分析主观因素，这样才能使分析有深度和力度。

4. 要提出指导与改进今后工作的意见或建议

经济分析报告，不是只罗列问题、分析问题，而主要是解决问题。因此，一定要提出有侧重性的、切实可行的意见与建议，这样才能达到改进工作的目的。

第三节　例文简评

例文一：

××市上半年经济运行分析报告

今年上半年以来，面对严峻的国际国内经济形势，全市上下认真贯彻落实市委、市政府“保增长、保民生，促发展、促进步”的各项政策措施，切实增加有效投入，积极扩大消费需求，全力稳定工业生产和外贸出口，推动全市经济逆势上扬，经济已运行止跌企稳、逐步回升，发展态势好于预期。

一、经济运行的基本面

1."保增长"政策措施初见成效

主要经济指标逆势增长。上半年，全市实现财政总收入为63.68亿元，同比增长19.8%；一般预算收入为27.62亿元，同比增长15.8%，增幅位于苏州五县市之首，高于苏州平均水平8个百分点，其中6月单月实现一般预算收入为4.98亿元，同比增长52.2%。完成工业总产值为700.54亿元，同比增长5.3%，其中规模以上工业实现产值为539.56亿元，同比增长2.0%。完成全社会固定资产投资131.4亿元，同比增长12.7%，增幅高于苏州平均水平2.1个百分点。预计上半年服务业增加值同比增长16%左右，消费品零售总额增长18%左右。

工业经济在收紧环境中逐月回升。单月规模以上工业产值稳步走高，1～6月分别实现单月产值54.69亿元、73.66亿元、96.14亿元、102.22亿元、106.73亿元和113.26亿元，2月份起环比增幅分别为34.7%、30.5%、6.3%、4.4%和6.1%，4月份首次突破100亿元大关，6月份再创历史新高。部分主要行业保持较高增速带动工业经济回升，十大主要行业中，纺织、石油制品、化工医药、塑料制品、化纤加弹行业规模以上企业产值同比分别增长31.5%、25.8%、24.0%、17.4%、12.4%。综合效益指数回升较快，2～5月分别为145.2%、165.35%、180.42%、187.46%，5月份较去年同期提高了10.93个百分点。高新技术产业增长较快，上半年实现产值84.04亿元，同比增长8.9%，占规模以上企业产值比重达15.6%，较去年同期提高了0.5个百分点。民营工业增势明显，上半年实现产值为224.11亿元，同比增长17.5%，高于规模以上增幅15.5个百分点。工业用电降幅逐月收窄，2月份以来累计工业用电降幅分别为12.4%、10.3%、9.4%、8.8%和7.6%。

服务业发展态势良好。①服务外包增势强劲。全市共有各类服务外包企业85家，其中3家通过CMMI3级认证，1家通过ISO7001信息安全管理认证；上半年完成服务外包合同额为5 859.16万美元，同比增长101.0%，离岸服务外包执行额为2 799.56万美元，同比增长55.99%。②现代物流稳步发展。太仓物流园区建成12.3万平方米仓库和3.7万平方米商务监管大楼，保税物流中心封关运作，耐克物流中心启动建设，新增物流企业28家。③港口运输保持增长。上半年新辟内贸航线1条；实现货物吞吐量2 196.17万吨，同比增长25.5%；完成集装箱运量68.18万标箱，同比增长3%。④休闲旅游业加快发展。城厢镇电站获批“全国工农业旅游示范点”，金仓湖一期建成投运，郑和公园推介运作，恩钿月季公园等一批农业休闲项目亮点凸显，成功举办系列大型活动。⑤金融运行态势平稳。6月底全市金融机构人民币存贷款余额分别为641.5亿元和506.9亿元，分别比年初增长42.3%和31.9%；中长期贷款增长明显，上半年新增98.3亿元，占新增贷款总量的80.2%，其中基本建设贷款新增74.1亿元；短期贷款新增3.94亿元。

固定资产投资增长快于上年。上半年，我市固定资产投资增幅为12.7%，增幅高于苏州平均水平2.1个百分点，也高于去年同期5.3个百分点。服务业投资快速增长，完成60.45亿元，同比增长31.2%，其中基础设施建设投资39.09亿元，同比增长25.3%，房地产投资15.91亿元，同比增长46.5%。个人、私企投资趋于活跃，完成投资50.22亿元，同比增长51.7%，占投资总量的38.2%，较上年同期提高了9.8个百分点。工业投资略有增长，部分行业快速扩张。2月份以来逐步扭转回落态势，上半年同比增长1.1%，食品饮料、纺织服装、橡塑制品和装备制造行业投资分别增长543.4%、148.3%、99.4%和55.1%，重点项目建设大力推进。上半年，我市60个重点项目完成投资57.56亿元，占年度计划的43.4%，开工建设46个，开工率76.6%。苏州市18个重点项目完成投资28.15亿元，占年度计划的59.0%，超序时进度9个百分点，其中万方码头和耐克物流中心项目投资大、进展快，分别完成投资3.7亿元和3.09亿元。省重点项目太仓港区三期工程进展顺利，完成投资11.13亿元，完成投资计划的87%。项目推进力度加大，四次举办开工开业仪式，其中开工奠基项目60个，总投资近100亿元。

消费品市场持续繁荣。1～5月全市实现社会消费品零售总额39.08亿元，同比增长17.7%，其中市以下同比增长17.2%。餐饮服务快速发展。娄东宾馆、陆渡宾馆被评为“中华餐饮名店”，“江海河三鲜美食节”活动成功举办。1～5月份，全市餐饮业实现营业收入6.87亿元，同比增长25.9%。车辆保有量持续增长，1～5月新增各类车辆4 111辆，同比增长13.3%。

房地产市场止跌回升。上半年，全市累计销售商品房61.4万平方米，同比增长102.4%，其中住宅47.41万平方米，同比增长113.2%；商品房均价为4 486.5元/平方米，同比增长9.4%，其中住宅均价为4 416.7元/平方米，同比增长11.6%。上半年个人消费贷款比年初增加8.8亿元，其中中长期消费贷款比年初增加7.5亿元，增长19.5%。第二季度个人消费贷款占上半年增量的66.6%。

就业形势基本稳定。至6月底，我市城镇登记失业率控制在2.3%，仅高于去年年底0.1个百分点，低于苏州同期。上半年，金市市镇两级公共就业服务机构举办现场招聘会189期，共有招聘单位3 764家，较上年同期增加了11.2%，累计安置就业8 742人，3月始新增就业渐趋正常；宾馆餐饮、商贸零售、物业管理、纺织服装业和电子装配业等服务业和劳动密集型工业企业用工需求增长明显。

2. 开放型经济攻坚克难

利用外资难中求进。1～5月，全市新批外资项目44个，完成注册外资5.73亿美元，同比增长6.6%，实际利用外资3.50亿美元，同比增长2.1%。超千万美元的项目占主导，21个项目新增注册4.34亿美元，同比增长3.4%，占全市总量的75.7%，其中超3 000万美元以上项目3个，新增注册1.45亿美元。项目平均规模扩幅较大，达1 301.7万美元，同比增长23.6%。1～5月太仓港经济开发区新批外资项目23个，新增注册3.18亿美元，占全市总量的55.5%，实际利用外资2.69亿美元，占全市总量的76.8%。

对外贸易低位徘徊。1～5月完成进出口总额为19.8亿美元，同比下降36%，其中出口为10.10亿美元，同比下降34%。一般贸易出口降幅小于加工贸易，实现出口额为5.17亿美元，同比下降17%，低于加工贸易降幅28个百分点。内资企业影响小于外资企业，实现进出口总额为3.85亿美元，同比下降12.7%，低于外资企业降幅27.3个百分点。机电产品影响较大，进出口额下降44.0%，纺织原料及纺织制品进出口额下降9%。

3. 区域合作积极推进

接轨上海又增亮点。年初，我市与上海市人民政府签署《中国2020年中国国际进口博览会太仓游客中心合作框架协议》，成为长三角（全国）首个博览会游客中心；市政府签约首期博览会门票团购；娄东宾馆餐饮成功签约进驻博览会园区。和嘉定区签订区域合作行动计划框架协议。产业和项目接轨情况良好，引进上海项目69个，新增投资22.59亿元，新增注册9.94亿元，占全部内资项目的30.1%。

内资引进态势良好。上半年，全市共引进内资项目349个，新增投资总额81.37亿元，新增注册资金32.97亿元，同比增长12.2%，完成年度计划的78.5%，新增注册资金位居苏州五县市之首。第二、第三产业项目占比各半，119个工业项目共注册资金16.56亿元，占全市总量的50.2%，228个服务业项目注册资金16.24亿元，占全市总量的49.3%。产业招商力度加大，引进钢材交易相关企业88家，其中钢材批发企业74家，注册资金为3.67亿元，占全市服务业的22.6%。

4. 发展方式加快转变

科技创新能力不断提升。科技载体建设日趋完善，国家级软件产业基地太仓软件园16栋软件楼和配套公寓楼竣工启用，安软等十家企业入驻；省级科技孵化器科技创业园新园即将开园，68家企业入驻运作；省高新技术企业服务中心江苏（太仓）LOFT工业设计园开园营运；科技服务中心建设加快推进。高新技术企业申报工作顺利开展，首批通过3家，另有8家已公示。与上海交通大学、华东理工大学、中国科学院上海分院3家国家级技术转移中心共建国家技术转移联盟太仓工作站。1～5月，专利申请量达1 161件，同比提高58.2%，专利授权量达540件。

节能减排大力推进。第一人民医院迁建工程等6个项目被确认为苏州市建筑节能示范项目，占苏州全市19个示范工程的近三分之一。积极做好节能技改项目的对上争取工作，上报国家级节能技改项目4个，省级项目9个，已获批7个。加强节能宣传工作，14个部门联合举办了节能宣传周活动。认真开展重点行业的限期治理工作，共验收提标改造项目30个，关停并转项目9个。组织实施排污权有偿交易试点工作，已完成COD年排放量10吨以上的40家企业的网上申购、核定和公示工作，总计申购5 052.84吨，申购金额达1 027.18万元。

现代农业创新发展。以工业园区思路建设的现代农业园区上半年投入2.85亿元，已入驻项目22个。恩钿月季公园正式开园，玫瑰庄园、蝴蝶兰花玻璃温室、生态餐厅、明珠观赏鱼休闲垂钓中心、百果园等一批农业生态旅游项目稳步推进。陆渡—浏河现代设施农业示范区创新运作，现已形成多亩设施蔬菜生产核心区，蔬菜储存加工配送中心正式启用。组建蔬菜合作社，采取“公司＋合作社＋基地＋农户”四位一体的运作模式，有效带动农户增收。农业产业化经营水平不断提升，上半年13家省市级龙头企业可实现利税、利润分别为4 969万元、3 870万元，同比分别增长27.5%、37.6%，带动农户约6万户，同比增长20%，人均收益达5 100元，同比增长15.9%。农村改革不断深化，上半年新增农村新型合作经济组织共有44个，累计已达459个。

二、主要问题及原因分析

上半年，我市经济止落回升，逆势上扬，但经济运行中的问题和矛盾仍比较突出，主要是一些经济指标的增速明显回落，企业经营效益下滑，开放型经济遭遇更多挑战，经济向好的基础还不够稳固。

1. 经济增长速度放缓

今年一季度，我市地区生产总值增长 9.3%，而第一季度、上半年、前三季度和全年的 GDP 增幅分别为 16.8%、18.3%、14.5%和 14.6%。从工业产值完成情况看，今年的 1、2 月份呈现负增长，累计同比分别下降 20.3%、11.4%；3 月份开始同比出现增长，但增长速度十分缓慢，规模以上工业增速仍低于全部工业增速。工业用电量还未止跌回升。

2. 企业效益明显回落

受全球新冠病毒蔓延影响、外部需求减弱、企业成本上升、产品价格回落等因素影响，前 5 个月全市规模以上工业的销售收入、利润的同比增幅分别为－5.5%和－0.9%，全市规模以上工业企业亏损面达 31.8%，较上年同期上升 4.7 个百分点，亏损额较上年同期增长 30.2%。

3. 外贸形势依然严峻

多年来，开放型经济一直是我市保持较快增长的重要支撑，但今年 1—5 月进出口总额和出口额双双较大幅度全面下降。前 5 个月单月出口额环比增幅分别为－8.6%、－40.7%、44.5%、－0.5%和－6.2%，环比仅 3 月份呈现增长。

4. 内需拉动的可持续性尚不稳固

今年以来，我市固定资产投资的增幅虽高于苏州大市的平均增幅，但从投资结构分析，工业投资增幅低于全社会固定资产投资增幅 11.6 个百分点，且高新技术产业投资仅 7.44 亿元，同比下降 15.8%；服务业投资虽有 31.2%的高增长，但其中基础设施和房地产投资分别占 64.7%和 26.3%，生产性服务业投资明显不足。从新增就业人数来看，虽呈逐月上升趋势，但安置就业人数只占去年同期的 50%左右。就业不足，企业利润的下滑等因素，必然导致可支配收入的下降，从而影响最终消费。

经济增长放缓的主要原因有几个方面：一是外需减弱直接对外向型经济造成较大影响。我市的外贸出口依存度达到 50.3%，而且加工贸易比重较高。下半年以来，先是加工贸易进口同比跌幅明显高于出口跌幅，进口总额中进口设备和进口原材料大幅减少，直接导致了全市外贸的下行走势；其后外贸出口订单锐减，工业生产因此而明显下行。外向型经济是一把“双刃剑”，我市制造业的发展直接得益于利用“两种资源、两个市场”的政策引导，但外部市场、国际环境变化带来的不确定因素和潜在风险也在增加，在全球化市场风险日益增强的情况下，本土经济的抗风险能力也面临严峻考验。二是经济发展方式转变不快。从我市经济发展的深层次看，经济转型升级的任务十分繁重，几年来经济的高速增长一定程度上掩盖了诸如新型工业化推进不快、产业竞争力不强、自主创新能力明显不足、高新技术产值占比徘徊不前等矛盾，在国内外宏观经济环境出现较大波动的情况下，这些矛盾和问题便凸显出来。三是发展后劲不足，大项目储备不足，优势产业、优势企业的培育不够。四是经济发展软环境建设尚有缺憾，机关行政服务效率、企业经营环境营造等方面都有明显不足。

三、形势预判及下阶段工作重点建议

目前，预期今年经济运行将走出前低后高的“保增长”路线图。从国际环境看，全球制造业下滑速度已开始放缓，经济信心有所恢复。从国内情况看，内需增长良好，投资和消费均快速增长，中国制造业采购经理指数（PMI）已连续 4 个月出现回升，中国经济在下半年率先见底回升的预期明显增强。在积极的财政政策和宽松的货币政策拉动下，我市经济回暖迹象也正在增多，企业对当前环境的适应能力、抗压能力也正在不断增强，预计全年先低后高是基本走势。工业经济在支柱产业的带动下将较快回升。从企业类型来看，内资企业好于外资企业，内需企业好于外贸企业。从具体行业来看，纺织服装等产业由于刚性需求以及国家出口退税政策刺激将领先增长；化工产业随着国际市场价格回升而持续反弹；医药等行业受国家扩大内需政策及医疗卫生体制改革等的推动，仍将继续保持较快增长；电力能源行业将随经济回暖而保持平稳增长；金属制品及加工、通用设备制造、电子设备制造等行业受金融风暴冲击影响较大，短期内恢复增长的难度较大。受工业生产及大宗商品和原材料价格不稳定的影响，物流等生产性服务业短期内发展面临较大困难。外贸出口面临的总体环境较为严峻，不确定性因素较多，尤其是欧美等传统主要出口市场持续低迷，预计今年出口增幅将明显回落。投资在经济增长中的作用将更加突出。我市近些年来的快速发展很大程度上取决于投资与出口“两驾马车”的拉动，随着出口对 GDP 的拉动作用趋弱，投资成为推动经济增长的主要动力，预计投资不仅会在今年经济增长中的贡献度进一步提高，并且投资的领域和范围、投资的质量与规模也将成为决定今后区域经济发展环境与可持续发展能力的重要风向标。保持消费稳定增长则更大程度上依赖于国家实施积极的扩大消费需求的政策。我们要抓住当前的良好机遇，坚定信心、攻坚克难，努力完成全年目标任务。

1. 继续下大力气保增长、促发展

一是加大拓展外需力度。进一步落实国务院关于完善出口信用保险政策，完善出口税收政策，大力解决外贸企业融资难问题，进一步减轻外贸企业负担，完善加工贸易政策，支持各类所有制企业“走出去”以带动出口等稳定外需的6项政策措施。相关部门要加强协调配合，通过加大财政、金融政策的支持力度，支持外贸企业转变外贸发展方式，调整出口结构，重点促进优势产品、劳动密集型产品、自主知识产权产品和高新技术产品的出口，努力保持我市出口产品在国际市场的份额。创新对外贸易预警机制，搭建政府部门、中介组织、出口企业三者之间的信息网络桥梁，提高企业应对国际贸易摩擦的能力，扭转出口下滑的过快态势。二是着力缓解中小企业融资困难问题。争取金融机构扩大信贷投放，金融机构当年新吸收的存款绝大部分用于当地发放贷款，其中绝大部分投向中小企业。加快推进中小企业担保机构的增资组建工作，做大中小企业融资担保平台；加大财政投入，建立多种模式的信用担保体系；扩大融资担保覆盖面，提升担保规模；完善担保风险防控措施，研究财政反担保措施。进一步拓宽中小企业融资渠道，积极扶持小额贷款公司发展。三是加强对经济运行监测。进一步加强经济运行分析制度与工作平台建设。坚持经济运行监测例会制度，完善部门沟通、协作、协调制度，实现跨部门信息快速交流、情况互通；健全与重点企业的信息交流制度，加快上情下达和下情上传速度；建立与行业协会的信息交流制度，加强行业经济运行监测预测工作；探索建立全市联网的经济运行监测分析系统平台。进一步加强经济运行信息数据库建设，夯实经济运行监测预测基础。进一步加强对经济运行中的重大问题、突出问题以及热点问题的专题调研，提高经济运行监测预测水平。四是进一步提高行政服务效率，深化“四诊式”服务。进一步清理与压缩审批事项，梳理与简化审批程序，完善“一个窗口对外”的服务机制，扎实推进“两集中、两到位”工作，优化与提升服务水平。全面整合全市公共企事业单位便民服务的资源，建立“一个窗口，一个网站、一个号码”的便民服务机制。继续放大“一表制”便民服务系统的优势，实现更大范围的资源共享。五是全面落实更加积极的就业政策。加大就业援助力度，切实帮助城乡零就业家庭等困难群体解决就业难题，积极解决大学生就业困难，着力促进大学生就业。

2. 进一步增强内需动力

一是着力推进项目建设。加大争资争项力度，紧密跟踪国债、地方政府债券、中央预算内和部委专项资金安排方向争资争项；紧紧抓住国家、省产业调整和振兴规划出台的重要机遇，对投资结构进行调整和优化，促进重大产业完善布局。加快推进重大项目前期工作，抓好项目开发，策划大项目，力争有项目进入省以上规划；加强项目前期工作配合，积极协调解决项目的土地供应、信贷投放、环境准入、项目核准等关键性问题。加快重点项目建设，严格落实重点项目建设责任制，对今年确定的重点项目和政府实事工程，要加强跟踪促建，确保年度目标任务全面完成。优化重点项目建设环境，建立重点建设责任单位联席会议制度，及时通报情况，调度有关事宜。加强重点建设协调服务，建立部门联动快速反应机制。二是继续扩大消费。大力发展旅游业，落实鼓励旅游产业发展的扶持政策，对旅游招商项目给予优惠与奖励，实施旅游发展以奖代投政策，完善推进旅游区域协作的政策措施，搞活旅游人气，扩大旅游份额。促进房地产市场健康发展，落实降低住房交易税率、下调个人住房公积金贷款利率和首付比例、降低二手房交易税收负担、调整建设项目税费收取标准、合理调控房价等政策，稳定和培育住房消费增长点。刺激汽车消费，拓展电子信息、通信产品、教育培训、家政服务、文化娱乐、体育健身、休闲旅游等消费。推动特色商业街建设，扶持“老字号”的创新发展。支持发展餐饮、住宿业，进一步降低餐饮、住宿业经营成本，采取分步实施办法，逐步实行规模型餐饮、住宿业与工业用电同价政策。加快城乡市场建设，推进农贸市场改造升级，积极支持农副产品批发市场升级改造、菜市场标准化改造。扩大农村商业服务网点覆盖面，提高统一配送能力和综合服务功能。

3. 推动企业可持续发展

一是鼓励和支持企业进行技术创新及实施品牌战略。加大技改奖励，对大额技改投入，按新增设备投资额的一定比例实行一次性奖励；推行技改项目贷款贴息，对设备投资额达到一定规模的技改项目，按照一定比例给予贷款贴息。推动实施名牌战略，加大政策激励力度，创造良好的市场环境，使资源配置政策向名牌企业倾斜，鼓励更多的企业争创品牌。引导我市企业进一步增强品牌意识，把培育品牌、经营品牌、推介品牌与增强企业核心竞争力紧密联系起来，大力发展一批技术含量高、竞争力强、市场占有率大的知名产品，争创著名商标、驰名商标和国家、省级名牌产品，国家免检产品。二是推动民营企业改革。加大宣传的力度，积极引导民营企业内部产权制度改革；深化金融体制改革，为民营企业的产权制度创新提供资金支持。完善产权交易市场，加速产权流动；完善经理人市场，规范经理人行为；完善资本市场，鼓励和积极推动符合上市条件的民营企业上市融资。

4. 加大招商引资力度

一是明确招商引资主攻方向。利用世界经济大调整机遇，加大对欧美企业和台资企业特别是世界500强企业的招商力度；借国家规划产业振兴之机，加大对“中”字头企业的招商力度；抓住进博会经济以及沿海地区产业“转移复兴”之机，加大对上海、珠三角、浙江等重点地区的招商力度。整合招商资源，充分发挥我市区位优势，打响“中国制造业十佳投资城市和亚洲制造业示范基地”“中国石化和化学工业最具投资价值园区”“中德企业合作基地”“省国际服务外包基地城市”等品牌。二是创新招商机制，强化产业链招商，加强服务业以及新兴产业领域招商。围绕启动盘活低效利用土地、闲置厂房和停滞项目资源，开展存量招商；围绕挖掘现有项目的增资扩股潜力，开展零地招商。积极探索股权并购和境外上市等方式，扩大利用外资规模。精心策划包装一批开发潜力大、发展空间大、市场前景好、支撑作用强、投资回报高的重大产业项目，吸引战略投资者。完善项目信息处理、重大项目论证、项目跟踪推进等机制，提高引进项目质量和洽谈成功率。加强与重点客户、重大项目以及有长期合作的客商之间的联系和沟通，使客商在时机成熟后把我方作为投资首选地。三是优化投资环境。进一步加大创业载体的投入力度和推进强度，搭建优质平台。积极应对形势变化，适时、适当调整招商政策，切实强化各项优惠政策的扶持力度。优化服务，促进以商招商，以企引企。

评析：本例文是××市经济活动分析报告，文章从宏观经济总量到结构全面展开论述。报告深入具体地分析了各项指标的变化情况；在此基础上，指出了经济活动可能存在的问题；之后，针对各项存在的问题及原因，提出了相应的具体改进措施及工作任务。整篇报告结构完整，内容全面，语言流畅，完全符合经济活动分析报告写作的要求。

例文二：

中国人民银行为什么要实行稳健货币政策

2020年新冠病毒蔓延以来，我国经济增长放慢，投资和消费增长趋缓，出口大幅回落，市场有效需求不足，物价连续负增长，出现通货紧缩趋势。针对这种状况，国务院审时度势，及时采取扩大内需的方针，实行积极的财政政策和稳健的货币政策。在市场经济较为发达的国家，在宏观经济出现通货紧缩或通货紧缩趋势时，一般是同时采用积极（扩张）的财政政策和货币政策。为什么我国在提出实行“积极的”财政政策的同时，却提出实行“稳健的”货币政策呢?

一是我国货币供应存量偏多。(略)

二是企业特别是国有企业负债率过高，贷款有效需求不足。(略)

三是我国经济的主要问题是经济结构失衡，而不是货币供应不足。(略)

四是积极的财政政策，本身包括了对货币政策的大力支持。(略)

实行稳健货币政策的主要内容不是收缩货币供应，而是适当增加了货币供应。稳健的货币政策主要包含四个方面的内容。

1. 灵活运用货币政策工具，保持货币供应量适度增长。(略)

2. 及时调整信贷政策，引导贷款投向，促进经济结构调整。(略)

3. 执行金融稳定工作计划。(略)

4. 在发展货币市场的基础上，积极推进货币政策工具改革，基本实现了货币政策直接调控向间接调控的转变。(略)

近年实践证明，实行稳健的货币政策符合我国国情，是一项正确的宏观决策。

1. 保证了货币供应量和贷款增长与经济发展基本相适应。(略)

2. 信贷结构发生积极变化，促进了经济结构调整。(略)

3. 金融监管得到加强，贷款质量有所提高。(略)

4. 国际收支状况良好，人民币汇率保持稳定，本外币政策的协调，维护了内外部经济的双重平衡。(略)

2020 年货币信贷预期调控目标为：广义货币供应量 M_2 和狭义货币供应量 M_1 分别增长 10.5%左右，现金 M_0 投放不超过 4 315 亿元，全部金融机构贷款增加 13 000 亿元左右。

一是综合运用多种货币政策工具，保持货币供应量的适度增长。(略)

二是发挥信贷政策的窗口指导作用，引导贷款投向，促进经济结构调整。(略)

三是促进国有独资商业银行深化改革，增强贷款营销观念，疏通货币政策传导机制。(略)

四是加强调查研究，及时沟通和传递有关货币信贷执行情况的信息。(略)

评析：

宋代诗人苏轼流传的千古绝句：“横看成岭侧成峰，远近高低各不同，不识庐山真面目，只缘身在此山中。”我们在分析经济现象时就不能仅仅把盈利或亏损作为评价企业经营优劣的唯一标准，更不能只站在一个角度考虑问题，而要站在全局的角度看待和分析现存的各种经济问题，这样的经济分析报告才是客观、全面、科学的，对企业决策才具有指导意义。

例文三：

××超级市场 2020　　单位：万元

项目	计划数	完成数	上季度完成数	增减数	增减百分比
销售总额	205.00	214.00	199.00	＋15.00	＋7.50％
税金	61.50	68.40	55.72	—	—
成本	120.40	120.00	122.00	－2.00	－1.63％
利润	23.10	25.50	22.28	＋3.24	＋14.50％
银行存款	—	204.10	189.40	＋14.70	＋7.70％

第三季度经济活动情况分如下。

1. 销售状况分析

在上季度超额完成销售计划的基础上，本季度制订了 205 万元的销售总额计划。由于本季度正值盛夏季节，一些夏令用品特别畅销，因此销售额直线上升，共完成 214 万元的销售总额，比上季度增加 15 万元，增长率达 7.5％。另外在本季度中我店进行了广泛的市场调查，摸准销售行情，并开展有奖销售及各种促销活动，所以使销售额直线上升。

2. 成本分析

本季度由于我店采购人员的多方努力，争取各种货源，并从原产地进货，因此适当降低了销售成本。并且本季度我们开展“节约为商店”活动，减少商品的损坏，节约水煤等，所以本季度成本比计划数降低 0.4 万元，比上季度降低 2 万元。

3. 利润分析

由于本季度提高了销售额，降低了销售成本，因此利润大大提高，本季度共实现利润 25.5 万元，比计划提高 2.4 万元，比上季度提高 3.22 万元，增长率为 14.5％。

4. 银行存款

由于利润增加，银行存款也相应增加。到本季度末，共有银行存款 204.1

万元，比上季度又增加了14.7万元。

总的来说，本季度的经济形势是好的，有利于今后更好地开展销售活动。

评析：

这篇经济活动分析报告的主要问题是：第一，全文缺少能提纲挈领的标题，应给全文加上框架标题："一、基本情况""二、各项经济指标完成情况""三、建议措施"。第二，在分析评价时没有严谨的结构，显得比较随意，如"另外""并且"。完全可以用一、二、三来逐项分析，显得严密而又层次清晰。第三，每一项内容的分析只是笼统地提到某些活动，缺乏有力的数据分析，使文章说服力不强。比如，可以详细分析：有奖销售及各种促销活动增长了多少销售额？节约水煤又各是多少？成本降低是多少等。第四，缺少建议和措施，应当有居安思危的意识，本季度销售方面情况较好，还有哪些不足，如何去做，怎样保证完成全年的任务，等等，应在结尾处写出来。第五，从应用文的语言要求看，本文口语较多。

综合练习

1. 经济活动分析报告的基本结构及写作要求是什么？
2. 企业经济活动分析主要有哪几种方法？
3. 简述经济分析报告的写作方法及正文特点。
4. 对消费者的消费倾向做一番调查，然后写一份消费倾向分析报告。
5. 请对经济活动分析报告做一简评。

大市待兴商为先

——2020年深圳市商业物业市场分析

近几年，深圳百多幢高层建筑拔地而起，为城市频频增添新风景。这些大厦的裙楼部分大多作为商业用途，与嘈杂的东门老街、福田商业街、平价商场形成鲜明的对比，成为现代大都市的标志之一。

在房地产销售中，裙楼商业至关重要，关系到整幢大厦的销售成败与否，可谓是"一旺百旺，一落百落"。下面就价格、供求、利弊等问题分析商业物业的现状和发展前景。

售价平稳　租价起伏

2017年至2020年，深圳商铺的价格有平均33%的年增长率。以罗湖区一普通铺面为例，2017年至2020年，租金从100元升到300元（本文中价格为每平方米的价格），年增长 38%；售价从 6 186 元升到 25 000 元，年增长 50%以上，2020 年下半年受大市影响，商铺租金开始下降，至 2021 上半年下跌 15%～30%。国贸商场是深圳早期最大的购物中心，租金高达 600～800 元，2021 年 7 月降到 350 元，友谊城租金从 500 元降到 300 元，新近落成的宝华楼甚至用“一年免租”来吸引业主。与租价相比，商铺的售价较为平稳，在售的大厦底层商铺价格为 28 000～45 000 元，佳宁娜广场高达 70 000 港元，为目前市场最高价。由此反映出许多发展商寄望于后市，下调租金是短期行为，待一二年期满可以再调整，亏损不大；而售出的物业就收不回来，平价抛售带来的缺口是很难补上的，因此，尽管是有价无市，发展商仍然惜售以待。

需求下降　供应增多

深圳商铺一直都是较抢手的，常常在建筑期内就已名花有主。但 2021 年实际需求下降，空置率较高。处于繁华路段的大厦只有首层和二层尚能吸引业主，三至五层几乎全空闲。发展中心、罗湖商业城的空置率高达 85%，其原因在于：

1. 已经开业运作的大商家，经营状况不太理想，只能维持现状，不再扩大经营；

2. 准备投资商业的企业，见大市冷清须作谨慎考虑，以致推迟投资计划；

3. 小商家竞争激烈，受经济衰退形势的冲击大，转让、转租现象多；

4. 部分商铺规划不合理，自断其路。如在首层设银行，过于庄重，以致上层商场无人光顾。

深圳市新近落成和在建的大厦有近百个，形成几个较集中的商业区：人民南路与深南东路交汇处，蔡屋围中心区，东门商业区和福田商业中心，除以上主要区域外，其他路段还零星分布着一些项目。预计 2021 年的商铺供应量约 20 万平方米，2021 年约 32 万平方米，供应远远大于需求。

利弊共存，前景光明

深圳是座年轻城市，它的发展前景是光明的。就商业物业而言，机会与风险共存。

2021 年，深圳市政府提出建设“国际性大城市”的战略目标，其中包括大力发展商业，把深圳建设成为商业中心。深圳市政府在《深圳市商业发展规划》中，提出了以大型商业、物资批发中心为骨干，大型购物广场、商业零售企业为支柱，超级市场和连锁店为基础的发展方向，2021 年至 2025 年要建起 15 个左右的大型购物广场，政府在税收、资金上予以倾斜，创造良好的市场环境和投资条件。

由于深圳的地理优势带来的旅游消费和深圳人口急剧增长，平均年增容 30 万人造成的社会购买力不断增强，给商家带来更多的发展机会，商铺的需求也随之增大。

但是，由于商铺供应量大大高于需求，市场消化有限。加上近年来，深圳大量厂房、仓库改建为商铺，以其低廉的租金分摊了一部分投资者和小业主，截至 2021 年 7 月份，已建成万佳百货、百姓购物俱乐部、百家惠等 20 多家平价商场，这股“平价风”对成本较高的大厦商铺冲击很大。

我们认为，如果由政府统筹规划各类商业区，对经营的档次、类型作出明确定位，既要保留老街那种商业街、小商品市场，又要发展高档商业中心区，各上特色，互不冲突，满足不同的消费者，将对商铺市场起到调节平衡作用，有利于商铺物业市场的发展。

此外，应该用优惠的政策、良好的投资环境吸引更多的外商来深发展。目前在深的外资名牌店有麦当劳、大家乐、佐丹奴、百佳、华润、迪生等；美国沃尔玛百货公司、香港珠江公司联合投资 1.7 亿元人民币，建成占地 17 800 平方米的百货中心，这些对促进商业物业的发展起着显著的作用。

创造大型百货商场可以消化相当数量的商业物业，创造极为可观的利润。如上海第一百货公司××年销售额为 19.6 亿元，而深圳各大商场连入围最低标准 2.9 亿元都没达到，可见经营规模相差甚远。近日，深房集团与香港合资，在深房广场建起 1～5 层、营业面积达 25 000 平方米的德实利百货公司，就是一个良好的开端，期望深圳早日建起像上海第一百货、北京百货大楼那样的规模大、货品全、功能齐的百货购物城。

第九章

审计报告

应用导航

××大学“211工程”自2014年至2020年期间基础设施建设项目综合教学楼子项目经费财务审计报告

一、项目经费投入情况

该子项目自2014年至2020年期间计划投资1 000万元，其中地方政府计划投入1 000万元。实际到位1 000万元。

二、项目经费使用情况

该项目自2014年至2020年6月共支出888万元，其中基本建设864万元，占总支出97.30%；暂付款24万元。

至2020年6月底，经费尚余112万元。

经审计，所提供经费使用情况的资料真实、准确、完整地反映了该子项目的经费收支情况，经费使用各项手续齐全，符合有关财经政策，经费的使用符合国家“211”工程建设的有关规定，投资方向合理，已达到了预期目标，投资效果良好。

××大学审计处

审计员：××

×××

×××

2020年7月22日

点评：

该审计报告是经费收支审计报告。标题醒目清晰，说明审计对象和审计时间。内容主要说明经费来源和数量、使用情况和余额两个问题，并对审计结果作出明确评价。报告语言表达简洁明了，格式正确。

点睛之笔

教学重点

（1）理解审计报告的概念及其使用价值，以及与文学文体的区别

（2）掌握审计报告的基本特点及写作前的准备工作

（3）掌握审计报告的撰写程序和相关规范

（4）重点掌握审计报告写作的文书格式和相关知识

教学难点

审计报告的写作要领

第一节　审计概述

一、审计的定义及分类

审计，是审计机关、审计人员或具有特定资质的人员，以被审计单位在一定时期内的全部或部分经济活动为对象，对其所作的会计记录进行审核和评价，并提出处理或改进意见的经济监督活动。其方式是，对照法规制度和一定标准，按程序进行审核、检查，确定其实际情况，判断其经济活动的合法性、合理性和有效性，以及有关经济资料的真实性和公允性，并收集和整理证据，然后出具审查报告或证明书，从而起到经济监督、评价和鉴证的作用。审计工作一般由上级财务主管部门、审计部门或委托会计师事务所担当。

审计的分类：对审计可以从不同角度加以考察，从而作出不同的分类。

（1）按审计主体的不同，审计可分为政府审计（也称国家审计）、内部审计和注册会计师审计（也称独立审计、社会审计、民间审计）。

（2）按目的、内容的不同，可分为财政收支审计、财经法纪审计和经济效益审计。随着经济责任制的发展和深入，除了对单位的经济状况进行审计评价外，还需要对领导干部本人在任职期间的财政、财务收支和经济责任情

况予以审计评价，因而又有了一种重在审核领导干部经济责任的审计。

(3) 按与被审单位的关系不同，可分为内部审计和外部审计。机关或企事业单位组织审计机构或人员对本单位进行的审计为内部审计，这种审计是机关单位的自律行为，它的独立性差，结论、建议、处理意见只在本单位有效。独立于被审计单位的审计机构对被审计单位进行的审计为外部审计，由于无隶属关系，审计的独立性强。

(4) 按范围的不同，可分为全面审计和局部审计；综合审计和专题审计。

(5) 按施行时间的不同，可分为事前、事中和事后审计；定期和不定期审计；期中和期末审计。

(6) 按执行地点的不同，可分为就地审计和报送审计。

二、审计的作用

审计具有经济监督、鉴证评价和促进维护的作用。

（一）经济监督作用

即是监察和督促被审计单位的经济活动在规定的范围以内，按照正常的轨道运行，这是审计的基本职能。通过审计，对被审单位的经济活动进行监督，揭露其存在的问题和舞弊行为，及时制止违法违纪活动，从而制约被审计单位的经济向歧途发展，限制其违法违纪行为的社会影响，维护社会经济秩序和市场经济的正常运转。

（二）鉴证评价作用

审计要以国家、政府的政策法规为标准，对被审计对象的收支及有关经济活动进行审核、检查，判定其经济活动及其用以反映经济活动的资料的真实性、正确性、合法性，并对被审单位的经营管理制度、经营管理状况或对被审核的领导个人的经济责任作出评价，提出审计报告，为处理有关问题和考察、使用、管理干部提供依据、鉴定和评价。独立审计机构的审计还有一定的公证作用。

（三）促进维护作用

审计通过审核和检查，对被审单位的经营管理制度、经营管理活动进行评价，肯定其合理的方面，使之继续扩大推广；指出其不合理的地方，提出建议，以便纠正改进，还可以对被审单位的经济效益进行评价，指出潜力所在，以便挖潜革新，促进经济效益的提高，维护企业和社会经济环境的优化。

三、审计方法

（一）抽查和详查

对例行性审计、巡回审计、定期审计，或人力有限、时间有限并且未发现问题苗头的审计，可以采用抽查法审计。运用抽查法要在报告中作相应说明，对有些问题不能作绝对肯定或否定。对已发现有严重问题或不法行为的审计，要详查与案件有关的全部凭证、资料，视必要进行专门审计。

（二）审阅和核对

审阅主要是审阅财务账簿、会计报表；核对主要是通过账表核对、账账核对、账证核对、账物核对等，查明经济活动实情，发现和落实问题。审阅和核对是审计最基本的技术方法。

（三）顺查和逆查

按会计记账的顺序进行的审查叫顺查，按会计记账的相反顺序进行的审查叫逆查。顺查容易发现财务问题，逆查便于检查指标完成情况。

（四）分析和比较

把综合财务指标分解成各种具体因素，叫分析；把分解后的各个因素的指标，与计划或上年指标比较对照，观察其中的变化，查找原因。

（五）调查和对证

在审查账面的同时，还需要向有关单位或人员调查了解，征询意见，核实情况。最后的评价判断，不能只是由账面得出，要两者结合。

第二节　审计报告的写作

一、审计报告的概念

审计报告是审计工作的最终成果，是审计人员在审计工作结束时，以书面形式提供的表明审计意见的书面报告。审计报告既是对某项审计工作过程和结果的全面总结，又是对被审计单位财经工作成果的评价和裁定，也是审计机关对某项审计结果作出审计结论和处理决定的依据。

二、审计报告的分类

审计报告按其工作范围和性质划分，分为一般审计报告和特殊审计报告，本节所谈的主要是一般审计报告。按使用的目的划分，可分为公布的审计报告和非公布的审计报告等。常见的分类以审计内容来划分，可分为财务审计报告、财经法纪审计报告和经济效益审计报告。

财务审计报告，是证明性审计报告。财务审计的范围包括被审计单位的财务凭证、账簿、报表及有关资料，财务收支状况，账务处理状况，目的是确定这些资料是否真实、准确、可靠，财务收支是否合法，账务处理是否符合财务会计制度。

财经法纪审计报告，是专案性审计报告。财经法纪审计一般由审计、财政、银行、税务等部门或该单位主管部门实施，依据国家法律法规、财经纪律，对被审计单位或个人的遵纪守法情况进行评审。其目的是揭露违法犯罪行为，提出处理意见。该类报告也是经济犯罪的查证材料，在司法量刑时具有证明作用。

经济效益审计报告，是反映和评价被审计单位是否降低消耗而获得最大劳动成果的审计报告。其侧重点在于对被审计单位的工作提出建议和措施。

三、审计报告的特点

（一）总结性

审计报告是审计人员在对被审计单位的经济活动和大量资料进行审核、检查，并经过整理归纳、分析研究之后写成的书面材料，它是汇总审计任务完成情况及结果的审计工作总结，是给委托单位或委托领导人的工作报告，具有明显的总结性。对被审计对象来说，也是一个阶段、一项工作或一届任期工作的总结，只不过这个总结不是自己所作。

（二）强制性

审计报告是赋有管理职权的机关或领导人授权审计机构（人员），依照国家政策、法规、制度对审计对象进行审核后写出的报告，审计报告中的评价和处理意见，尤其是政府、上级主管和权威机构组织的审计，是对被审计单位财经工作的裁定书，具有显著的强制性。不仅被审计单位要执行，而且主管部门也有监督被审计单位执行审计决定的责任。

（三）客观性

审计工作严格遵照工作程序进行，依据原始财会资料取得证明材料，审计结果来源于大量的客观的经济活动事实。审计的主要手段是审查会计凭证、会计账簿、会计报表，查阅债权债务资料，盘点检查实物资产等。具有明显的客观性，报告注重以数字和事实说明问题，讲究有理有据，根据审计结果得出正确的结论。

（四）公正性

在进行审计中，审计机关和审计人员，尤其是独立审计机构，可以排除各种干扰，公允地站在第三者立场上，科学地运用评价标准，分清责任，作出实事求是的评价。这明显区别于自律自查，具有公正性特点。

四、审计报告写作前的准备工作

审计报告是对审计结果的反映。在审计结束后，需要做如下准备工作。

（一）整理审计资料

将审计工作计划、任务书、审计工作底稿、审计证据等有关资料收集起来，精选出主要的实用材料，分类整理，注明资料的名称、内容，发现的问题，性质及原因等。

材料的取舍主要以金额和性质为主要标准。

（二）核实责任问题

审计中查明的问题，如涉及经济责任或法律责任，要多方核实。没有绝对把握，不可将责任结论轻易写入报告。

（三）研究审计评价

审计评价要突出主要问题，对项目较多的审计，未必需要一一评价，可将各项评价结合起来给予概括性总评。

（四）进行审计调整

如审计发现账账不符、账实不符等问题，从而影响到财务报表的正确性和合法性时，应根据审计记录中查到的问题作调整记录。调整的内容，以是否影响财务报表指标数额为依据。调整时，审计人员要与被审计单位主管会计共同商议，取得一致意见，然后由会计部门作调整记录，登记账册，重编调整后的财务报表，作为审计报告的附件。

（五）编写审计报告的提纲

内容较多的审计报告，可把问题归纳分类，作为正文主体的提纲，每个问题之下列出具体资料，大纲之下还可有纲目。如可列“偷税漏税”“私设小金库”“违反现金管理规定”“滥发奖金、福利品”等纲目。内容简单的报告，可不列提纲。

五、审计报告的结构

审计报告一般由文字、报表和附件三个部分组成。这里说的结构，主要是指文字部分的结构，包括以下各项。

（一）标题

审计报告大都采用公文式标题。这种标题由被审计单位名称、审计内容和文种三个部分组成。例如，《关于××公司2020年财务收支违纪情况的审查报告》。

（二）主送单位

主送单位是指审计报告的送达单位，主要是授权或委托审计的机关、单位或负责人，也可以是被审计单位的上级主管部门。确定主送单位以后，把它顶格写在标题的下一行。

（三）正文

1. 前言

前言或叫导语，一般都以高度概括的语言，说明对被审计单位进行审计的根据、范围、目的、内容、时间、方式以及审计工作完成的情况等；也可以概括点明审计结果及评价，给人以总的概括印象。

2. 主体

根据《中华人民共和国审计法实施条例》的规定，主体应重点撰写与审计事项有关的事实，所依据的法律、法规、政策规定，初步结论，处理意见和建议等。这是报告的主要部分，写法一般包括三个层次：

(1) 基本情况。指被审计单位的基本情况。内容一般有被审计单位的业务经营范围、企业管理概况、职工人数、经济效益等情况。在这一部分，要对被审计时间范围内的主要问题及主要经济指标完成情况进行分析，对被审单位的主要问题、财务收支及其经济效益完成情况进行说明并给予一个总的评价，例如被审计单位财务收支及其经济效益的好坏。评价应实事求是，全面客观，观点要明确，须配以数据和事实为佐证。文字务必精练概括，并分析造成现状的主客观原因。

(2) 审计出的问题。这是正文的核心部分，是审计报告是否具有说服力的重要依据，因此，要认真对待。首先要将查出的问题，或分门别类，或按其重要程度一一列出。所列的问题必须有根有据，证据确凿。并按其性质、情节和造成的原因进行分析，分清主次，分清责任。对违反国家法令和财经纪律的，要单独排列，并放在这部分的前面位置，没有查清的问题或是证据不够充分的问题不能列出。

（3）结论、处理意见或改进建议。结论，又称审计评价，是依据国家的政策法令和财经纪律，根据被审计单位的实际情况及查出的问题及问题的性质、情节、原因等客观公正地作出评价，并提出处理意见。对具体问题要具体分析，提出的处理意见要具体，实事求是，恰如其分。

这一部分还可以建议和改进措施的方式提出，即针对企事业单位在生产经营、业务管理、会计核算和内容控制制度方面查出的问题、漏洞和缺点，提出建设性意见和改进措施。建议一定要有针对性、可操作性，以便被审单位接受采纳。

（四）附件

有的审计报告有附件，附件是对正文的补充说明和佐证，是附在审计报告之后的详细报表或其他文件，主要是从被审计单位的会计报表、凭证、账簿中摘取的材料，有关人员的证词，审计时的调查笔录及其他凭据，以及数据列示等。附件的名称和份数，在正文的左下方标注。附件的原件或复印件按序排列，附在审计报告之后备查。

（五）签名、盖章

正文写完后，由审计机关、审计人员签名盖章，注明审计报告的撰写日期，需要抄送、抄报的，应注明抄送、抄报的机关名称。

以上所谈，是一般审计报告的写作。

六、审计报告写作中应注意的问题

1. 评价公允，结论恰当

经济责任审计结果报告要以事实为基础，以法律、法规、规章和现行的有效规范文件为依据，以严谨、科学的态度，实事求是地评价审计结果或做出责任人应负何种责任的结论。评价应以被审计者所在单位实际发生的经济事项为依据，不能受主观意识的支配；对那些未经审计，证据不足或未来的经济事项不应予以评价。对在审计过程中所形成的感觉，如无相应的取证资料佐证，不能随意评价。评价要客观，不能不加分析、不加查证地照抄被审计单位的年终总结报告或被审计者述职报告的有关内容。

对待审计案件，报告一定要鲜明地表示出审计人员的正确观点和态度，一方面不能心存个人成见，另一方面也不能态度暧昧，造成责任不明或是大事化小，小事化了等弊病。

经济责任审计结果报告要注意按照“责权共生、责任追究”的原则，区分任期内和非任期内的时间界限、领导班子集体决策的责任和领导干部个人决策责任的界限、主观原因和客观原因的界限，区分直接责任和主管责任的界限、领导责任与财会人员责任的界限。在责任上依照谁决策，谁负直接责任；谁主管，谁负主要责任；谁有决定权，谁负责任多的原则落实责任，量化考核，使经济责任审计结果报告能真实反映经济责任实情。

2. 定量分析与定性分析相结合

不要把结果报告编成纯“财务报表”，对一些可有可无的数字要少写或不写，对应该反映的数字，也不能停留在照抄照搬上，要突出重点，有分析、有定性地评价判断。

3. 文风求实，观点鲜明，数据确凿，语言准确、简练、朴实、严谨

审计报告的写作要做到有理有据，强调用事实说话。不可空发议论，用大话吓人。也不要滥用修饰词语，避免给读者造成误解和不严肃感。审计报告的用词一定要准确，特别是定性和评价性的语句尤其要仔细斟酌，不能含糊。用语要简练、准确、周严，讲分寸，将可有可无的语句剔除干净。

审计报告的写作还要看提供给何人使用、阅读，如提供给干部管理部门的报告，应少用专业术语，语言平易、通俗，要让干部管理部门看得懂、用得上，能够为党委、政府或干部管理部门提供干部管理、使用等方面的决策依据。

4. 层次分明，条理清晰，内容与形式统一

审计报告是一种实用性非常强的应用文体，所以在写作中要根据内容、目的和实际材料情况组织文章结构。审计出的问题较多，要分类整理，研究各类问题、各项工作的结论评价及总体的概括判断，以并列的形式、由主到次的顺序安排结构，如果审计出的问题比较少，就应采用简单的结构、精练的语言表述清楚即可，不能千篇一律，面面俱到。总之，只要能把内容，按一定的形式组织起来，做到内容与形式统一，便会收到较好的效果。

要条理清晰，切忌毫无章法地堆砌材料，给人以紊乱芜杂之感。要注意轻重主次，使先后有序。

5. 强化审计的风险意识

审计人员要有风险意识。按照审计程序，被审计单位要向审计部门提供承诺书，主要是对所提供的会计资料的真实性进行保证。因此审计报告一是要对被审计单位的有关承诺情况加以说明，以避免因被审计单位的会计资料

不真实而承担审计风险。二是要对因审计的范围、项目、时间、手段、方法等因素制约而影响对某些事项进一步审查的情况加以说明，以避免因审计力度、审计深度受限带来的审计风险。三是审计结果报告要对审计的重点内容加以说明，以避免因审计方法局限，不可能面面俱到而产生的审计风险。四是利用其他部门的审计结果。为较为客观全面地反映经济责任情况，审计人员在撰写审计报告时可以利用其他部门的审计结果。如利用纪检监察部门、社会中介组织、主管部门、内审等对被审计单位的审计结果，对此审计报告应加以说明。对未涉及的事项及其他有必要发表保留意见的事项要有说明。

总之，写作报告的遣词造句要谨慎、客观、准确，使审计起到应起的良好作用。

第三节 经济责任审计结果报告的写作

经济责任审计结果报告是一种有特定目的、功能的专题报告。

经济责任审计结果报告是审计机关审定审计组提交的领导干部任期经济责任审计报告后，根据被审计的领导干部任期内单位财政、财务收支情况的审计结果，对领导干部本人的经济责任做出客观评价，提出该领导干部应负的经济责任及有关建议，向本级人民政府或上级干部管理部门提交的专题报告。

一、经济责任审计结果报告的特点

经济责任审计与一般审计相比，在技术方法、作用要求、工作程序等方面，有其共性，但也有区别于一般审计的不同特点。

（一）报告的定向性

经济责任审计是一种受托审计，它是地方党委、政府通过干部管理部门委托审计机关进行的。其主要目的是弄清领导干部任职期间的经济责任，为管理、使用、监督干部提供依据。因其委托机关和审计目的的确定性决定了审计结果报告的定向性。它是严肃的上行文，向本级人民政府和干部管理机关负责，不抄送被审计的领导干部本人和所在单位。

（二）内容的针对性

经济责任审计的对象是在一定层次上担任领导职能的“领导人员”，审计的内容是领导干部任期内的“经济责任”。它针对“领导人员”，针对“经济责任”，着重审计领导干部任期内的经济指标完成情况，领导、组织、实施和监督本单位财政财务收支情况，任期内的重大经济活动和重要经济决策的情况和结果，执行国家财经法规及个人遵守廉政纪律的情况等。这种强烈的审计针对性决定了审计结果报告的针对性，即要有针对性地反映领导干部任期内的经济责任状况。所以不能以这个单位的财政财务收支审计报告代替领导干部任期内的经济责任审计结果报告。

（三）评价的公正性

在进行经济责任审计评价中，审计机关坚持独立性原则，排除各种干扰，公允地站在第三者立场上，科学地运用评价标准，作出实事求是的评价。评价方法坚持以事评人，不因人而异，既肯定成绩，又指明问题，客观公正，不扣帽子；全面分析各种主客观条件和内外因素对被审计者的影响，严格分清单位责任和个人责任，前任责任和本任责任，主管责任和直接责任。

二、经济责任审计结果报告的作用

经济责任审计结果报告突破了以往审计报告主要揭示单位经济活动事项的局限性，不仅对事而且对人，并且重点是评价领导干部的工作业绩和经济责任，为干部管理部门提供既量化又直观的可靠可信的依据，便于全面客观地了解掌握干部的经济责任履行情况。具体来讲，经济责任审计结果报告具有三个方面的作用。

（一）经济责任审计结果报告是考察干部的依据材料

对经济责任审计来说，旨在检查任期内经济责任的履行情况，它有别于对干部的政审考察。这是因为，审计结果来源于经济责任履行情况的综合分析，来源于大量的经济活动事实。通过对审计对象任期内遵纪守法、国有资产的增值保值、主要经济指标的实现、办公物品的清理移交等情况多方面进行检查核实，然后进行综合分析，对领导干部经济责任的履行情况作出公正、具体、有说服力的评价，是考察干部不可缺少的依据。

（二）经济责任审计结果报告是领导干部是否清正廉洁的证明材料

领导干部本人在任期内执行国家财经纪律和廉政规定的情况，是经济责任审计结果报告所反映的主要内容之一。通过客观评价，提出意见和建议，对清正廉洁的领导干部予以褒扬，对违法乱纪的领导干部予以揭露、曝光和惩处。特别是对那些虚报、谎报“政绩”，玩“数学游戏”的现象，经济责任审计结果报告通过揭露事实、划清责任的手段，可以起到制止、警示、约束和纠正作用。

（三）经济责任审计结果报告是领导干部工作业绩的评价材料

经济责任审计结果报告通过对领导干部的经济责任评价，引导和规范领导干部的行政行为和经营行为。用大量具体的审计事实来为大胆改革、业绩突出的领导干部辨明是非，撑腰说话。对那些弄虚作假、投机钻营、钻改革空子的领导干部，同样用具体客观的审计事实予以揭露，并依据相关法律法规及廉政规定建议进行处理。无疑，开展经济责任审计，充分运用经济责任审计结果报告，对于正确使用干部具有重要作用。

应该特别注意的是：经济责任审计结果报告所提供的是领导干部考察材料中的一个非常重要的部分，但绝不是考察材料的全部和唯一的信息来源。我们应该认识到：结果报告认定的经济责任，只是从审计角度认定的经济责任，而不是全部的经济责任。结果报告是考察干部的重要依据，而不是唯一的依据。审计结果报告的阅读者、使用者是党委、政府和干部管理部门，而不是审计机关，必须解决简明扼要、通俗易懂的问题，即撰写经济责任审计结果报告要服从、服务于干部管理工作的需要。

三、经济责任审计结果报告的内容

经济责任审计结果报告的主题是领导干部本人的经济责任，其内容应紧紧围绕任期的经济责任进行，以工作业绩和审计查出的问题为基础，作出评价和结论，并以此安排布局经济责任审计结果报告的各个部分。经济责任审计报告和审计机关研究确定的意见是经济责任审计结果报告内容的基础和材料来源，但是审计结果报告并不是审计报告的简单重复，而是在审计报告基础上的综合与概括。

撰写经济责任审计结果报告，要选择最能充分证明经济责任的主要事项写入审计结果报告，分清主要问题和次要问题，避免出现事无巨细、面面俱到、不深不透的情况。其中经济活动的决策情况、财务管理情况、本人廉洁情况是重点内容。抓住了这三个方面的情况，就抓住了“牛鼻子”。

四、经济责任审计结果报告的格式和内容

（一）报告标题

标题：《××××（审计机关名称）关于××××（被审计单位）×××（被审计人员姓名）同志任期经济责任审计结果的报告》。如《西安市审计局关于西安市土地局×××同志任职期间经济责任审计结果的报告》。

（二）报告内容

审计结果报告通常分为前言、基本情况、审计评价、审计发现的主要问题及处理、附件几部分。

（1）前言部分简要写明依据、范围、内容、方式、起讫时间等。

依据：一般写明法规依据和委托依据，例“根据中办、国办《国有企业及国有控股企业领导人员任期经济责任审计暂行规定》，受××××组织部委托……”等。

范围：一般是审计针对时间、被审计单位任职期限。

审计方法：包括重点审计、审计调查和抽查、延伸等。

（2）基本情况：包括被审计单位基本情况和被审计人员基本情况。

被审计单位基本情况（如被审计人员所在单位情况较为简单，也可将基本情况放在前言部分，不予单列）主要为：企业基本情况（机构设置、人员情况、主要财务指标，包括资产、负债、所有者权益和损益等）和被审计人员基本情况（出生年月、工作经历、任期年限等）；被审计人员的任期目标和任期指标完成情况，任期内创利、增亏或减亏情况等。这一部分应对内容有所选择，力求文字简洁。

（3）审计评价：主要围绕被审计领导干部任职期间的主要业绩，为促进社会经济（业务）工作发展采取的主要措施及效果，加强财政、财务管理的各项制度、措施的建立、完善和贯彻落实情况；相关经济（业务）工作决策的科学性、有效性和合法合规性，是否存在国有资产损失浪费问题；遵守国家财经法律法规，依法行政情况；个人执行财经法律法规和廉政纪律情况，评价领导干部履行经济（业务）工作职责的情况与效果等。

（3）审计查出的主要问题及领导干部应承担的责任。审计发现的主要问题，包括会计信息存在的问题，资产质量存在的问题，重大决策存在的问题，遵纪守法和内部控制、管理存在的问题等以及领导人的责任。

（4）审计发现问题的处理情况。

（5）其他需要说明的问题。

附件：文末一般都有相关附件，如×××审计组《关于××领导人任期经济责任审计报告》（征求意见稿）的意见。

五、经济责任审计结果报告的制发程序

审计组经审计先形成《经济责任审计报告（征求意见稿）》，进而经审计

机关审定后形成《经济责任审计报告》，审计机关研究审定经济责任审计报告后，即转入经济责任审计结果处理阶段。以某市局一级为例，经济责任审计结果报告的制发程序是：

（1）经济责任审计结果报告一般由审计组代局机关草拟，局机关业务会议形成对经济责任审计报告的审定意见后，审计组应立即转入审计结果报告撰写阶段。审计结果报告一般由审计组长或指定其中的骨干撰写。

（2）撰写者首先要认真阅读审计报告和局机关审定审计报告的会议纪要等有关资料，对审计资料中的逻辑关系、对应关系、因果关系、关联关系等有疑问、不明白、不清楚的地方，应进行计算或询问，在全面掌握情况，心中有数的基础上，拟出提纲，在一定范围内讨论研究后，着手起草结果报告。

（3）经济责任审计结果报告代拟稿形成后，首先由处科室负责人审阅，再送复核机构复核，最后由局领导签发。

（4）经局领导签发的经济责任审计结果报告经打印、盖章后报送政府部门，抄送干部管理、纪检等部门。

（5）归入经济责任审计项目档案。

第四节　例文简评

例文一：

××审计厅关于××同志任期经济责任审计结果报告

××省人民政府：

根据《领导干部任期经济责任审计委托书》（×组委字〔2020〕1号），我厅于2020年8月1日至9月26日对××集团有限公司原董事长、总经理××同志任职期的经济责任进行了就地审计，现将审计结果报告如下。

一、基本情况

××集团有限公司是2017年1月在××厂基础上改制成立的，集团公司成立后，于2018年4月控股组建了××钢丝绳股份有限公司，形成目前以钢丝绳股份公司（上市公司）为龙头的6个控股公司和8个下属集体企业，实现了现代企业制度的管理模式。职工人数为5 680人。

××同志2012年8月任厂长，2017年3月企业改制后任集团公司董事长、总经理并兼任钢丝绳股份公司董事长职务。

经审计核实，截至2019年12月31日，企业的资产负债损益情况如下：资产总额为112 776万元；负债总额为64 466万元；股东权益为48 310万元，其中少数股东权益为16 330万元，未分配利润为－341万元。

自××同志2012年任厂长以来，企业总资产由27 316万元增长到112 776万元，增长了313%，主要产品产量由8.9万吨增长到13.8万吨，增长了55%，所有者权益由2013年的12 900万元增长到48 310万元，增长了275%。

根据审计安排，这次主要审计了2017－2019年三个年度的资产、负债、利润，情况如下。

（一）经济指标完成情况

1. 利润目标责任完成情况

2017年目标利润为500万元，实现利润为612万元，超额完成22.4%；2018年目标利润为600万元，实现利润为1 635万元，超额完成172.5%；2019年目标利润为2 000万元，实现利润为2 448万元，超额完成22.4%。

2. 销售收入目标责任完成情况

2017年目标销售收入上级未下达考核指标，实际完成38 069万元；2018年目标销售收入为38 000万元，实际完成为39 778万元，超额完成4.7%；2019年目标销售收入为41 000万元，实际完成为42 634万元，超额完成4%。

3. 工业增加值目标责任完成情况

2017年上级未下达考核指标；2018年工业增加值目标为8 600万元，实际完成9 183万元，超额完成6.8%；2019年工业增加值目标为10 000万元，实际完成10 049万元，超额完成0.5%。

4. 实现利税情况

2017年实现利税为2 437万元，2018年实现利税为3 463万元，比上年增加42%；2019年实现利税为4 426万元，比上年增加27.8%。

5. 资产保值增值情况

2017年末股东权益为21 792万元，2018年末股东权益为47 434万元，资产保值增值率为217.7%（其中上市募集资金2.16亿元，如剔除该因素实际保值增值率仍高达118.55%）；2019年末股东权益为48 310万元，资产保值增值率为101.85%。

6. 工资总额情况

2017年工资总额为3 845万元；2018年工资总额为4 243万元，比上年增加 10.4%；2019 年工资总额 4 554 万元，比上年增加 7.33%。

7. 人均年收入情况

2017 年人均年收入为 6 891 元；2018 年人均年收入为 7 556 元，比上年增长 9.7%；2019 年人均年收入 8 158 元，比上年增长 8%。

从上述指标完成情况看，公司各项指标均呈现上升趋势，特别是公司改革和重组带来的经济效益是显而易见的。

（二）重大经济决策情况

此次审计，我们对公司重大的投资项目进行了审计。截至 2019 年末，公司长期投资 8 个单位（含内部下属投资），金额为 18 789 万元，除 2013 年 5 月给××公司投资 150 万元股金，至今无法收回，可能造成损失外，其他投资项目均有收益。2017－2019 年共计获得投资收益为 7 625 万元。除对本公司下属投资收益外，三年对外投资年平均收益率为 22%。

2017－2019 年××钢铁集团公司利用上市公司募集 2.16 亿元资金，进行技术改造和扩建工程，经审计，承诺投资项目与实际投资项目一致，具体项目投资情况如下：

（1）完成收购日本“黑予还流”周转再贷款增产异型股钢丝绳改造项目，计划投资 11 706.3 万元，实际投资 11 706.3 万元，项目完成进度 100%，使公司新增主营业务利润 1 200 万元。

（2）完成兼并××冶金建设公司项目，计划投资 493 万元，实际投资 493 万元。2017 年该公司已扭亏为盈，实现利润 350 万元。

（3）完成 5 500 吨索道钢丝绳技术改造项目，计划投资 4 227 万元，实际投资 3 828.3 万元。2019 年该公司已扭亏为盈，项目完成进度 100%，比计划投资节约 398.7 万元，已通过竣工验收。

（4）完成 1 万吨柔性抽油杆技术改造项目，计划投资 4 960 万元，实际投资 4 980.22 万元，项目完成进度 100%，比计划投资增加 20.22 万元，中试项目通过国家级鉴定验收。该项目科技含量为国家级新产品，已获国家发明和新型实用两项专利。

（三）债权债务情况

截至 2019 年末，集团公司和股份公司共欠缴各种税金 633.14 万元。应收××账款三年以上账龄的有 2 028.7 万元，占应收账款总额的 8.6%。其他应收账款三年以上账龄的有 179.8 万元，占其他应收账款总额的 0.97%。应付账款三年以上账龄的有 15.8 万元，占应付账款总额的 0.35%。其他应付账款三年以上账龄的有 18.9 万元，占其他应付账款总额的 3.9%。预计形成呆账、坏账的有 257 万元，占应收账款总额的 1.1%。

二、审计查出的主要问题及处理意见

（1）股份公司 2019 年收上海××线材公司质量赔偿款，少实现当年利润 21.57 万元。根据《中华人民共和国企业所得税法》的规定，应补缴企业所得税 7.11 万元。

（2）下属运输公司 2019 年给股份公司开具的索道绳项目运费内部收据金额 44.6 万元，未作运输收入。根据《中华人民共和国增值税暂行条例》的规定，应补缴各项税金 1.47 万元，并调增利润 43.13 万元。与 2017 年汽运公司实现利润－1.2 万元相抵后，当年应实现利润 41.93 万元。根据《中华人民共和国企业所得税法》，补缴企业所得税 13.18 万元。

（3）下属子公司进出口公司，2017 年销售钢丝绳未做销项税额 3.83 万元。根据《中华人民共和国增值税暂行条例》的规定，应补缴各项税金 4.21 万元。

以上问题已在×审决经〔2020〕137 号、〔2020〕39 号、〔2020〕125 号作了处理。

此次审计未发现××本人拖欠公款及公用物品行为，也未发现个人经济问题。

审计期间，我们向企业职工公布了举报联系电话，并召开了部分职工座谈会，无职工反映问题。

三、审计评价

审计结果表明，××同志任期内的会计资料基本真实地反映了年度财务收支情况；财务收支基本符合财经法规的规定，能够依法有序地进行，公司内部控制制度比较健全、适用，有一套比较完整的企业管理方法和运行程序。

××同志在任职期间，能够积极贯彻《中华人民共和国公司法》，进行现代企业制度的试点工作，执行股东大会制度，履行董事会职权。企业连续五年被政府评为经济效益最佳企业之一，先后完成了六项认定与评审工作，实现企业资产保值增值，销售收入和利润逐年增加，效益较好。

但是，集团公司在经营管理上，仍然存在着一定的薄弱环节。尤其今年以来，企业改组改制较快，部分配套管理措施没有跟上，下属个别单位的会计核算没有理顺。这些情况尽管受客观因素影响，但作为董事长和总经理应负一定的领导责任。

以上审计情况，根据《中华人民共和国审计法》及有关规定，已以×审经〔2020〕1号文件，下达了审计意见书。

×××审计厅

2020年9月30日

评析：这是一份离任审计报告。主要由前言、基本情况、查出的主要问题及处理意见、审计评价四个部分构成。前言部分介绍了此次审计工作的依据、时间、范围和内容。基本情况部分首先介绍了被审计人所在单位即××集团有限公司的情况，包括公司规模、被审人的领导地位、从任职起至2019年末的公司财务的大致情况，使人对该公司有一个宏观上的了解；之后，将审计情况分别从经济指标完成情况、重大经济决策情况及债权债务情况三个方面进行了陈述。查出的主要问题及处理意见部分依次分条列示，并单独指出没有发现人们比较敏感的个人经济问题。处理意见有理有据，易于被接受。最后一部分为审计评价，从正反两个方面客观地对审计结果进行了评价。全文格式规范，重点突出，内容真实具体。

例文二：

审计报告

××京审字〔2020〕第××号

××（股份）有限公司全体股东：

我们审计了后附的××（股份）有限公司（以下简称“贵公司”）财务报表，包括2019年12月31日的合并资产负债表和资产负债表，2019年度的合并利润表和利润表、合并现金流量表和现金流量表、合并所有者权益变动表和所有者权益变动表以及财务报表附注。

一、管理层对财务报表的责任

编制和公允列报财务报表是贵公司管理层的责任。这种责任包括：①按照中华人民共和国财政部颁布的《企业会计准则》的规定编制财务报表，并使其实现公允反映；②设计、执行和维护必要的内部控制，以使财务报表不存在由于舞弊或错误导致的重大错报。

二、注册会计师的责任

我们的责任是在实施审计工作的基础上对财务报表发表审计意见，并按照《中国注册会计师审计准则》的规定执行了审计工作。《中国注册会计师审计准则》要求我们遵守职业道德规范，计划和实施审计工作以对财务报表是否不存在重大错报获取合理保证。

审计工作涉及实施审计程序，以获取有关财务报表金额和披露的审计证据。选择的审计程序取决于注册会计师的判断，包括对由于舞弊或错误导致的财务报表重大错报风险的评估。在进行风险评估时，注册会计师考虑与财务报表编制和公允列报相关的内部控制，以设计恰当的审计程序。审计工作还包括评价管理层选用会计政策的恰当性和做出会计估计的合理性，以及评价财务报表的总体列报。

我们相信，我们获取的审计证据是充分、适当的，为发表审计意见提供了基础。

三、审计意见

我们认为，贵公司财务报表在所有重大方面按照中华人民共和国财政部颁布的《企业会计准则》的规定编制，公允反映了贵公司 2019 年 12 月 31 日的合并财务状况和财务状况、2019 年度的合并经营成果和经营成果以及合并现金流量和现金流量。

××会计师事务所（盖章）　中国注册会计师（签名并盖章）

中国注册会计师（签名并盖章）

中国××市　2020 年 1 月 30 日

评析：这是一份标准无保留意见的审计报告。标题为标准格式审计报告；收件人为委托人即××股份有限公司全体股东；正文由引言段、管理层对财务报表的责任和注册会计师的责任段以及最后的审计意见段构成。引言段指出了被审计的会计报表的名称、日期或涵盖的期间；管理层对财务报表的责任和注册会计师的责任段主要说明被审计单位管理当局和注册会计师各自的责任；意见段反映注册会计师对已审计会计报表等财务账目的无保留意见。出具无保留意见的审计报告时，一般以“我们认为”的术语作为意见段的开头，以表明本段内容为注册会计师提出的意见，并表示承担对该审计意见的责任。要注意不能使用“我们保证”等字样，因为注册会计师发表的是自己的判断或意见，不能对会计报表的合法性和公允性做出绝对保证，以避免会计报表使用人产生误解，同时也可明确注册会计师仅仅承担审计责任，而并不减轻被审计单位对会计报表所承担的会计责任。在对会计报表的反映内容是否公允提出审计意见时，应使用“在所有重大方面公允反映”的术语，因为人们已普遍认识到会计报表不可能做到完全正确和绝对公允，因此审计报告中不能使用“完全正确”“绝对公允”等词汇，但也不能使用“大致反映”“基本反映”等模糊不清、态度暧昧的术语。

例文三：

审计报告

××京审字〔2020〕第××号

××（股份）有限公司全体股东：

我们审计了后附的××（股份）有限公司（以下简称“贵公司”）财务报表，包括2019年12月31日的合并资产负债表和资产负债表，2019年度的合并利润表和利润表、合并现金流量表和现金流量表、合并所有者权益变动表和所有者权益变动表以及财务报表附注。

一、管理层对财务报表的责任

编制和公允列报财务报表是贵公司管理层的责任。这种责任包括：①按照中华人民共和国财政部颁布的《企业会计准则》的规定编制财务报表，并使其实现公允反映；②设计、执行和维护必要的内部控制，以使财务报表不存在由于舞弊或错误导致的重大错报。

二、注册会计师的责任

我们的责任是在实施审计工作的基础上对财务报表发表审计意见，并按照《中国注册会计师审计准则》的规定执行了审计工作。《中国注册会计师审计准则》要求我们遵守职业道德规范，计划和实施审计工作以对财务报表是否不存在重大错报获取合理保证。

审计工作涉及实施审计程序，以获取有关财务报表金额和披露的审计证据。选择的审计程序取决于注册会计师的判断，包括对由于舞弊或错误导致的财务报表重大错报风险的评估。在进行风险评估时，注册会计师考虑与财务报表编制和公允列报相关的内部控制，以设计恰当的审计程序。审计工作还包括评价管理层选用会计政策的恰当性和做出会计估计的合理性，以及评价财务报表的总体列报。

我们相信，我们获取的审计证据是充分、适当的，为发表审计意见提供了基础。

三、导致保留意见的事项

如会计报表附注×所述，贵公司对2019年11月投入使用的×类固定资产没有计提折旧。如果按照贵公司固定资产折旧政策，应当计提折旧费用××万元。相应地，贵公司2019年12月31日的累计折旧应当增加××万元，固定资产账面净值减少××万元，2019年度净利润减少××万元。

四、保留意见

我们认为，除"三、导致保留意见的事项"段所述事项产生的影响外，贵公司财务报表在所有重大方面按照中华人民共和国财政部颁布的《企业会计准则》的规定编制，公允反映了贵公司2019年12月31日的合并财务状况和财务状况、2019年度的合并经营成果和经营成果以及合并现金流量和现金流量。

××会计师事务所（盖章）　中国注册会计师（签名并盖章）
中国注册会计师（签名并盖章）
中国××市　2020年1月28日

评析：这是一份由于会计政策选用不恰当而发表保留意见的审计报告。标题为标准格式审计报告；收件人为委托人即××股份有限公司全体股东；正文由引言段、双方各自的责任段、说明段和意见段构成。引言段和双方各自的责任段与无保留意见的审计报告相同，但其与意见段之间增加了说明段，说明段指出发表保留意见的所有原因，并说明保留事项对被审计单位财务状况、经营成果和现金流量的影响程度；意见段反映注册会计师对已审计会计报表等财务账目发表的有所保留的审计意见。出具保留意见的审计报告时，一般仍以"我们认为"的术语作为意见段的开头，同时，应当使用"除……的影响外"等专业术语指出说明段对发表审计意见的影响程度，其他与无保留意见的审计报告相同，行文的用词仍需要准确、严谨。

例文四：

审计报告

××京审字〔2021〕第××号

××（股份）有限公司全体股东：

我们审计了后附的××（股份）有限公司（以下简称“贵公司”）财务报表，包括2020年12月31日的合并资产负债表和资产负债表，2020年度的合并利润表和利润表、合并现金流量表和现金流量表、合并所有者权益变动表和所有者权益变动表以及财务报表附注。

一、管理层对财务报表的责任

编制和公允列报财务报表是贵公司管理层的责任。这种责任包括：①按照中华人民共和国财政部颁布的《企业会计准则》的规定编制财务报表，并使其实现公允反映；②设计、执行和维护必要的内部控制，以使财务报表不存在由于舞弊或错误导致的重大错报。

二、注册会计师的责任

我们的责任是在实施审计工作的基础上对财务报表发表审计意见，并按照《中国注册会计师审计准则》的规定执行了审计工作。《中国注册会计师审计准则》要求我们遵守职业道德规范，计划和实施审计工作以对财务报表是否不存在重大错报获取合理保证。

审计工作涉及实施审计程序，以获取有关财务报表金额和披露的审计证据。选择的审计程序取决于注册会计师的判断，包括对由于舞弊或错误导致的财务报表重大错报风险的评估。在进行风险评估时，注册会计师考虑与财务报表编制和公允列报相关的内部控制，以设计恰当的审计程序。审计工作还包括评价管理层选用会计政策的恰当性和做出会计估计的合理性，以及评价财务报表的总体列报。

我们相信，我们获取的审计证据是充分、适当的，为发表审计意见提供了基础。

三、导致否定意见的事项

如会计报表附注×所述，贵公司通过非同一控制下的企业合并获得对×

×公司的控制权，因未能取得购买××公司某些重要资产和负债的公允价值，故未将××公司纳入合并财务报表的范围，而是按成本法核算对××公司的股权投资。贵公司的这项会计处理不符合《企业会计准则》的规定。如果将××公司纳入合并财务报表的范围，××公司合并财务报表的多个报表项目将受到重大影响，同时我们无法确定未将××公司纳入合并范围对财务报表产生的影响。

四、否定意见

我们认为，由于“三、导致否定意见的事项”段所述事项的重要性，贵公司财务报表没有在所有重大方面按照《企业会计准则》的规定编制，未能公允反映贵公司及其子公司2020年12月31日的合并财务状况和财务状况、2020年度的合并经营成果和经营成果以及合并现金流量和现金流量。

××会计师事务所（盖章）　中国注册会计师（签名并盖章）

中国注册会计师（签名并盖章）

中国××市　2021年1月20日

评析：这是一份否定意见的审计报告。标题为标准格式审计报告；收件人为委托人即×股份有限公司全体股东；正文由引言段、双方各自的责任段、说明段和意见段构成。引言段和双方各自的责任段与无保留意见的审计报告相同，但其与意见段之间增加了说明段，说明段指出发表否定意见的所有原因；意见段一般仍以“我们认为”的术语作为意见段的开头，同时，应当使用“由于上述问题造成的重大影响”“由于受到前段所述事项的重大影响”等专业术语指出说明段对发表审计意见的影响程度，行文的用词仍需要准确、严谨。

例文五：

审计报告

××京审字〔2021〕第××号

××（股份）有限公司全体股东：

我们审计了后附的××（股份）有限公司（以下简称“贵公司”）财务报表，包括2020年12月31日的合并资产负债表和资产负债表，2020年度的合并利润表和利润表、合并现金流量表和现金流量表、合并所有者权益变动表和所有者权益变动表以及财务报表附注。

一、管理层对财务报表的责任

编制和公允列报财务报表是贵公司管理层的责任。这种责任包括：①按照中华人民共和国财政部颁布的《企业会计准则》的规定编制财务报表，并使其实现公允反映；②设计、执行和维护必要的内部控制，以使财务报表不存在由于舞弊或错误导致的重大错报。

二、注册会计师的责任

我们的责任是在按照《中国注册会计师审计准则》的规定执行审计工作的基础上对财务报表发表审计意见。但由于“（三）导致无法表示意见的事项”段中所述的事项，我们无法获取充分、适当的审计证据为发表审计意见提供基础。

三、导致无法表示意见的事项

我们于 2021 年 1 月接受贵公司的审计委托，因而未能对贵公司 2020 年初金额为××元的存货和年末金额为××元的存货实施监盘程序。此外，我们也无法实施替代审计程序获取充分、适当的审计证据。因此，我们无法确定是否有必要对存货以及财务报表其他项目做出调整，也无法确定应调整的金额。

四、无法表示意见

由于“三、导致无法表示意见的事项”段所述事项的重要性，我们无法获取充分、适当的审计证据为发表审计意见提供基础，因此，我们不对贵公司财务报表发表审计意见。

××会计师事务所（盖章）　中国注册会计师（签名并盖章）

中国注册会计师（签名并盖章）

中国××市　2021 年 2 月 28 日

评析：这是一份无法表示意见的审计报告。标题为标准格式审计报告；收件人为委托人即××股份有限公司全体股东；正文由引言段、双方各自的责任段、说明段和意见段构成。注册会计师的责任段中应当删除对自身责任的描述；说明段指出无法表示意见的原因；意见段中使用“由于审计范围受到限制可能产生的影响非常重大和广泛”“我们无法对上述会计报表发表意见”等专业术语指出说明段对发表审计意见的影响程度，行文的用词要求准确、严谨。

例文六：

认真分析下面一份审计报告，从内容、格式和语言上指出存在的问题。

审计报告

××××年第一季度我公司生产能力下滑，企业经济效益明显降低，预期经营目标难以实现，技术改造和新产品研制工作难以如期进行，企业存在着很大的经营危机，需要及时调整。

经我处提出立项申请，公司经理于××××年××月××日批准，派出审计小组于××月××日—××月××日对全公司就地进行审计。该审计小组所得的结论和提出的改进管理、提高效益的建议如下。

一、审计项目

××公司产品成本审计。

二、审计目的

公司产品成本的真实性和效益性。

三、审计范围

该厂××××年第一季度年产品成本的全部支出及与此有关的生产技术和经营管理事项。

四、存在的主要问题（略）

五、审计建议

第一，对该厂××车间结存钢材余料未退库的应办理退库或假退料手续，冲减产品材料成本。

第二，××公司一厂虽然制定了比较健全的内部产品成本控制制度，但执行不严，存在诸多问题，比如领料核签、发料审查、废品查核、费用控制、财务政策运用等方面存在失控问题。为此，建议该厂第三季度开展全面整顿，建立和健全严格的岗位责任制，并落实整改，由公司有关部门到该厂检查验收。

第三，厂部、车间、班组都应进一步加强产品成本管理，应定期（每月）对产品成本的实绩进行检查、测评和分析，找出成本升降的影响因素，做到心中有数，并有针对性地开展群众性提建议活动，以不断降低产品成本，提高企业经济效益。公司财务部门也应加强对各厂产品成本核算的指导和监督。

××公司审计处

××××年××月××日

主送：本公司经理

抄送：本公司经营、财会等有关部门

综合练习

1. 什么是审计报告？其主要特点和作用有哪些？

2. 审计报告有哪些种类？

3. 审计报告的写作要经过哪些步骤？

4. 经济责任审计结果报告的特点及审计重点是什么？

5. 离任审计报告一般包括哪几部分？

6. 在哪些情况下选用保留意见审计报告、否定意见审计报告和无法表示意见审计报告？

7. 独立审计报告中无保留意见审计报告、保留意见审计报告、否定意见审计报告和无法表示意见审计报告在写作上主要有哪些不同？

8. 对审计报告作一简评。

关于对××公司2020年度现金收支情况的审计报告

遵照××市审计局2021年度审计计划安排，我们审计组于2021年3月20日至25日，对××公司财务处2020年度现金收支情况进行了审计。现将审计结果报告如下。

1. 发现的主要问题

（1）动用现金13 700元购买专控商品，其中：×月××日购买沙发5个，支付5 500元；×月××日购买照相机一架，支付8 200元，违反了《现金管理暂行条例》第8条关于“购置国家规定的专项控制商品，必须采取转账结算方式，不得使用现金”的规定。

（2）坐支现金8 350元。2020年×月××日坐支销货款8 350元，支付计划外临时工工资。违反了《现金管理暂行条例》第11条第2款关于“开户单位支付现金……，不得从本单位的现金收入中直接支付”的规定。

（3）公款私存。2020年×月至×月，先后6次将出售废旧物品的收入12 643.20元擅自截留，并经财务处长同意，以出纳员×××的户名存入××储蓄所。违反了《现金管理暂行条例》第21条第9款关于“不准将单位的现金收入按个人储蓄方式存入银行”的规定。

2. 处理意见

(1) 财务处对上述违纪问题应写出书面检查，对有关责任人员应进行批评教育。

(2) 公款私存的 12 643.20 元，连同利息，应由财务处列入其他销售处理并建议厂纪检、监察室进一步检查处理。

3. 审计建议

财务处在现金收支中出现违纪情况是比较严重的，应该吸取教训，建立、健全现金管理制度，加强现金管理，认真贯彻执行《现金管理暂行条例》，今后要杜绝违纪现象的发生。

附件：审计工作记录

××市审计局审计小组

2021 年 3 月 30 日

第十章

商品说明书

应用导航

浓维生素 E 胶丸说明书

维生素 E 是一种对人体生长、发育起重要作用，能促进健康与预防衰老的重要营养要素。早在 1892 年，生物学家就发现它有调节生育机能、预防流产和治疗不孕不育等功效。半个世纪以来，就其生理和机理作用，近代分子生物学学者做了详尽研究，认为它在补充人体营养和医疗运用上均有重要功效。

【功能与作用】

1. 本品能促进人体能量代谢，增强人的体质和活力。

2. 本品能预防因过多不饱和脂肪酸（PUFA）异常氧化所导致的有害物质积累而损伤正常组织引起的早衰，有延迟衰老的作用。

3. 本品能改善血液循环，促进溃疡愈合。

4. 本品能防止胆固醇沉积，能预防、治疗动脉硬化。

5. 本品能调整性机能，防治更年期综合征。

6. 本品能保护肝脏。

【适应范围】

动脉硬化、脑血管硬化、冠心病、间歇性跛行、胃肠溃疡、皮肤溃疡、血栓性静动脉炎、静脉曲张、肝功能障碍、肌肉萎缩、不孕不育、习惯流产、性机能衰退、烧伤、冻伤、贫血，以及预防衰老。

【用法与用量】

日服量：每次 50～100 毫克，每日三次或遵医嘱。

【规格】50 毫克，100 毫克。

【贮藏】密闭，避光，阴凉处保存。

京卫药健字（2021）第 26 号

北京制药厂

点评：这是一则综合式的商品说明书。第一部分概括介绍了维生素 E 对人体的重要作用和功效，让人对该产品有一个大致的认识。第二部分分条说明了使用者需要了解和注意的具体事项。

点睛之笔

教学重点

（1）商品说明书的概念、特点、分类和作用

（2）商品说明书的基本结构、具体写作要求及注意事项

（3）商品说明书的范例及其评析

教学难点

商品说明书的写作要领

第一节　商品说明书概述

一、概念

商品说明书也称为产品说明书，是商品的生产单位向用户介绍商品的性能、规格、用途、保养和使用方法等知识的实用性书面材料，是一种指导消费的说明文。

二、特点

商品说明书具有实用性、科学性、条理性和通俗性的特点。

（一）实用性

商品说明书是为了方便人们了解商品、正确使用商品而制作的。所以，说明书要围绕商品的性能、特点、功用、使用方法、注意事项、维护保养等

具有实用价值的内容来写。消费者要对照说明书了解商品、进行操作。缺少操作、使用必需的实用内容，是说明书的残缺，所以说明书的内容实际上具有规定性和约定性。如果疏漏或隐瞒了有些内容，就可能影响正确操作和使用，是对消费者的不负责；如果把其他远离操作、使用的内容列入说明书，也属多余。

（二）科学性

商品说明书是指导消费者科学认识和使用商品的指导文书，必须实事求是，客观表述，不能为了推销而任意夸大商品的功用。商品的功用和指标应当符合国家质量标准，其数据要力求准确无误。夸夸其谈的不实之词，有可能造成产品毁坏，甚至危及人身安全。一些说明书附有技术参数、构造、图纸等，是其科学性的体现。

（三）条理性

为了达到实用、科学的要求，在表述上要注意表达顺序，努力做到条理清晰、次序分明，以利于消费者正确理解说明书的内容。

（四）通俗性

商品说明书的读者对象多为不具备专业知识的普通消费者，因此应以通俗浅显的语言形式，将商品各方面的情况写清楚，尽量不用或少用不易理解的专业术语。用语力求平实、直白。

第二节　商品说明书的写作

一、商品说明书的一般结构

商品说明书因产品的不同、用途的不同，写法也是多样的。就其结构而言，包括标题、正文和具名。

（一）标题

商品说明书的标题写明商品名称和“说明书”“说明”或“介绍”等字样即可。如《熊猫牌洗衣粉说明》《华佗膏说明书》。如果商品属于国家有关部门批准许可生产的，还需要将批准部门的名称（或简称）、文号、专利证号等写在标题的上方或下方。

（二）正文

正文是商品说明书的主要部分。写作形式有条款式、短文式和复合式。

无论采用何种形式，一般应包括设计目的、原料配方、技术要求、工业造型、性能特点、效率用途、注意事项及出厂价格等内容。有些内容视商品具体情况可略写或不写。

1. 条款式

采用分条列项的说明方式。其优点是内容具体、层次分明、条目清楚。通常用于简单产品的说明。

2. 短文式

采用概括和叙述的方式对商品进行介绍和说明。其优点是内容完整、意思连贯。

3. 复合式

综合使用条款、短文和图表等形式。其优点是能把事物说得比较清楚、周密，既能给人一个总的印象，又能让人了解具体项目的内容。

某些结构复杂、需要向使用者全面详细说明的商品，由于要说明的事项过多，也可以将说明书编成小册子，包括封面、标题、目录、概述、正文、封底等。如某些软件说明书，可分章分节地指导消费者运用该软件。

（三）具名

正文结束后，在正文右下方，写上商品生产企业和定点经销单位的名称以及联系方式等。

二、商品说明书的写作要求

（一）用语既要科学又要通俗易懂

商品投放到市场就成了商品，供大众消费。从对大众负责的角度看，商品说明书用语应当既科学又通俗易懂。所谓科学，就是要准确严谨地介绍商品，正确使用专业术语；所谓通俗，即尽量用平实的语言将专业术语解释明白。有些操作性产品，为了加强表述的形象性、直观性，还需要用图文配合的方式说明操作的步骤和方法。

（二）内容要全面、真实

商品说明书的内容要力求全面、真实，尤其对某些大型商品、贵重商品、特定使用范围的商品，应尽量作全面、真实、客观的介绍，使消费者正确认识商品，避免因不了解商品、错误操作而造成损坏，或因不能满足消费者的需要而造成消费者与经销者或厂家之间的争议。

（三）要有责任意识和大众意识

撰写商品说明书要有强烈的责任意识，尤其是技术含量高或事关人身、财产安危的产品说明书，更要做到字斟句酌，周到细致，对消费者负责。要考虑大众特点，树立为大众服务的观念，尽可能适应和满足广大消费者的需要。

三、商品说明书与广告的区别

商品说明书和广告都有宣传、告知作用，都有吸引消费者、引导消费、提高知名度的功效，但它们又有区别，主要表现在：

（一）目的不同

说明书的目的是介绍商品知识；广告的目的主要是促进商品销售、推广经营理念。

（二）内容有别

说明书的内容一般比较全面具体，深入细致；广告的内容一般比较简明扼要，不拘一格。说明书注重科学性、实用性；广告突出艺术性、感染力。

（三）形式各异

说明书属于说明文体，叙述客观冷静，不事夸张渲染；广告是一种宣传形式，表现方法丰富多彩，讲究创意求新，经常显示出一定的主观色彩。

（四）操作殊途

广告一般须付费并通过一定的媒介形式直接或间接地介绍、推销商品或服务；参与者除广告主外，还须有广告经营者等，按《中华人民共和国广告法》的规定，还必须订立书面合同，有规范的运作要求，而说明书的发送相对自由灵活，一般由企业独立撰写印刷，随商品赠送，往往是商品服务项目不可缺少的附件之一。

第三节　例文简评

例文一：

葡萄糖酸钙口服溶液说明书

【药品名称】

通用名称：葡萄糖酸钙口服溶液

英文名称：Calcium Gluconate Oral Solution

汉语拼音：Putaotangsuangai Koufurongye

【成　分】本品每毫升含主要成分葡萄糖酸钙 100 毫克（相当于钙 9 毫克），辅料为：乳酸、氢氧化钙、阿司帕坦、香精。

【性　状】本品为无色至淡黄色黏稠液体，气芳香，味甜。

【作用类别】本品为矿物质类非处方药药品。

【适应症】用于预防和治疗钙缺乏症，如骨质疏松、手足抽搐症、骨发育不全、佝偻病以及儿童、妊娠和哺乳期妇女、绝经期妇女、老年人钙的补充。

【用法用量】口服，一次 1～2 支，一日 3 次。

【不良反应】荨麻疹，面部斑丘疹，面部潮红，刺痒，咽部充血，胸闷，便秘，过敏反应，恶心、呕吐，偶见腹泻等。

【禁　忌】高钙血症、高钙尿症患者禁用。

【注意事项】

1. 心肾功能不全者慎用。

2. 对本品过敏者禁用，过敏体质者慎用。

3. 本品性状发生改变时禁止使用。

4. 请将本品放在儿童不能接触的地方。

5. 儿童必须在成人监护下使用。

6. 如正在使用其他药品，使用本品前请咨询医师或药师。

7. 肾结石患者应在医师指导下使用。

8. 本品为过饱和溶液，遇冷时可能出现白色药物析出现象，可加温溶解后服用，不影响疗效。如不溶解请勿服用，可与生产企业联系。

【药物相互作用】

1. 本品不宜与洋地黄类药物合用。

2. 大量饮用含酒精和咖啡因的饮料以及大量吸烟，均会抑制钙剂的吸收。

3. 大量进食富含纤维素的食物能抑制钙的吸收，因钙与纤维素结合成不易吸收的化合物。

4. 本品与苯妥英钠及四环素类同用，二者吸收减少。

5. 维生素 D、避孕药、雌激素能增加钙的吸收。

6. 含铝的抗酸药与本品同服时，铝的吸收增多。

7. 本品与噻嗪类利尿药合用时，易发生高钙血症（因增加肾小管对钙的重吸收）。

8. 本品与含钾药物合用时，应注意心律失常的发生。

9. 如与其他药物同时使用可能会发生药物相互作用，详情请咨询医师或药师。

10. 避免与草酸盐类同时服用。

【药理作用】本品参与骨骼的形成与骨折后骨组织的再建以及肌肉收缩、神经传递、凝血机制并降低毛细血管的渗透性等。

【贮　藏】密封保存。

【包　装】药用口服液玻璃瓶，每支装10毫升，每盒12支。

【有效期】24个月

【执行标准】《中国药典》2010年版二部

【批准文号】国药准字H10910063

【说明书修订日期】2020年4月15日

【生产企业】

企业名称：哈药集团三精制药股份有限公司

地址：哈尔滨市香坊区哈平路233号

邮政编码：150069

服务热线：400-677-8877

网址：www.sanjing.com.cn

如有问题可与生产企业联系

评析：这是一则条款式的商品说明书。为保证药品的安全使用，每一部分的说明都用加粗的黑体括号加以醒目突出，特别需要说明注意的禁忌和注意事项也用黑体加粗以引起消费者注意。说明书的内容完整，从药品名称、成分、性状、作用类别、功能主治、用法用量、注意事项到药品的规格、贮藏、包装、厂家信息等一一做了简要说明，条理清楚，语言通俗易懂，易于使用者的使用。

例文二：

黄山毛峰

黄山毛峰是产于安徽黄山市黄山风景区和毗邻的汤口、充川、岗村、芳村、杨村、长潭一带的条形烘青绿茶。当地气候温和，雨量充沛，土壤肥沃，土层深厚，空气湿度大，日照时间短。在这种特殊条件下，茶树天天沉浸在云蒸霞蔚中，因此茶芽格外肥壮，柔软细嫩，叶片肥厚，经久耐泡，香气馥郁，滋味醇甜，成为茶中的上品。

黄山毛峰的采制相当精细，从清明到立夏为采摘期，采回来的芽头和鲜叶还要进行选剔，剔出其中较老的叶、茎，使芽匀齐一致。在制作方面，要根据芽叶质量，控制杀青温度，不致产生红梗、红叶和杀青不匀不透的现象。火温要先高后低，逐渐下降，叶片着温均匀，理化变化一致。其外形细嫩，芽肥壮，匀齐，有峰毫，状如雀舌，叶呈金黄色，色泽嫩绿油润，香气清鲜，水色清澈，杏黄、明亮，味醇厚、回甘，叶底芽叶成朵，厚实鲜艳。

现在销售的黄山毛峰，分为特级、特一级、特二级、一级、二级、三级、四级和普通等八个等级。

评析：这是一则概述式的商品说明书。分成两部分介绍黄山毛峰茶叶的基本情况，包括茶叶的产地、影响茶叶生长的自然条件、黄山毛峰的特点，以及茶叶的整个采制过程。最后说明目前市场上销售的黄山毛峰茶叶的等级。该说明书有侧重点地介绍了茶叶的特点，内容比较完整和连贯，文字简明。

例文三：

云南白药膏说明书（外用OTC乙类）

药品名称：云南白药膏

汉语拼音：Yunnan Baiyao Gao

成　分：略（保密方）

性　状：本品为淡灰黄色的橡胶膏剂；气味特异。

作用类别：本品为急性软组织扭伤类非处方药药品。

功能主治：活血散瘀，消肿止痛，祛风除湿。用于跌打损伤，瘀血肿痛，风湿疼痛。

用法用量：贴患处。揭下云南白药膏，使药带贴于治疗部位，松紧适当即可。

禁　忌：孕妇禁用。

注意事项：

1. 皮肤破伤处不宜使用。

2. 皮肤过敏者停用。

3. 每次贴于皮肤的时间少于12小时，使用中发生皮肤发红、瘙痒等轻微反应时可适当减少粘贴时间。

4. 小儿、年老患者要在医师指导下使用。

5. 药品性状发生改变时禁止使用。

6. 儿童必须在成人的监护下使用。

7. 请将此药品放在儿童不能接触的地方。

8. 如正在服用其他药物，使用本品前请咨询医师或药师。

不良反应：过敏性体质患者可能有胶布过敏反应或药物接触性瘙痒反应，遇此情况，贴用时间不宜超过12小时。偶见红肿、水泡等，遇此停药。

规　格：6.5厘米×10厘米

贮　藏：密闭，置阴凉处。

包　装：(1) 每盒装2片；(2) 每盒装5片；(3) 每盒装10片；纸质包装。

有效期：3年。

批准文号：国药准字253020792

委托方：云南白药集团股份有限公司

注册地址：昆明市国家高新技术产业开发区

邮政编码：650118

电话号码：0871－4173182

传真号码：0871－4173182

网　址：www.yunnanbaiyao.com.cn

受托方：云南白药集团无锡药业有限公司

生产地址：江苏无锡国家高新技术产业开发区121－A号地块

评析：

该商品说明书属于条款式，分条列项介绍了药品知识，包括了药品名称、规格、性状、作用功能、用法用量、禁忌、注意事项及包装、有效期、批准文号等内容，满足了消费者的要求。特别是注意事项较详细，可避免因不了解商品、错误使用而出现的问题。语言表达上通俗明了、客观平实，无夸饰之词，符合商品说明书的特点。

例文四：

萃碧春商品说明书

本品采用黄腐酸、多种营养元素、大量有益微生物菌群，经现代生物技术精制而成，是一种高浓度、多功能、无毒、无污染的新型活性制剂。

本品对山核桃生长具有独特的作用，能改善和提高土壤肥力，促进根系发达，全面平衡营养，增加光合产物积累，有效激发生殖器官发育和分化，双向调节同步授精，提高坐果率和结实率，明显缓解大小年现象；增强抵抗力，提高抗旱、抗冻能力，有效促进抗氧化物质的生成，明显抑制溃疡病、枝枯病、根腐病的发生；并能有效预防花蕾蛆的危害，对遭受病虫害、药害、肥害的树体能迅速降解，恢复生机，从而全面达到健康生长、优化品质、稳定高产的目的。

使用方法：

（一）土施法

在三月下旬用本品一瓶（200 毫升）兑清水 5 公斤，每株用 0.5 公斤稀释液在离根际 30 厘米处按环施法直接浇施，同时结合雨时撒施法施肥，肥料可选用进口复合肥和过磷酸钙，按 1∶1 比例配用，每株 1～2 公斤，如 5 月下旬到 6 月上旬复用一次，来年增产效果明显。

（二）喷施法

第一次在 4 月 12 日到 14 日（以雄花蕾生长至 1～2 厘米时），用本品 50 毫升左右兑清水 15 公斤，对全株喷雾，以湿润为度。第二次在 4 月 20 日到 22 日（以雌花初现蕾时）续用本品 50 毫升兑清水 15 公斤对全株进行喷雾。

注意事项：

1. 本品必须采取综合使用方法（即土施法＋喷雾法相结合），效果方能明显。

2. 本品最佳喷雾时间为阴天或晴天下午 4 时后，如喷后 5 小时内遇雨应补喷。

3. 本品如有沉淀属正常现象，使用前先充分摇匀。

4. 请严格按产品推荐用量使用，勿随意扩大使用剂量，以免产生伤害。

5. 本品可与农药混合使用（碱性农药、有机磷农药及杀菌剂除外）。

6. 本品应放置于阴凉干燥处保存，保质期 5 年。

生产企业：（略）

厂址：（略）

电话号码：（略）

传真号码：（略）

邮编：（略）

网址：（略）

评析：

该说明书采用短文式对产品进行了详细的介绍。内容完整、意思连贯。用语既科学又通俗易懂。内容全面、真实，很好地说明了产品的功能和用法，为消费者提供了其所需求的信息。

例文五：

以下所给材料是有些产品说明书中出现的问题，请你指出有哪些不妥之处。

（1）吹风机的使用说明："睡眠时请勿使用"。

（2）香皂（使用说明）"如一般香皂使用"。

（3）某饭店提供的浴帽外盒上写着："适用于一颗头"。

（4）面包布丁："本产品加热后会变热"。

（5）儿童咳嗽药（2～4 岁儿童专用）："服用后请勿开车或操作机械"。

（6）安眠药："服用后的症状——可能会引起嗜睡"。

（7）美国××航空公司的坚果点心（飞机上常会发的点心，内含花生、豆子、榛果等坚果）包装上使用说明："打开包装，吃坚果"。

例文六：

××口服胶囊是最新出产的广谱抗菌药。本产品疗效好，使用简单方便，无毒副作用。

使用方法：成人口服每次 150 毫克，每日两次。20～40 公斤的儿童每次 100 毫克，每日两次。12～20 公斤的儿童每次 50 毫克，每日两次。

产品规格：120 毫克/粒。产品有效期：有效期暂定两年半。

生产厂家：××制药厂

地址：××市××街××号

电话：010-××××××××

评析：这两则说明书没有标题，容易产生混淆。使用方法不具备实际可操作性，不能达到指导使用的目的。有效期含糊，容易使人产生怀疑。另外，书写格式不规范，不能让消费者产生信任。

综合练习

1. 商品说明书的写作要求是什么？
2. 商品说明书的特点和作用有哪些？
3. 商品说明书写作的注意事项有哪些？
4. 商品说明书的形式上大体有哪几类？
5. 简述商品说明书与广告的区别。
6. 找一个你所熟悉的物品，写一篇商品说明书。

第十一章
广　告

应用导航

《未名丛刊》与《乌合丛书》广告

所谓《未名丛刊》者，并非无名丛书之意，乃是还未想定名目，然而这就作为名字，不再去苦想它了。

这也并非学者们精选的宝书，凡国民都非看不可。只要有稿子，有印费，便即付印，想使萧索的读者、作者、译者，大家稍微感到一点热闹。内容自然是很庞杂的，因为希图在这庞杂中略见一致，所以又一括而为相近的形式，而名之曰《未名丛刊》。

大志向是丝毫也没有。所愿的：无非（1）在自己，是希望那印成的从速卖完，可以收回钱来再印第二种；（2）对于读者，是希望看了之后，不至于以为太受欺骗了。

以上是一九二四年十二月间的话。

现在将这分为两部分了。《未名丛刊》专收译本；另外又分立了一种单印不阔气的作者的创作的，叫作《乌合丛书》。

（摘自《鲁迅全集》第七卷）

点评：

鲁迅先生这则广告最大的特点是文风朴实、简洁，介绍了刊物名称，办刊宗旨，并以轻松的口吻介绍了刊物内容丰富，讲究质量，还表明了欢迎青年作者投稿的意愿。作者实事求是的文风并不影响广告的传播效用。

点睛之笔

教学重点

(1) 广告的概念、特点、分类和作用

(2) 广告的基本结构、具体写作要求及注意事项

(3) 广告正文的标题一般由哪几部分构成

教学难点

广告的写作技巧

广义的广告是和人类社会同时产生的。原始社会初期，人们为了对付天灾人祸等突发事件，以呼叫、击声和各种信物传递信息而产生了最早的广告。当人类社会出现了农业和手工业的社会大分工之后，有了产品及产品的交换，便产生了原始形态的商业广告，如古代的叫卖广告、音响广告、悬物广告、招牌广告、印刷广告等。古代的广告形式十分简单，技术手段也非常落后。随着科学技术的进步，先进媒介的出现，现代人在古代人广告形式的基础上，用精湛的制作技术创造出各种传送速度快、传播范围广的高效率的广告形式。今天，被称为“无烟工业”的广告事业已在地球村炽盛兴旺，成为现代生活的宠儿，在全球化经济发展中焕发出勃勃生机。

第一节　广告概述

一、广告的概念

广告是通过一定的传播媒介，公开而广泛地向公众传递某一信息或宣传某一事项时所使用的文书。

广告有营利性广告和非营利性广告之分。营利性广告即商业广告。1994年10月第八届全国人民代表大会常务委员会通过的《中华人民共和国广告法》对商业广告的定义为：“商品经营者或者服务提供者承担费用，通过一定媒介和形式直接或间接地介绍自己所推销的商品或者所提供的商业服务。”这

一界定说明，商业广告传播的是有关商品和服务的信息，有明确的广告主；商业广告是有偿服务，即广告主必须要向广告经营者偿付广告设计、制作、代理服务等费用；商业广告必须通过媒体（报纸、杂志、广播、电视等）传播信息。非盈利性广告是为宣传某一事项、规范人们某种行为或制造某种舆论而通过媒介宣传所做的广告。

人们通常所说的广告，一般是指盈利性广告，即商业广告。本节讲述的就是商业广告。

二、广告的特点

（一）传播信息，服务社会

广告是一种大众宣传活动，其基本作用是传播各种信息。广告运用文字、语言、音乐、图画和形象表演等多种手法，一方面传递商品信息、劳务信息，提倡正确的消费观念，方便社会大众生活，提高其生活质量；另一方面传递各种思想观念信息，对社会公众的行为进行规范，倡导讲文明，讲公德，遵纪守法，安定团结等。因此广告对社会有着很大的影响力。

（二）沟通产销渠道，促进商品销售

在社会大生产中，生产和消费是产品流通过程中两个相辅相成的环节。广告一方面把市场需求信息传递给生产者促进生产，另一方面又把生产者的产品信息传递给消费者，使产品进入流通领域，形成消费。产销信息的双向流动，广告起到了“红娘”的作用。

（三）引导消费

认识商品（劳务是无形商品）是购买商品的前提。通过广告，向消费者介绍商品的品牌、作用、性能、使用常识，以及劳务项目、服务措施等，促使消费者对商品和劳务有所了解，从而生发好感和信赖，产生消费意向和消费行为。尤其是一种新产品问世后，由于广告的宣传作用，常常能使消费者改变消费习惯和生活方式，起着开创新时尚的积极作用。所以广告能帮助消费者选择商品或劳务，引导他们寻求自己所需要的商品和服务。

（四）鼓励竞争，促进生产发展

广告是一种诉求性的宣传。要说服消费者购买自己的产品就必须宣传产品的生产厂家、商标和优于同类产品的特点等，使消费者认牌购买，持久消费。这样，广告就自然成为生产同类产品企业之间争夺市场的重要手段。企

业要用广告宣传使自己的产品在市场上独占鳌头，就必须改进生产工艺，提高产品质量，改善使用功能，不断更新换代，才可能立于不败之地。因此，广告是促进企业提高生产能力，不断更新产品，强化竞争力的加速器和催化剂。

（五）促进国际经济交流，扩大对外贸易

广告不仅是国内经济信息传播的重要手段，而且也是国际之间交流经济信息的有效工具。通过广告，各国产品进入国际市场大循环，促进全球经济发展。对于我国，利用广告这一媒介，一方面可以引进国外先进技术、先进设备以及人类创造的一切文明成果，为我所用；另一方面可以促使我国各种富有民族特色的名优产品走出国门，进入国际市场，开拓销路，扩大出口创汇，促进我国经济发展。

（六）装点市容，美化环境

广告是一种宣传工具，同时也是一种综合艺术。为了刺激、引发消费者的购买欲望，广告往往运用优美的文字，多彩的画面，动人的形象等多种艺术手法，把商品、劳务、观念等信息艺术地再现出来，使人们在感知各种信息的同时也获得美的享受。因此，精美的路牌广告、霓虹灯广告、店面广告和橱窗广告等既可以收到宣传商品的效果，又能起到装点市容、美化生活的作用。

三、广告的种类

（一）根据传播媒介分类

根据传播媒介的不同，广告可分为印刷广告、电波广告、网络广告和其他媒介广告。

1. 印刷广告

印刷广告指通过印刷媒介传播的广告，主要包括报纸广告、杂志广告。印刷广告具有完整的文字形象要素。标题、正文、随文、广告语几乎俱全。但也有些印刷广告以图示为主，文字形象仅保留标题或口号。印刷广告具有覆盖率高、容易事后查阅反复观看等优势，同时也有寿命短、复制效果差、广告竞争激烈、重复率高的局限。

2. 电波广告

电波广告指通过电波媒介传播的广告，主要分为广播广告和电视广告。电波广告一般常用较显著的广告口号，很少使用标题。

（1）广播广告。按照我国广播广告的惯例和多数广播电台的广告刊例，广播广告主要有30秒、15秒、5秒三种规格，有些专题广告可以突破这一限制。它的最大优势是能以较低的费用迅速地、有选择地把商品信息传达给目标消费者。局限性在于听众分散、效果短暂等。广播广告通常采用的形式有：直白式（一篇正面传达信息的短文）、对话式、快板式、故事式（文案写成一个简短的小故事）、歌曲式、相声式、评书式等，语言通俗、简明，趋于口语化。

（2）电视广告。电视广告最大的特色是融视、听、动于一体，因而呈现出巨大的创造力与感染力。它具有覆盖面广、影响力大、声誉高及灵活性强等特点，虽然它的费用较高，但它的优势是其他媒介难以比拟的。电视广告文案在电视广告中可以以画外音、人物语言、字幕的方式表现。语言注重生动、形象。通常，电视广告中多采用口语，并且与广告画面紧密联系。

3. 网络广告

网络广告是一种应网络传播和电子商务的蓬勃发展而产生的新型广告形式。网络广告能否通过因特网、电子邮件给网民发出信息，并使网民关注和接受它，很大程度上取决于网络广告文案写作的创意、表现形式、特点和写作技巧等。网络广告文案依据网络广告在多种网络技术和多媒体技术中的具体操作方式而产生相应的特点和文体风格。

网络广告具有链接性、交互性、趣味性等特点。当前的许多网络广告大多发布在人们熟悉的通用的网络平台上。网络广告文案的主要文本形式有标语式、插页式、赞助式等，在写作时必须要符合自身的要求。

4. 其他媒介广告

其他媒介广告指通过报刊和电波媒介以外的广告媒介传播的广告。主要包括户外广告、展示广告等。

（二）按广告的制作目的分类

以制作目的来分类，可以分为销售广告和信誉广告。

所谓销售广告，即为推销某种商品而制发的广告。信誉广告，指为宣传公司或企业的信誉、历史和成就，塑造公司或企业形象而制发的广告。

（三）以广告的文体来分类

按文体可以分为说明体广告和文艺体广告等。

说明体广告是主要以说明方式来撰写的广告，其特点是主体以说明为主，内容比较详细，语言准确、平实。文艺体广告是以文艺形式进行商品推销和宣传广告主信誉的广告，其特点是主体为叙事抒情的文艺形式，包括叙事、小品、诗歌、对联等，有的主体仅一两句话，但用了积极的修辞方式，采用比喻、象征、夸张、双关和暗示等手法，使广告耐人寻味，具有艺术性。

（四）以广告的心理效果来分类

按广告的心理效果可以分为攻心广告、迎合广告、征奖广告和承诺广告等。

不同的广告有不同的宣传特点和宣传效能，采用哪一种广告，要根据商品的特点、宣传对象等实际情况来决定。

第二节　广告的写作

一、广告的创意及形成过程

（一）广告的创意

创意是整个广告活动的核心，直接关系到广告活动的成败。广告创意是表现广告主题的构思。它是指通过形象塑造、文字撰写、各种艺术手段和技巧的运用所创造出的一个与广告主题相适应、为广告主题服务的意境。

广告创意立足于形象构思（围绕着商品、服务的特性进行）来表现抽象概念（宣传意图和策略）。这种抽象概念表现得愈具体，愈形象生动，就愈能感动人和说服人，所以创意需要完美的形式和奇特新颖的构思。由此出发，广告创意的任务，一是要寻找到一种表现广告主题的与众不同的方法（艺术手法的适时介入，媒体的巧妙组合等）；二是要加强对商品、服务内涵的提炼、发掘，如给商品、服务添加全新的理念，传达与众不同的心理体验，抒发独特的情调等。这样，通过创新的、独特的手段，把有关表现广告主题的材料组合在一起，既能完美地展现出宣传对象的个性，又能满足人们的审美心理。

（二）广告创意的形成过程

在广告创作中，创意的任务主要通过创造意境和塑造商品、服务形象两项工作来完成。从一些广告创作的实践中，可以看出广告创意形成的四个过程。

第一，收集原始创作材料，一方面是眼前问题（商品、服务信息与广告策略）需要的资料，另一方面是平时积累储藏的生活经验和知识。

第二，围绕着主题对上述材料进行发掘、提炼和加工。

第三，借助于联想，运用心智寻找各种材料的聚焦点和最完美、最具有独创性的组合方式。

第四，在“思想火花”的燃烧中，找到最恰当的聚焦点和最完美的组合方式，形成创意。

在这四个过程中，知识积累、生活体验、丰富的想象力是创意的土壤和基础，而超凡脱俗的想象力显得尤为重要。

二、广告文案的结构和写法

广告文案指已经完成的广告作品的全部的语言文字部分。

一则典型的广告文案，由广告语、标题、正文和随文四个部分组成，每个部分传达不同的信息，承担不同的职能，发挥不同的作用。

（一）广告语

广告语又称广告口号、广告标语，是为了加强受众对企业、商品或服务的印象，在广告中长期反复使用的一种简明扼要的口号文字，它基于长远的销售利益，向消费者传达一种长期不变的观念。广告口号有持续的促销作用，有的广告口号可持续多年，它们对读者来说就象老朋友一样，使读者对该商品或企业形成固定的良好印象，因而被企业视作一笔无形的巨大财富，这也是广告语与标题的主要区别。

广告语的写作要求：

（1）广告语一般都只有寥寥几字，很少超过十个字。如20世纪80年代中期，世界著名的咖啡品牌——瑞士“雀巢”咖啡进入中国市场，也带来一句世界知名的广告语：“味道好极了！”

（2）便于记忆，易于上口。世界上最大的钻石生产商戴比尔斯20世纪90年代在中国的广告语：“钻石恒久远，一颗永流传。”

（3）阐明利益，激发兴趣。人们购买商品，都是为了从中获得某种使用价值，即“利益”。因此，有许多广告语在撰写时，往往要把商品的利益表达出来。如宝洁公司飘柔洗发水的广告语：“头屑去无踪，秀发更出众。”

（4）号召力强，促发行动。广告语的一个重要作用是引发读者的行动，如“请喝可口可乐”。

（二）标题

标题是广告文案中旨在传达最为重要的或最能引起受众兴趣的信息，位于广告文案的醒目位置，对全文起统领作用，以吸引受众继续关注文案的其他内容的简短的语句。通常选用较其他部分大的字体。

1. 一则好的广告标题的功能

（1）它能迅速引起读者的注意。一家公司为宣传自己的钻石戒指而用的广告标题：“你曾说：‘我买。’现在你会说：‘我庆幸买了它。’”当读者看到此广告标题，不禁会问：“他买了什么?”因而进一步阅读下面的广告内容。

（2）能够抓住自己的主要目标对象。如一则治疗鸡眼的药物广告标题：“五日之内，鸡眼消失，无效退款。”它清楚地点明目标对象是鸡眼患者。

（3）能够吸引读者阅读广告正文。“谁说不可以?”奥迪轿车的这则提问式标题显然会吸引人们继续往下阅读。

2. 撰写广告标题的原则

（1）投读者所好，并切实地使之受益。人们阅读广告时，总是期待着有所获益，因此这种能带给读者切实利益的广告通常是最为有效的。“买上海桑塔纳新车，一年内限里程免费质量担保。”这是对读者所作的维修承诺。

（2）尽量把新内容引入标题。人们往往注意新事物的出现，观察是否有新产品问世，或者旧产品有无新用途或改进，是否有新的观念涌现等。因此，包含新闻字眼的标题最能引发人们的兴趣。标题中使用最为有效的两个词是“免费”和“新的”。

（3）标题尽可能写上商品名称。由于读广告标题的人是读正文人数的5倍，因此，对于一些竞争激烈的消费品，其广告标题上尽可以写上商品名称，使那些只看一眼的读者知道你所宣传的商品具有的特殊标志。如“发现一瓶好水——黑松天霖水”。

（4）使用能够引起人们好奇心的词语。广告标题是为了引导读者阅读下文，将某些有着强烈吸引力的词语应用于标题将更有魅力。

（5）长度适中。标题一般强调简短，6～12字的广告标题效果最佳。

（6）避免使用笼统或泛泛的词语。广告标题应是生动、具体、形象的，而不应使用陈词滥调。“它带给我一流的头发”“它使我的头发质地柔软、熠熠生辉，恰似绿草地一般清新芬芳”。这两个广告标题都是为洗发液而写的，同是强调洗发液的高质量，前者只是泛泛而谈，难以给人留下印象，后者却栩栩如生，使人不禁为之神往。

（7）慎用双关语、文学隐喻；忌用晦涩难懂的词。在现今的信息社会中，读者每天面对无数广告。人们在浏览这些密密麻麻的标题时，速度很快，根本不会停下来推敲弦外之音。因此，必须用明白无误的语言写标题，以便把要说的话告诉读者，当然有时双关、比喻之类的修辞方法使用得当，并与插图相配合，也会得到意想不到的效果。

(8) 免用否定词。在标题中使用否定词很危险，读者往往喜欢正面的陈述。因此在广告标题中最好说明事物是什么，而不要说事物不是什么。

(三) 正文

正文指广告文案中旨在向受众传达大部分的广告信息、居于主体地位的语言文字。它是广告文案的中心和主体，是对广告标题的解释以及对所宣传事物内容的详述。

1. 正文的结构和内容

正文在结构上一般分为引言、主体和结尾三部分。

(1) 引言是广告标题与广告正文的衔接段，是广告正文的开头部分。它要以概括和精练的笔触，迅速生动地点明标题原意并引出下文，以吸引读者继续阅读。

(2) 主体是阐述广告主题或提供论据的主要部分，是广告文本的中心。在引言之后，主体部分要及时点出消费者的欲求和所宣传商品的优势特点，以及这些特点与目标消费者的关系，即它可以使目标消费者得到什么利益，广告中说明这些利益点的充足论据是什么，对消费者的保证措施又是什么，等等，以此来说服消费者进行购买。

(3) 结尾是广告正文的结束部分。它的主要目的在于用最恰当的语言敦促读者及时采取行动，虽然结尾一般比较简短，但意义重大，绝不能掉以轻心，否则便会虎头蛇尾，功亏一篑。“要想知道如何成为一名 Avon 公司的销售代理，请拨电话：800 - 325 - 6400”就是一则简洁清晰但颇具号召力的结尾。

2. 广告正文的类型

根据广告正文的体裁、风格、手法等不同可将它们分为若干类型，如直述式、叙述式、证言式、描写式等。在广告实际撰写时，广告撰稿人并不是先考虑选择哪一类型，而是考虑怎样才能将广告正文写得生动有趣，令人信服。因此，写出的广告正文可能是某一种类型的，也可能是几种类型的组合。

(1) 直述式就是摆事实、讲道理、让事实说服人的一种表达方式。它的特点是直接、精练地将商品的特性客观地表达出来，没有过多的修辞与描绘。直述式广告文案的很大魅力在于商品本身的诉求力量，它一般用于汽车、相机等结构复杂的消费品。

（2）叙述式正文是用故事形式写成的广告文案，它往往能将枯燥无味的广告变得富有趣味，这类正文要使内容像小说的故事情节那样，有矛盾冲突的出现和最后的解决，才能引人入胜。但叙述不宜过长。它往往是以某人遇到困难而感到苦恼开始，以找到解决办法而圆满结束，目的是告诉读者在遇到同样的困难时，采取同样的办法。

（3）证言式是按证明书的方式写成的。它需要提供权威人士或著名人士对商品的鉴定、赞扬、使用和见证等。这里的权威人士可以是确有其人，也可以是虚构的，但无论真假，他们都必须有资格为其宣传的事物作出证言。如宣传某种药品，最好选用医生身份的人物；而宣传某种家庭用具，最好选用家庭主妇，这样才具有说服力。

（4）描写式是以生动细腻的描绘刻画达到激发人们基本情感和欲望的一种广告文体。这类广告如果描绘得亲切感人，就会给人们一个鲜明的形象和深刻的印象。“美丽的白色沙滩，沐浴在金色的阳光里，恣情嬉戏尽情享受……；美妙的风景，激动人心的奇观……；世界一流的设施，高效的服务。不仅这些，最令人神往的是，你可以享受到菲律宾带给你的独有的温暖、热情和舒适。”看完这则广告，你会对美丽的菲律宾心驰神往。

（四）随文

随文又称附文，是广告文案的附属文字部分，是对广告内容必要的交待或进一步的补充。主要有商标、商品名、公司标识、公司地址、电话、价格、银行账号以及权威机构证明标识等。一则广告不一定将以上所说的随文内容全部列出，应根据广告宣传目标而有所选择，广告随文是广告文案的有机组成部分，具有重要的推销作用。

三、广告的写作要求

（一）要抓住重点

由于广告是把有关商品、服务的信息有计划地传递给人们的一种手段，其目的是使消费者对广告宣传的生产和经营的商品或服务产生兴趣和购买动机，所以，广告就必须把顾客最为关心、最需要了解的内容作为宣传重点，如产品的主要性能、特点、用途、价格以及服务内容等。切忌抓不住重点，该说的不说，不该说的却喋喋不休，令人生厌。

（二）要真诚实在

广告的内容务求反映真实。如果不真实，将造成不良的社会后果，损害其他竞争者和消费者的利益；非但不能达到宣传产品，扩大产品销路的目的，反而会使消费者产生逆反心理。所以，广告宣传必须精当准确，是一说一，切忌“吹牛皮”。

（三）要讲究手法

广告为了更好地达到宣传目的，就要有吸引力。广告写作必须注意讲究表现手法，要独具匠心，务求出新，切忌拾人牙慧，照套照搬千篇一律的“模式”。要讲究表现手法，从广告的内容上，要突出商品的鲜明特点，以引起消费者的瞩目；从广告的语言上，要通过形象生动的语言感染消费者。但要遵守汉语的规范性，禁止滥用汉字，尤其不能随意改变词语的固定用法，使用不当会产生社会性危害。如“博大晶（精）深”“大智若娱（愚）”“食（十）全食（十）美”“百衣（依）百顺”“与食（时）俱进”等，这些错误谐音的运用，混淆视听，尤其容易对青少年产生误导。

第三节　例文简评

例文一：

榆林新东方能源化工学校招生广告

榆林新东方能源化工学校是一所由集团企业资助、政府支持的全日制技工院校。学校为满足榆林建设成国家级煤电基地和能源化工基地对人才的需求，现面向社会进行第八期招生。

一、学校简介

榆林新东方能源化工学校作为一所全日制技工院校，与国家重点高校——西安工业大学强强联合，聘请榆林学院教授，山东兖矿榆林能化公司、榆天化、铜川矿务局等大型能源化工企业的高级技术人员担任专业课主讲教师，并特聘中国化工出版社教材编委会副主任周教授担任顾问。学校坚持以就业为导向，以职业素质、岗位能力为教育核心，培养企业需求的第一线应用型高级技能人才！

二、办学优势

1. 政府与企业支持：符合条件的学生，每人可享受每年 3 000 元的国家助学金；农村特困、城市低保子女入学，按国家政策可申请“零学费入学”政策；委培企业还为优秀学生提供每年 1 000 元至 5 000 元高额奖学金。

2. 与西安工业大学联合：名牌大学，可升本考研，拿学位证；毕业带报到证、双档案、双学历＋技能等级证，真正成为“高技能＋高学历”的“金领”人才。

3. 100％的就业率：学校采用“校企联合，订单教育”，真正实现了“入学即意味着就业”。学生入校即与学校签订《就业、就读协议书》，保证对获“双证”学生安置就业。

三、就业前景

我校与山东兖矿榆林能化公司、榆阳三江煤化集团、榆阳载能工业区、神木锦界工业区、府谷电厂、榆天化、绥米佳盐化工业区、榆林醋酸厂、山东鲁能、陕西德源能源有限公司、神东集团、北元化工、蒙西重化工区的等大型能源国企事业单位签订长期定向委培协议。协议中我校学生两年在校学习实践，第三年进入委培企业带薪实习三月后转为企业职工。今年我校应届毕业生已在定向委培企业全部安置就业。

四、专业名称

化工工程、自动化仪表、采矿技术、机电一体化、电厂热能动力工程、会计电算化、电气运行及自动化。

五、办学模式

校企合作、定向委培，实行“三三”教学模式：

1. 理论＋多媒体；
2. 实验＋指导；
3. 企业实训＋企业高工指导。

六、收费标准

1. 学费每学期 3 000 元；
2. 住宿费每年 1 000 元；
3. 代收费按实际情况收取。

七、毕业发证

西安工业大学大专毕业证书；省劳动厅中级、高级技工证；毕业颁发省劳动厅技术毕业证书。

招生办事处：××市东关大街君来运宾馆
学校地址：×××××××××
学校联系电话：王老师×××××××××
办事处电话：张老师×××××××××

评析：这篇招生广告语言朴实，文风简单，对学校的招生信息进行了简明扼要的介绍。落款处注明招生单位的地址、联系人、联系电话等，是一篇规范的广告文体。

例文二：

红牛饮料平面广告文案

广告语：轻松能量来自红牛

标题：还在用这种方法提神

正文：都新世纪了，还在用这一杯苦咖啡来提神。你知道吗？还有更好的方式来帮助你唤起精神：全新上市的强化型红牛功能饮料富含氨基酸，维生素等多种营养成分，更添加了 8 倍牛磺酸，能有效激活脑细胞，缓解视觉疲劳，不仅可以提神醒脑，更能加倍呵护你的身体，令你随时拥有敏锐的判断力，提高工作效率。

醒题：迅速抗疲劳激活脑细胞

随文：（略）

评析：

这则广告方案结构完整、简洁明了。正文主要强调了红牛饮料的成分、功效。这则广告方案暗示红牛饮料适合于需要增强活力及提升表现的人士饮用，目标对象较为广泛，供不同职业、不同年龄段人饮用。

例文三：

湖南大学面向国内外招聘高层次人才

湖南大学位于中国湖南省长沙市，直属国家教育部，是国家“985 工程”“211 工程”重点建设的大学之一。为了进一步贯彻实施人才战略、加快人才强校的步伐，加大引进高层次人才、特别是海外优秀高层次人才的力度，实现将湖南大学建设成在国际上有一定影响的，具有湖湘文化特色的综合性、开放式、研究型的国内一流大学的目标，我校将继续面向国内外招聘高层次人才。

一、招聘范围

1. 两院院士；
2. 杰出青年基金获得者；
3. 长江学者（主要面向海外高层次人才）；
4. 人文社会科学研究领域高层次人才。

二、招聘学科

金融学，国际贸易学，设计艺术学，专门史，应用数学，凝聚态物理，分析化学，有机化学，应用化学，机械制造及自动化，机械电子工程，车辆工程，材料物理与化学，材料学，电工理论与新技术，控制理论与控制工程，计算机应用技术，结构工程，市政工程，供热、供燃气、通风及空调工程，桥梁与隧道工程，管理科学与工程，英语语言文学。

注：符合我校“985 二期工程”化学生物科技创新平台部分首席科学家研究方向的学者也可应聘以下学科：

化学生物分析试剂，现代分离技术，化学生物分析仪器，中药现代化与食品安全（或化学生物传感技术），低碳非均相催化氧化，绿色催化工艺与应用，光电化学催化。

三、应聘者基本条件和要求

1. 热爱中华人民共和国，有良好的品德、学术与科研道德以及团队合作精神，身体健康。

2. 原则上应具有博士学位。除两院院士外，自然科学类学者原则上不超过 40 周岁，人文社科类学者原则上不超过 45 周岁。特别优秀的学者可适当放宽年龄要求。

3. 国外应聘者一般应担任过世界一流大学或研究机构副教授及以上职位或其他相应职位；国内应聘者原则上应在一流大学或研究机构有 3 年以上工作经历，现担任教授或相应职位。

4. 学术造诣高深，已在学界公认的本领域高级别学术刊物上发表过一定数量的学术论文，取得国内外同行公认的重要成就，具有带领本学科在其前沿领域赶超或保持国际先进水平的能力。

5. 能策划并争取主持国际合作或国家重大科研项目，包括国家自然科学重点基金、“863”和“973”等重大项目，以及对国民经济发展有重大影响的前沿课题，做出具有国际国内先进水平的创新成果。

6. 全职在我校工作5年以上。长江学者讲座教授每年来我校工作时间原则上不少于3个月。

四、学校提供的待遇

1. 相关待遇：学校根据受聘者所提工作计划和目标任务，与其协商确定工资津贴、科研启动费等相关待遇，待遇从优。

2. 安家费：一次性发放不低于20万元的安家费，并提供150平方米左右的可售住房房源。

3. 助手配备：可根据引进人才情况，配备1～3名科研助手。

4. 实验室及办公室：学校可根据实际情况，提供相应面积的实验室和办公室。

5. 家庭成员安置：可根据其配偶自身条件，在校内负责安排或协助安排相应工作，其子女可就读湖南大学附属学校。

（长江学者讲座教授不包含第2、5款待遇）

五、应聘材料

1. 个人资料，包括应聘申请（申请长江学者岗位的请注明）、本人简历（从大学至今，时间不间断）、工作设想（含预期目标、科研经费计划）、学位证书和任职证书复印件、重要社会兼职复印件（提交的材料中应注明本人姓名、通信地址、电话号码和E－mail地址等联系方式）。

2. 近5年来反映本人水平和成果的论著目录及代表作品的复印件等。

3. 论文发表及被收录、引用情况；并提供5篇代表性论文全文及同行对论文的看法和评价。

4. 重要获奖情况，包括奖项名称、级别、年度，本人排名和获奖证书复印件。

5. 主持完成的科研项目，包括项目名称、研究意义、本人作用、项目来源和经费情况等。

6. 未来5年个人发展规划。

来校应聘长江学者特聘教授、讲座教授的另请访问教育部人事司人才办网站 www.cksp.edu.cn，参阅长江学者有关应聘条件和政策规定。

六、联系方式

联系地址：湖南省长沙市岳麓区湖南大学人才工程办

邮　编：410082　联系人：周语迟　张梦怡

联系电话：0731－8821364、8821646

传　真：0731－8821364　E－mail：rcgcb@hnu.cn

应聘者还可访问湖南大学人才工程办公室网站 http：//rcgcb.hnu.cn，参阅有关政策规定。

招聘信息也可登录神州教育信息网（www.shenzhoujiaoyu.com）查询。

评析：

这是一篇招聘广告，语言简练，内容介绍全面完整，使读者能够对湖南大学的招聘范围、招聘学科、应聘者的基本条件和要求、学校提供的待遇、应聘材料、联系方式等均有所了解。

例文四：

幸福时刻，我只选择中华立领

懂得真爱的男人

星期六，阳光格外慵懒。
他说刚买了套新沙发，让我去看看，
我爽快地答应了。

进门一刻，
倒被满桌的菜式迷惑了。
蟹黄鱼、咖喱土豆鸡、猪脚汤……
这都是我妈妈做的家常菜。
他系着围裙，一脸憨笑，让我尝尝看。

他说，在外的日子我一定会很想家，
虽然，他做的菜不够地道，

然而有家的味道才最重要。
他说希望能给我一个温暖的小窝，
每天有油米酱醋的琐碎，
也有酸甜苦辣的滋味。

他从身后取出了戒指，
磕磕绊绊地说，
他足足想了数月，也不知道什么开场白才适合。
一个不会用玫瑰，
不会单膝下跪的男人，
我却量出我在他心中的重量。

他就是我今生唯一的选择。
我悄声说，结婚那天你要穿什么配我的红裙。
他欣喜若狂，像孩子般取出叠得笔挺的
——中华立领。
这，就是他——我的男主角。
柒牌中华立领真爱系列新品上市
网址：www. qipai. com

评析：

这是柒牌男装中华立领的广告文案。该文案左侧图片上是一对新人。“新娘”穿着漂亮的红裙。“新郎”则是大家都很熟悉的国际巨星李连杰，他身穿白色的“中华立领”，含情脉脉地看着美丽的新娘，幸福而甜蜜。红白相映，分外妖娆。该图占了三分之二的页面。右侧空白处则是广告文案。广告文案的标题为“幸福时刻，我只选择中华立领”，既突出了商品的名称，又与左侧图片相得益彰。广告语“懂得真爱的男人”，可以激发无数准新郎和准新娘的无穷想象——真爱，一生一世。广告标题和广告语从右向左依次竖排，底端对齐。广告的正文叙述了一个浪漫而温馨的故事，以诗的形式体现，分行横排，更增加了浪漫的感受。广告的随文部分包括右上角的柒牌男装商标、商品名称以及下面的“柒牌中华立领真爱系列新品上市”“网址：www. qipai. com”。本广告的诉求对象是即将步入婚姻殿堂的准新人，无论从内容的编排，还是形式的选择，都恰到好处。

例文五：

婴儿姓名：强生（中国）有限公司
性别：男/女
出生日期：2020 年 9 月 12 日 13 时 30 分（按：其实是开业时间）
体重：（注册资金）1 200 万美元
身长：（厂房面积）58 000 平方米
出生地：上海市闵行区
母亲姓名：世界婴儿护理专家
（母亲）年龄：××
父亲姓名：美国强生
（父亲）年龄：××
住址：上海市闵行区南雅路 120 号
婴儿右足印：（按：此处有一婴儿右足印）
母右拇指印：（按：此处有一成人右拇指印）

有个消息
连未出生的宝宝听了
也会拍手鼓掌
强生（中国）有限公司今天诞生了
强生，世界婴儿护理专家
和每一个疼爱自己孩子的妈妈一样
给宝宝细致入微的体贴关怀
强生系列婴儿护理用品
纯净温和，细心爱护
陪伴已经出生和即将出生的宝宝一起成长

评析：

该广告在《文汇报》上占了半个版的版面，左半边是“出生证明”（这里为第一段），右半边是标题和正文（这里为第二段）。将一个刚开张的公司比拟为一个刚出生的婴儿，并将公司的有关数据、资料以及情况填到婴儿“出生证明”中，此广告创意难能可贵。文字部分的标题为“有个消息连未出生的宝宝听了也会拍手鼓掌”，可谓出手不凡，什么好消息会让未出生的婴儿拍手鼓掌呢？未出生的婴儿鼓掌，这可能吗？不合生活逻辑的广告诉求，其新奇的面目反而特别引人注目。再加上文中亲切的介绍，使人对新开业的强生（中国）有全面的了解和很好的印象。

例文六：

“狮牌”保险柜广告

世界上没有十全十美的商品，吉林省图们市金属制品厂生产的“狮牌”保险柜也不例外。

单价620元的“狮牌”保险柜，不用去人、去函，拨叫图们2589号电话，即刻送到。用户手中的“狮牌”保险柜，最大的缺点是用密码上锁，必须用密码开锁，不然的话要用焊枪切开，这是唯一的办法。记密码有困难的人，请不要使用“狮牌”保险柜，免得麻烦。

评析：

这是一则广播广告文案。这则广告文案的语言非常口语化，像“十全十美”“也不例外”“不用去人”“不然的话”“免得”等这样的词语，质朴有味，极富生活气息，而且全篇断句长短结合，语气和缓，非常适合播音。

例文七：

美国《时代周刊》广告

警察：对不起，先生，半夜三更您在这儿干什么？

夜游者：看见你太高兴了，警官先生！

警察：我问你在这儿干什么？

夜游者：我住得不远，那边，第四栋楼……门口正在修路。

警察：先生，别废话了，请回答我你在这儿干什么！

夜游者：哎，别提了。我本来已经上床睡觉了，可是突然想起来白天忘了买张《时代》看看。

警察：你穿的这是什么？

夜游者：衣服？睡衣呀！哎哟，走的时候太慌张了。我老婆的睡衣。很可笑吧？嘿嘿。

警察：上车吧，我送你回去。

夜游者：不行，没有《时代》周刊我睡不着觉，躺在床上看看《电影评论》《现代生活掠影》这些栏目……

警察：好了，好了！快点吧，先生！

夜游者：我试着看过其他杂志，都不合胃口，您知道《时代》的发行量一直在上升吗？

警察：不知道，我知道罪案发生的情况。（汽车发动声）

夜游者：像我这样的《时代》读者多得很，比如温斯顿·丘吉尔，你呢？快快，不好了，快停车，你总不能让我穿着我老婆的睡衣就把我送到警察局去吧？

警察：你到家了！下车吧。（停车声）

旁白：《时代》周刊，逸闻趣谈。买一本，度过良宵。看一遍，安然入眠。

评析：

这则广播剧式的广告讲述了一个深夜里发生在警察与夜游者之间的小故事，人物、情节集中，非常幽默，在夜游者的唠叨中，生动地表现了广告商品对消费者的影响，令人忍俊不禁。

例文八：

美国总统布什向英国民众介绍美利坚的广告

“在美国这块土地上，你可以看到迥然不同的景色：交叠起伏的绿色田野，平坦的白沙海滩，迪斯尼乐园和以黑人乐曲谱写的明快而狂热的爵士乐。你可以一睹大湖区和大峡谷的风光——现在你比以往有更多的理由来美国参观游览，没有比现在这个时候更好的了——总统发出邀请，你还等待什么呢？”

评析：

这是一则旅游广告，广告以总统的特殊身份，满腔的热情，温馨的语言描绘出美国种种值得游览的地方和欣赏的事物，语言以亲切的第二人称道出，很具吸引力。

例文九：

江苏虎豹集团招商广告

江苏虎豹集团公司是国家大型服装生产企业。“虎豹”牌衬衫、西服、西裤、内衣、夹克等系列服装获得“中国驰名商标”“国家免检产品”及“中国十大名牌”称号。凭借卓越的品质，虎豹服装赢得了广大消费者的青睐，全国28个省级销售分公司100多个销售办事处更是表现不凡。

虎豹集团河南郑州分公司是虎豹集团公司设在河南的唯一一家直属分公司，下设9个地级办事处。为全面扩大虎豹系列服装在全省的销量，满足广大消费者的购买需求，规范全省的批发零售价格，郑州分公司决定在全省各县（市）、部分地级市诚招专营虎豹系列服饰的经营者（市级如三门峡、平顶山、许昌、灵宝、禹州、漯河也可招商），凡具备良好信誉和一定经济实力及经营水平者，均可前来洽谈合作事宜，按照公司统一的合作标准，共享拓展市场的成果。

江苏虎豹集团郑州分公司

分公司地址：郑州市××路××号

分公司总经理：×××

联系人：李××　王××

联系电话：×××××××××××

评析：这则招商广告标题是由文种名和招商单位名称共同构成的，并可用黑体字着重标出起到醒目的作用。这是江苏虎豹集团郑州分公司诚招代理商的广告，一方面宣传虎豹集团、扩大其知名度；另一方面又很有诚意地邀请合作伙伴加盟。首先它介绍了该集团的优势：产品是“中国十大名牌”之一，被评为“中国驰名商标”，销售领先、赢得消费者青睐等，目的是让读者了解企业有更好的发展前景，增加投资者的信赖感。另外，介绍分公司是河南唯一一家直属分公司，为发展需要诚招经营者，并指出招商地区、招商对象及要求、具体的招商方式等。落款处注明招商单位的地址、总经理、联系人、联系电话等，是一篇规范的广告。

综合练习

1. 广告的四大媒体是什么？各有什么特点？
2. 广告正文的标题一般由哪几部分构成？
3. 简述商业广告的分类。
4. 撰写广告应注意什么问题？
5. 选数则广告，分析其写作方法和特点。
6. 为你校学报或你所熟悉的刊物写一则征订广告。
7. 请对电视广告文稿做一简评。

南方黑芝麻糊电视广告文稿

时间：21 世纪 20 年代的一个晚上。

地点：江南小镇街巷。

人物：小男孩、挑担卖芝麻糊的妇女、妇女的小女儿。

遥远的年代、麻石小巷，天色近晚。一对挑担的母女向幽深的陋巷走去。（画外音，叫卖声）："黑芝麻糊哎——"（音乐起）。

深宅大院门前，一个小男孩使劲拨开粗重的樘栊，挤出门来，深吸着飘来的香气。（画外音，男声）："小时候，一听见黑芝麻糊的叫卖声，我就再也坐不住了……"

挑担的一头，小姑娘头也不抬地在瓦钵里研芝麻。另一头，卖芝麻糊的大嫂热情地照料食客。

（叠画）大锅里，浓稠的芝麻糊不断地滚腾。

小男孩搓着小手，神情迫不及待。大铜勺被提得老高，往碗里倒着芝麻糊。小男孩埋头猛吃，大腕几乎盖住了脸庞。研芝麻的小姑娘投去新奇的目光。

几名过路食客美美地吃着，大嫂周围蒸腾着浓浓的香气。站在大人背后，小男孩大模大样地将碗舔得干干净净（特写）。

小姑娘捂嘴讪笑起来。

大嫂爱怜地给小男孩添上一勺芝麻糊，轻轻地抹去他脸上的残糊。

小男孩默默地抬起头来，目光里似羞涩，似感激，似怀想，意味深长……

（叠画）一阵烟雾掠过，字幕出（特写）："一股浓香，一缕温暖。"（画外音，男声）"一股浓香，一缕温暖。南方黑芝麻糊。"

（叠画）产品标板。

推出字幕（特写）：南方黑芝麻糊广西南方儿童食品厂

片长：30 秒。

第十二章

招标投标文书

应用导航

信息学院实验室设备采购招标书

华侨大学招标小组受华侨大学的委托，对信息学院实验室设备进行招标。现将有关招标事宜说明如下。

一、设备的配置与技术指标

名称：集成电路版图级设计工具（IC 设计软件）

数量：1 套

主要技术指标及适用范围：

支持原理图、VHDL、Verilog 设计输入及模拟电路设计环境

能进行集成电路版设计综合及物理验证

能进行集成电路设计仿真分析，并有 HSPICE 仿真器接口

能兼容 EDIF200/300 格式的集成电路设计综合

UNIX 操作系统

报价：CIP 厦门，若包含开证、报关等费用另外单列

大学合作计划价格

售后服务承诺：详列

二、有关说明

1. 投标时，各投标商要携带有效工商、税务登记证（副本）或加盖工商、税务校验红印或蓝印公章的复印件以及投标人代表的身份证等证件，投标人代表若非法人代表，须出示委托证明，方可参加投标。

2. 各供应商投标时须出具有关此批招标项目的原厂商授权证明，且保证此批设备来源为正式渠道，并不得诋毁、排挤其他地区、品牌之代理商参加投标。否则，所引发的法律后果将由投标方承担。

3. 本工程招标项目包括设备、软件及其安装、调试、培训和运保等费用。

4. 本批设备的维护承诺必须以合同方式体现。

5. 招标小组将对本次采购设备的报价及公司的资质信誉与售后服务的承诺等内容进行评议。

6. 各供应商要严格按设备招标清单顺序与内容报价，不能报价的项目可以空着不填。

7. 投标价是指 CIP 厦门的价格，若包含开证、报关等费用另外单列。

8. 中标者须于合同签订后 60 天以内安装调试完成并可交付使用。

9. 各投标商须交纳押金 1 万元，方可参加投标，未中标商的押金于评标结果公布后退还。中标商于签订合同并货到验收后取回押金，不履行合同签约或合同条款的中标商按违约处罚，招标人有权没收其押金。

10. 若发现各投标商有串标、转标行为，招标人有权没收其押金，并取消其中标资格。

11. 付款方式：设备安装调试完成并验收合格后一周内付工程款的 100%，但中标方须交 5%现金作质量保证金，若无违约行为和质量问题于半年后退还押金。

12. 投标商必须于 2021 年 3 月 31 日（星期四）上午 8：00 前到物资采购中心交纳投标文件及投标押金。资产处将于 2021 年 3 月 31 日（星期四）上午 8：30 在资产处召开招标会，现场开标并当场公布评标结果。

13. 投标人要提供投标报价文件一式十份，分别装订密封。

14. 若不参加投标，请务必于 2021 年 3 月 24 日前通知我中心。

招标方式：邀请投标

投标地点：华侨大学资产管理处

联系电话：黄阿根　0595－22693878

传　　真：0595－22693798

华侨大学物资采购中心

2021 年 3 月 18 日

点评：

本文是一篇比较简单的设备招标书，它的标题简洁明确，加上了招标单位的名称“信息学院实验室”，并且写明了这是一个设备采购的招标书。在正文中，以清单的方式（表格式）写出了设备配置和技术指标的具体要求，并尽可能详细周全地列示出所有的有关说明，这是该文最有特点的地方。结尾部分写了招标单位的名称、招标方式、电话传真等信息。这份招标书文字表达清楚，内容周全，可以给投标人以最多信息的提示。

点睛之笔

教学重点

（1）招标书和投标书的概念、特点、分类和作用

（2）招标书和投标书的基本结构、具体写作要求及注意事项

教学难点

熟练而准确地写作招标书和投标书

第一节　招标、投标概述

一、招标、投标的概念

招标是在兴建工程、大宗采购或定做商品时，以业主为招标人，或委托专门的招标机构作为招标人，公布拟建项目、拟购商品的有关条件和要求，征召工程承建单位和卖方、承包商，在指定的时间、地点，按照一定程序前来投标，最终择优选定合作对象的活动。专门的招标机构是指按国家规定、具有法人资格和招标资格，从事国内、国际业务的专职机构；业主是指工程项目建设单位、采购或定做商品的法人或其他组织；投标人是指按招标文件规定参加竞投的承建单位、卖方、供应商或其他组织；中标人是指通过招标、投标活动最终被招标人、业主选定为合作对象的工程承包人、供应商、制造商及其他组织。

招标、投标是一种国际通用的经济活动方式，随着我国市场经济体制的建立和完善，特别是在我国加入 WTO 之后，招标、投标活动越来越多，招标、投标文书用得也越来越广泛，作用越来越大。学习招标、投标文书的目

的就是通过学习理论知识和实训，了解招标、投标及相关知识，明确招标、投标文书的含义、用途和特点，掌握招标、投标文书的规范写法，以广泛应用于实践。

二、招标、投标的一般程序

招标、投标文书是招标、投标活动的载体和凭证，为了熟悉和理解招标、投标的内容和写法，需要了解招标、投标的相关知识和一般程序。

（一）招标程序

1. 招标单位编制和报审招标文件。
2. 发出招标公告或招标通知书、邀请书。
3. 招标单位对投标企业或个人进行资格审查。
4. 投标单位购买招标文件、编制投标书和投标。
5. 在预定时间内开标、评标决标。
6. 发出中标通知书或公告。
7. 招标、中标双方签订书面合同。

（二）投标程序

1. 响应招标，成立投标机构。
2. 选择投标项目，向招标单位报送投标申请书。
3. 接受招标单位的资格审查，审查通过后，购买或领取招标文书。
4. 按要求编制投标书，在规定的时间内投标。
5. 参加开标会议。

三、招标方式

招标分为公开招标和邀请招标两种，邀请招标也称有限招标。

（一）公开招标

公开招标是指招标人以招标公告的方式邀请不特定的法人或者其他组织投标。招标人采用公开方式招标的，应当发布招标公告。依法必须进行招标的项目的招标公告，应当通过国家指定的报刊、信息网络或者其他媒介发布，以尽可能扩大招标范围。

（二）邀请招标

邀请招标是指招标人以投标邀请书的方式邀请特定的法人或者其他组织

投标。邀请招标的对象应当符合下列条件：

(1) 招标人应当向三个以上的特定法人或其他组织发出投标邀请书；

(2) 招标人所选的潜在投标人应当具有承担招标项目的能力，资信良好。

我国《招标投标法》第十一条规定："国务院发展计划部门确定的国家重点项目和省、自治区、直辖市人民政府确定的地方重点项目不适宜公开招标的，经国务院发展计划部门或者省、自治区、直辖市人民政府批准，可以进行邀请招标。"

四、招标、投标文书的特点

(一) 公开性

这是由招标、投标活动的性质决定的。因为招标本身就是横向联系的经济活动，凡是投标者需要知道的内容，如招标条件、招标要求、注意事项，都应在招标文书中予以公开说明。公开是公平竞争的前提和基础。在招标的过程中，从招标公告的刊登、招标文件编制、投标文件格式和递交、公开开标、评标、授标、签中标合同等各个步骤，都要严格按照公开、公平、公正原则进行。

(二) 简明性

因为招标是为了解决招标单位或招标者所遇到的难以解决的任务或问题，所以招标项目、要求和技术质量指标等内容要简明具体。包括数量、质量、方法、步骤、时间、地点等，都必须写得既全面、具体，又简洁、周密，不可含混，不可疏漏。

(三) 规范性

招标、投标的一切活动，都要依据我国《招标投标法》和国际有关规定按程序行事，招标、投标文书中的内容必须符合国家法律和行业的明确规定。

(四) 竞争性

投标、招标是按照一定的法律程序进行的竞争性经济活动，从投标者中选优的做法本身决定了招标书具有竞争性。换句话说，招标是利用投标者之间的竞争达到优选投标者的经济活动。招标书实质是对投标者所发出的要约，投标文书实质是对招标要约的一种承诺。各个投标者按照招标要求向招标者提供的投标书，既表明了合作意愿，又是一个比实力、比信誉、比策略的备选方案，本身就具有竞争性。

五、招标、投标文书的种类

招标、投标是个系统过程，产生的文书种类较多，依不同的标准有不同的分类。

（1）招标、投标是相互对应的，围绕不同主体的活动，通常可按文书作用把它们分为招标文书和投标文书两大部分：

① 招标文书包括招标公告、招标通知书、招标邀请函、招标章程（须知）、评标结果报告、中标通知书、招标书、委托代理书、合同或协议书、图纸等。

② 投标文书包括投标申请书、投标书、工程承诺书、资质证明材料、投标报价说明及造价表、图纸等。

（2）按性质内容划分，有工程项目的招标、投标文书，大宗商品交易的招标、投标文书，选聘人员的招标、投标文书，企业承包或租赁的招标、投标文书，劳务招标、投标文书，科研课题的招标、投标文书，技术项目引进或转让的招标、投标文书等。

（3）按招标范围分类，可分为国际招标书、国内招标书、部门系统内招标书和单位内部招标书等。

（4）按合同期限分类，可分为长期招标文书和短期招标文书两类。

（5）按实施步骤区分，可将上述几种招标分为一步招标法和两步招标法两种。

一步招标法是指招标人一次报出投标价和技术响应书，截标后紧接着开标、评标和授标。这是一般大量使用的方法。

两步招标法即投标人先报出技术响应书（不带报价），开标后招标人研究分析各个投标技术方案，筛选淘汰不合格的投标方案，可进行技术澄清或商谈，然后平衡综合，修改原招标书，写出新的招标技术规格书，发给合格的投标人，这是第一步。第二步是和一步招标法一样的，投标人按新的招标技术规格书，报出自己的技术响应书和投标价，截标后开标唱价，招标人组织商务和技术审核，然后计算各投标人的评标价高低，按评标价最低中标的原则确定中标人。两步招标法不常使用，只在工艺复杂、技术含量高的货物采购和工程量不容易确定、施工复杂的土建工程招标中才使用。

招标、投标文书种类繁多，因招标、投标的投资、规模、复杂程度、技术含量、参与人员多寡、招标投标环节等情况的不同，所用文书种类也有区别。本章学习的内容，主要围绕招标书、投标书，辅之以与其联系紧密的招标公告、投标邀请书、中标通知书等几种最基本的招标、投标文书及相关知识。

第二节　招标文书的写作

一、招标公告的内容和写法

招标公告，又称招标启事或招标通告，它是招标过程中发布的第一个文件，属周知性文件。招标公告应包括以下内容：

（1）招标人的名称、地址，委托代理机构进行招标的，应注明该机构的名称和地址；

（2）招标项目的性质，标明是属于工程项目还是属于货物或服务项目；

（3）招标项目的数量；

（4）招标项目的实施地点和实施时间；

（5）招标文件的获取办法。

招标公告的文体结构通常由以下几个部分构成。

（一）标题

标题一般由招标单位、招标项目和招标文件名称三个部分组成，如《××单位建筑工程招标公告》；也可以单独或同时省略前两项要素，写成《××单位招标公告》《××工程招标通告》或《招标公告》等。

（二）编号

如果是委托招标公司制作的招标公告，则在标题下一行右侧标明文件编号，以备归档核查。

（三）导言

导言写明招标的项目名称、目的、依据等，文字要短小精悍。

（四）主体

招标的具体内容和项目事宜都要在这里体现出来。包括招标人的名称和地址，招标项目的性质、数量、实施地点和时间，以及获取招标文件的办法等事项。

招标人可以根据招标项目本身的要求，在招标公告或者投标邀请书中，要求投标人提供有关资质证明文件和业绩情况，以便对投标人进行资格审查；

国家对投标人的资格条件有规定的，应依照其规定办理。

正文通常采用分条叙写的方式，层次要清楚，表达要明确，能给人以清晰的印象。

（五）落款

在文尾签署招标单位的名称、地点、邮政编码、电话号码、电子信箱、联系人姓名以及招标公告的发布日期等。

（六）附件

某些专门化的内容，如项目的具体数字、工期一览表、设计和勘探资料及相关的各类说明书等，通常作为附件列于文后或作为其他招标文件另发。

二、投标邀请书的内容和写法

为了提高招标工作的效率，保证工程项目的质量，招标单位还可以采用邀请投标的方式进行招标，依据规定应当向三个以上具备承担招标项目能力、资信良好的特定法人或者其他组织发出投标邀请书。邀请投标，是公开招标的补充形式。这种情况下，在发出投标邀请书的同时，还要随函寄上招标公告。投标邀请书的结构如下。

（一）标题

投标邀请书的标题一般由招标单位名称、招标项目名称和文种构成，或由招标单位名称和文种构成。也可直接写“投标邀请书”“投标邀请函”。

（二）主送

主送写明受邀请单位的名称。

（三）导言

先简要阐明发函的目的、根据，招标的项目名称等，并对被邀请单位表示赞赏和肯定，再用过渡语“现将有关事宜函告如下”引至主体。

（四）主体

主体多用条文式，也可用表格式写明内容，包括项目名称、实施招标项目地点、招标条件、要求、开标日期等。商品招标书要写明商品的名称、数量、规格、价格等要求。内容与招标公告基本相同。

（五）结尾

结尾写招标单位名称、地址、法人代表、成文日期并加盖印章、联系人姓名、电话号码等，必要时还可写上开户银行及账号。

三、招标书的内容和写法

（一）招标书的含义和作用

招标书又称招标说明书，是招标者用以公布拟建工程项目或拟购大宗商品的内容及其条件、要求和标准，以期征召和优选承包对象时所编写的文字材料。

招标在国际上被广泛运用于货物、工程、服务等领域，在经济活动竞争中有很大的作用。有助于实现社会资源优化配置，其公平的、透明的操作程序有助于防止腐败，倡兴廉政。有利于经济的繁荣和社会的发展。

《中华人民共和国招标投标法》第三条规定："在中华人民共和国境内进行下列工程建设项目包括项目的勘察、设计、施工、监理以及与工程建设有关的重要设备、材料等的采购，必须进行招标：（一）大型基础设施、公用事业等关系社会公共利益、公众安全的项目；（二）全部或者部分使用国有资金投资或者国家融资的项目；（三）使用国际组织或者外国政府贷款、援助资金的项目。"

招标投标法还规定："任何单位和个人不得将依法必须进行招标的项目化整为零或者以其他任何方式规避招标。"可见，国家是提倡在经济活动中进行招标、投标的。招标投标活动应当遵循公开、公平、公正和诚实守信的原则。

（二）招标书的内容和结构

招标书一般由标题、正文、落款三个部分组成：

1. 标题

招标书的标题主要有以下几种形式：一是由招标单位、标的名称或事由、文种构成，如《××市第三污水处理厂设备安装工程招标书》；二是只写招标单位和文种，如《××市第三污水厂筹建处招标书》；三是事由和文种，如《建筑安装工程招标书》；四是文种一项，如《招标书》或《招标说明书》。

2. 正文

正文一般由导语、主体、结尾组成。

导语。应写明招标单位的基本情况，即招标的目的、依据及标的名称等，文字要简洁准确。

主体。这是招标书的核心内容。一般用条文式，有的也可用表格式或条文和表格结合的形式。由于招标书的性质和内容不同，其写法也不尽相同。

主体部分包括三个方面内容，一般需要简要概括、分条列项地写出。

一是招标项目的情况信息：如工程招标要写明标的概况、资金来源、工期、工程建设标准；

二是招标、投标的法规要求和参与招标、投标活动的应知信息：含招标步骤、投标程序、投标费用、招标的起止时间、开标时间，评标原则和办法、合同规则（或合同示范本）等；

三是对招标对象的条件要求：含招标范围、投标人资质、投标保证金、投标书等。

商品招标书要求标明商品的名称、数量、规格、价格等。

科技项目招标书则要求写清招标原则，项目名称，任务由来，研究开发目标，研究开发内容，经济技术指标，研究开发的进度要求、成果要求、经费要求，承包单位的条件及要求等。

招标书还有一些附件，如具体的工程量清单、图纸、欲购商品清单等。内容应力求详尽、具体，表述力求规范、明确。招标书的内容较多时，要装订成册。

招标工作的结果是要优选一个合作对象建立合同关系，招标书的内容实质是招标单位发出的要约。

3. 落款

落款写明招标单位的名称（全称）、法人代表和日期。装订成册的招标书，在封面或正文开头部分已写明的，可从略。

四、中标通知书的内容和结构

中标通知书是招标单位向中标单位发出的通知文书，有时也以“中标公告”的形式在媒体上发出。投标应当符合下列条件之一才可中标：

一是能够最大限度地满足招标文件中规定的各项综合评价标准；

二是能够满足招标文件的实质性要求，并且经评审的投标价格最低，但是投标价格低于成本的除外。

中标通知书的结构一般包括标题、发文字号，主送单位、正文和落款几个部分，与一般公文相近，公文中通知的写法可作参考。

（一）标题

一般有两种写法，一是仅写文种，如：《中标通知书》；二是项目名称加文种，如：《青藏铁路拉萨至××段站前工程施工招标中标的通知》。

（二）发文字号

与公文相同，有发文单位代字、年号和序号组成，如：“陕发〔2020〕78号”。

（三）主送单位

写清中标单位名称。

（四）正文

包括前言、主体和结尾。

(1) 前言。说明依据和评标结果，明确通知事项。

(2) 主体。具体说明中标内容和要求，交待下一步的有关事宜，如签订合同或协议。

(3) 结尾。常以习惯用语“特此通知”为结尾。

五、招标文书的写作要求

（一）要有较强的政策观念和法律观念

撰写招标书时，要遵照《中华人民共和国招标投标法》等法律、法规办事，内容要合法合理、切实可行。招标书的要求和应知事项，要符合国家有关法律、法规、政策和程序的规定；违反国家法律、法规的不能中标。如违反我国公布的《民法典》《反不正当竞争法》等法律、法规的，应取消其中标资格。

（二）必须贯彻平等互利的原则

招标是一种为所有合格的投标人提供公平竞争机会的交易方式，因此招标书内容必须建立在平等的基础上。如招标书中引用的标准和技术规格应最大可能采用国家标准、部颁标准或国际上认可的标准，例如 ISO、IEC。不能够引用某一家制造商的商品名称、商标、目录号作为依据，也不能引用独家生产的技术参数和特征作为依据。

招标单位与投标单位之间，应以协作互利为本。招标单位不能把条件订得过于苛刻，投标单位报价也应适中，底标与报价要符合当时社会的平均价格水准。

（三）内容重点明确，全面周密，方案既科学、先进，又适度、可行

重点明确，内容周密。招标项目（即标的）是招标书的核心内容，对其有关情况、招标范围、具体要求，都要写清楚。如建设项目的工程名称、数

量、技术质量要求、进度要求，甚至建筑材料的要求等。该写的一定要写全，尽可能周到，没有空子可钻，以免日后发生纠纷。

（四）语言简明、准确，不能前后矛盾，模棱两可

对技术规格、质量要求的表述绝对准确、无误，这样，才能对政策法规准确理解与执行，有利于标书的制作者剔除歧视性条款。

第三节　投标文书的写作

一、投标书的含义和作用

投标书是投标者为了中标而按照招标书提出的项目、条件和要求，以求实现与招标者订立合同而提供给招标者的承诺文书。投标是对招标的响应，是与其他承包者的行为竞争，投标书同时也是提供给招标人的备选方案。

投标和招标一样在国际上被广泛运用于货物、工程、服务等领域，在经济活动和竞争中有很大的作用。同招标相同的是，它同样具有符合市场经济原则和规律的特点。其规范、有效的竞争有助于实现社会资源的优化配置，其公平的、透明的操作程序有助于防止腐败、倡兴廉政。它和招标一起保护了市场竞争公平、公正、公开的原则，有利于保证项目质量和国家利益，有利于经济的繁荣和社会的发展。

投标和招标是相对应的，先有招标，后有投标。招标书是投标书的引导，其他为议标、评标、定标等环节的活动，无不是围绕招标书而进行的；中标和签订合同，也要以招标书为凭据。

投标是一个比实力、比技术、比信誉、比价格、比能力、比策略的竞争过程。投标是否成功，因素很多，但与投标书撰写得好坏有着直接的关系。

投标文书是投标方在投标过程中使用的文书，包括投标申请书、投标人资格审查材料、投标书、演讲或答辩书等。这里主要介绍中心文件——投标书的结构和写法。

二、投标书的内容和结构

（一）标题

投标书的标题一般有四种：一是由投标单位、投标项目和文种构成的标

题，如“××建筑公司承建××商场改扩建项目工程投标书”；二是只写项目和文种的标题，如“××工程投标书”；三是只写投标单位和文种的标题，如“××单位投标书”；四是只写文种的标题，如“投标书”“标书”“标函”或“投标说明书”。

（二）主送单位名称

主送单位是对招标单位的称呼。在标题下隔行顶格写上招标单位的名称，末尾加冒号，书写时要求使用全称或规范化简称。

（三）正文

投标书的正文只需要用简洁的文字直接表明态度，写明保证事项即可。有时也可根据需要简单介绍一下本单位的优势和情况，或者写明其他应标条件及要求招标单位提供的配合事项等。投标书的附件很重要，要按照招标要求分门别类地介绍、说明情况。一般来说可分为引言、主体、落款与日期、附件等四个部分。

1. 引言

以简练的语言说明投标的依据、目的或指导思想，表明投标意愿。开宗明义，提纲挈领。

2. 主体

紧紧围绕招标书提出的目标、要求来编制投标书，应当对招标文件提出的实质性要求和条件作出响应。一般是扼要介绍投标企业现状、具备的投标条件，目前所做的工作及中标后的承诺；提出总报价限价、完成招标项目时间，明确质量标准和保证措施等。内容还应当包括拟派出的项目负责人与主要技术人员的简历、业绩和拟用于完成招标项目的机械设备等。

3. 落款与日期

包括署名、日期、联系方式、印章等内容。位置在正文的右下方。

4. 附件

投标书的附件根据需要和实际情况而定。附件内容可包括：资格审查文件、工程量清单、投标报价表、分项标价明细表、材料清单、技术规格、有关图纸和表格、担保单位的担保书等。

投标书的正文和附件是相互配合的，如果投标书的内容不是很庞杂，大部分内容可在正文中表述清楚，附件就可以减少；如果投标书整体内容很多，都写入正文，会影响正文层次的清晰度。可用多个附件分别承载其内容，正文和附件的内容布局，需要撰写人视情况而定。

三、注意事项

（一）内容要有针对性

编写投标书要紧扣招标书提出的内容和要求，既要针对招标者提出的条件，也要结合企业实际和工程任务的现状，经过充分分析论证，决定是否投标和标段的选择，内容上具有很强的针对性。投标书编写最核心的要点是要逐条响应招标书，不能有遗漏。其中的具体内容，如目标、造价、技术、设备、质量、安全措施、进度等，都要按照招标书的要求予以明确，使招标方能看出投标方的投标意愿和投标能力。如果答非所问，必然会在竞争中失利。

（二）有科学求实的态度

投标内容要真实可信，切合实际。要实事求是地对投标项目进行分析，实事求是地估量本企业本单位的技术、经济实力，在标书中要实事求是地介绍己方、提出承诺。不可单纯为了中标而增加水分。否则只会使招标者产生怀疑，以致对中标产生不利影响。更不可弄虚作假，徇私舞弊。招标投标活动应当遵循公开、公平、公正和诚实守信的原则。

（三）内容要合理合法

写投标书时，一方面要遵守国家对招标、投标工作的有关法律规章，体现国家的方针、政策；另一方面要执行国家颁布的技术规范和质量标准。整个招标、投标过程中的行为和投标承诺的内容，都要符合《中华人民共和国招标投标法》的要求。“投标人不得与招标人串通投标，损害国家利益、社会公共利益或者他人的合法权益。禁止投标人以向招标人或者评标委员会成员行贿的手段谋取中标。”“投标人不得以低于成本的报价竞标，也不得以他人名义投标或者以其他方式弄虚作假，骗取中标。”

（四）讲究时效

招标单位之所以招标，是为了利用投标者之间的竞争，优选合作对象，这其中就包含时间、效率的竞争。招标都有时限规定，投标一定要讲究时效，要在规定的时限内编制并送交投标书，这样才有资格进入投标范围。

（五）表述须明确、具体、全面、周密，以免有所疏漏，或中标后引起经济纠纷

大中型的公司或集团，需要且应该制定统一的《投标标书编写规范与指

南》，通过积累，建立一个投标书模板库，以保证投标书的质量，缩短投标书的编写周期。

第三节　例文简评

例文一：

招标公告

××体育学院的学生宿舍工程，已由××省发改委批准兴建。现决定对项目的工程施工进行公开招标择优选择承包人。

1. 本次招标工程项目的概况。

（1）招标工程项目的规模：建筑面积约 12 891 平方米，结构类型为混合结构、局部框架、7 层。

招标范围：施工招标，施工图范围的土建安装工程。

（2）工程质量要求达到国家施工验收规范合格标准。

2. 凡对本工程感兴趣的合格的施工企业均可向招标人提出资格预审申请，只有资格预审合格的投标申请人才有可能被邀请参加投标。

3. 参加本次资格预审的投标申请人必须具备建设行政主管部门核发的房屋建筑施工总承包三级及以上和具有足够资产及能力来有效地履行合同的施工企业或自愿组成的联合体（联合体各方均应当具备规定的相应资格条件。相同专业的施工企业组成的联合体，按照资质等级低的单位确定资质等级）。

4. 投标人可按本公告后所附招标代理机构地址从招标代理机构处获取资格预审文件。

5. 资格预审文件每套售价 200 元人民币，售后不退。如欲邮购，可以书面形式通知招标人，并另加邮寄费每份 50 元人民币，招标人将立即以邮政快递方式向投标人寄送资格预审文件；但在任何情况下，如寄送的文件迟到或丢失，招标人均不对此负责。

6. 资格预审申请书必须经密封后，在 2021 年 3 月 26 日 17 时 30 分以前送至招标人。申请书封皮上应清楚地注明“××体育学院学生宿舍（招标工程项目和标段名称）资格预审申请书”字样。

7. 迟到的申请书（以申请书送达招标人的时间为准）将被拒绝。

8. 招标人将及时把申请评审结果通知投标申请人，并预计于 2021 年 3 月 28 日发出资格预审合格通知书。

9. 有关本项目投标的其他事宜，请与招标代理机构联系。

招标代理机构：××市××建设工程咨询有限公司

办公地址：××市发展大道××号××大厦×座×××室

邮政编码：××××××

联系电话：××××-××××××××

传　　真：××××-××××××××

联 系 人：×××

2021 年 3 月 19 日

评析：

这是一篇关于房屋建筑工程施工项目的招标公告。从结构上看，它包括标题、前言、主体和结尾，结构完整，不存在问题。标题采取了只用文种的形式，虽然符合一般的写作惯例，但出于准确快速传达招标项目的性质而言，在标题概括上不应一味求简。前言交代了招标项目的名称、方式和招标缘由，表达简洁清楚。此项招标工程，要对投标申请人进行资格预审，所以在公告的主体部分，采取分条陈述的方式，除了载明招标项目的概况，主要对资格预审的相关事宜做了较多的说明，每一条都写得清楚明白。但仔细阅读，不难发现这篇招标公告在关键内容上存在缺省。根据《工程建设项目施工招标投标办法》和《房屋建筑和市政基础设施工程施工招标投标管理办法》的相关规定，缺少的内容有：在招标工程项目概况里应包括的招标项目实施地点和工期；获取资格预审文件的具体时间。这些必备内容的缺少，会导致投标人在实际工作中因缺乏必要信息而影响投标操作。

例文二：

招标公告

陕西九州生物医药科技园，是陕西九州生物科技股份有限公司投资建设的现代化生物医药园区。该园区集生物医药及中药的研发与生产、新药评价研究、成果展试与示范生产、成果转让与产业化、企业孵化及人才培养等六大功能为一体，是陕西省规划重点建设项目。

作为园区标志性建筑的综合办公楼，是园区办公和商务活动的中心所在地，建筑面积 8 400 平方米，结构形式为 6 层框架，已完成土建与安装施工，现对室内装饰工程公开招标，具体要求如下。

资质要求：装饰设计乙级以上（含乙级）、装饰施工二级以上（含二级）资质。

报名时间：2021 年 5 月 18 日—5 月 25 日

报名地点：西安高新区科技六路 196 号陕西九州生物医药科技园园区工程建设指挥部。

联系人：陈先生　杨小姐

电话：029－88586007 88586789（传真）

（详情请登录本公司网站 http：//www. cnjzgroup. com）

陕西九州生物医药科技园园区工程建设指挥部

二〇二一年五月十七日

评析：

例文二标题简明醒目。正文将建设单位名称、工程项目及重要意义、建筑地点、建筑面积、工程基础、本次招标的项目内容、招标对象的资质要求、招标起止日期、报名地点等事项逐条列出，简明扼要，符合一般工程项目招标书的要求。公告借助于报纸媒体发出，范围广泛。有利于优选设计、施工企业。

例文三：

××市××房地产发展公司蓝盾住宅小区工程

总体规划设计方案招标文书

本项目是经济适用房项目，位于××市江北区石马河南桥寺，总占地近 88 亩。本项目进行总体规划设计招标，中标单位将签订合同，完成全套方案设计。

一、项目概况

1. 项目位置：该项目（规划编号为大石坝组团 E 区 2 号地块、大石坝组团 E 标准分区 1～8 号地块），位于江北区石马河蓝桥寺。（见附件 1《规划红线图》）

2. 项目性质：商住。

3. 项目的立项批号为：江北发改委投〔2020〕296 号。

4. 规划选址意见书文号为：渝规选〔2020〕江字第 0143 号；渝规选〔2021〕江字第 0009 号。

5. 规划设计条件文号为：渝规设〔2020〕江字第 0146 号；渝规设〔2021〕江字第 0010 号。

6. 规划红线图。见附件一。（略）

二、招标方式

本项目采用邀请招标方式，邀请四家设计单位参加。

三、投标单位资质要求

1. 具有甲级建筑设计资质，技术力量雄厚。

2. 具有设计大型住宅小区的实践经验。

四、报名时应提供的资料

1. 单位营业执照、资质证书复印件；

2. 项目负责人简介和相关证书。

五、规划控制条件（详见附件二《重庆市建设工程设计条件、要求通知书》）

六、规划设计及质量要求（略）

七、规划设计按有关规定执行，户型 80～150 平方米，质量要求较高

八、投标文件编制要求

投标文件使用中文；纸张：A4；图纸：3 号图幅；字号：仿宋体 4 号字。

主要内容包含：

1. 规划方案设计综合说明书（含主要经济技术指标）；

2. 规划方案设计图纸（总体布置图、立面图、效果图）；

3. 工程投资概算；

4. 设计进度和设计报价。

九、评标方法

××市××房地产开发公司拆迁还房项目部对投标方案进行评选，从中选出 1 种设计方案，中标方案的设计单位为中标单位。

十、拟签订合同的主要条款

1. 主要事项：深化完成规划方案设计（深度做到初设）；

2. 工作时间：自中标之日起 20 日内；

3. 设计价格：按建筑面积计算为 2.5 元/平方米；

4. 方案阶段免费设计。

十一、其他

在收到各参赛单位的图纸及相关文件后，由专家评审，中标的单位将

继续参与该项目的规划设计工作，凡未被选中的方案，委托方不再退还设计方案、图纸及配套文件，委托方有权对图中合理的相关内容进行吸纳、综合。

十二、招标日程安排

1. 报名时间：2021 年 6 月 25 日下午 1：30，在××市××房地产开发公司会议室。

2. 招标文件答疑、踏勘现场的时间和地点：2021 年 6 月 27 日（星期日）上午 9：00，在××市××房地产开发公司会议室举行答疑和踏勘现场。

3. 投标文件送达的截止时间：2021 年 7 月 2 日下午 5：00。

4. 开标时间和地点：2021 年 7 月 9 日上午 9：00，在××市××房地产开发公司会议室举行开标会。

十三、报名地点及联系人：

××市江北区望海一村 1 号 1－1 号　××市××房地产开发公司

邮编：（略）

联系人：曹健　　手机：（略）

电话：（略）　　传真：（略）

附件

1.《规划红线图》。

2.《重庆市建设工程设计条件、要求通知书》。

××市××房地产开发公司

2021 年 6 月 21 日

评析：

这是一个写得比较规范的招标书，标题包含了招标单位、项目名称和文种。正文依据明确，项目齐全，对整个招标、投标过程的主要因素、条件、要求及其他须知事宜都有涉及，表述条理清晰，语言准确规范，可资借鉴。

例文四：

通信器材投标书

致：＿＿＿＿＿＿＿＿＿＿＿＿＿＿＿＿

根据贵方为＿＿＿＿＿＿＿＿项目招标采购货物及服务的投标邀请

__________（招标编号），签字代表__________（全名、职务）经正式授权并代表投标人__________（投标方名称、地址）提交下述文件正本一份和副本，一式__________份。

（1）开标一览表；

（2）投标价格表；

（3）货物简要说明一览表；

（4）按投标须知第 14、第 15 条要求提供的全部文件；

（5）资格证明文件；

（6）投标保证金，金额为人民币__________元。

据此函，签字代表宣布同意如下：

1. 所附投标报价表中规定的应提供和交付的货物投标总价为人民币__________元。

2. 投标人将按招标文件的规定履行合同责任和义务。

3. 投标人已详细审查全部招标文件，包括修改文件（如需要修改）以及全部参考资料和有关附件。我们完全理解并同意放弃对这方面有不明及误解的权利。

4. 其投标自开标日期有效期为__________个日历日。

5. 如果在规定的开标日期后，投标人在投标有效期内撤回投标，其投标保证金将被贵方没收。

6. 投标人同意提供按照贵方可能要求的与其投标有关的一切数据或资料，完全理解不一定要接受最低价格的投标或收到的任何投标。

7. 与本投标有关的一切正式往来通信请寄：

地址：__________　　邮编：__________

电话：__________　　传真：__________

邮箱：__________

投标人代表姓名、职务：__________

投标人名称（公章）：__________

日期：______年______月______日

全权代表签字：__________

评析：

本投标书是通信器材方面的一个标准投标书格式。标题简洁明了，正文内容详尽地列示出投标方提供给招标方的信息，结尾部分包含了投标方的地址、电话、邮箱名称等，内容周全具体，条理清楚。

例文五：

大秦铁路茶坞至大石庄段站前工程

施工招标中标的通知

铁路总公司第十六工程局、第三工程局、第一工程局：

在铁路总公司、建设银行具体指导下，经总公司招标领导小组扩大会议评议并报总公司里批准，茶坞至大石庄段（含段甲岭联络线）站前工程，由总公司第十六、第三、第一工程局分段中标，共同承担施工。具体分段里程为：

第十六工程局：下线 DK 342＋767－DK 379＋500；

第三工程局：正线 DK 379＋500－DK 389＋700；

第一工程局：正线 DK 389＋700－DK 398＋000 及全部联络线。

请各中标单位按上述分段，仍以技术设计文件为准，计算出管段内的工作量，采用标书中报价单的形式，分项按各自的综合单价（临时工程费及其他费用按全线长为 60 公里计算出的公里指标）计算各局的包价，在 12 月上旬前，送总公司××基建发包组，核定包价。根据总公司对技术设计的批复及降低大秦铁路工程造价措施所引起的变更（附总公司批复及通知），以后另行修改包价。

中国铁路总公司××基建发包组

二〇二〇年十一月三十日

抄送：（略）

评析：

这则中标通知书基本是按照公文的形式撰写的。标题由事由和文种两因素组成，正式编号发文，字号同公文，可见处理上也依照公文程序办理。主送单位为中标单位，一一列出。正文的开头部分主要说明评议报批的过程和最终结果，即点明中标通知书是按程序经本级评议、上级审批而得出的结果，肯定了通知书的权威性和严肃性；主体部分告知中标的具体分段和包价要求等有关事宜。最后以习惯用语结尾。落款标明发包单位、代表人和时间。文字表述清晰明了，语气准确肯定。

综合练习

1. 何为招标、投标？
2. 招标书和投标书有哪些特点？
2. 招标书和投标书的作用有哪几个方面？
3. 招标书和投标书一般由哪几部分构成？
4. 招标书和投标书的写作应注意哪些问题？
5. 请对投标书做一简评。

培训楼工程施工投标书

×××××××：

根据××铜矿兴建培训楼工程施工招标书和设计图的要求，作为建筑行业的×级企业，我公司完全具备承包施工的能力与条件，决定对此项工程投标。具体说明如下。

一、综合说明

工程简况（工程名称、面积、结构类型、跨度、高度、层数、设备）：培训楼一幢，建筑面积10×700平方米，主体6层，局部2层。框架结构：楼全长80米，宽40米，主楼高28米，二层部分高9米。基础系打桩水泥浇注，现浇梁柱板。外粉全部，玻璃马赛克贴面，内粉混合砂浆采面涂料，个别房间贴壁纸。全部水磨石地面，教室呈阶梯形，个别房间设空调。

二、标价（略）

三、主要材料耗用指标（略）

四、总标价

总标价6 538 165元，每平方米造价870.23元。

五、工期

开工日期：××××年×月×日；

竣工日期：××××年×月×日；

施工日天数：×××天。

六、工程计划进度（略）

七、质量保证

全面加强质量管理，严格操作规程；加强各分项工程的检查验收，上道工序不验收，下道工序决不上马；加强现场领导，认真保管各种设计、施工、试验资料，确保工程质量达到全优。

八、主要施工方法和安全措施

安装塔吊1台、机吊1台，解决垂直和水平运输；采取平面流水和立体交叉施工；关键工序采取连班作业，坚持文明施工，保障施工安全。

九、对招标单位的要求

招标单位提供临时设施占地及临时用房 40 间，我们将合理使用。

十、坚持勤俭节约原则，尽可能杜绝浪费现象

附件：本公司基本情况介绍

投标单位：××建筑工程总公司（盖章）

法定代表人或委托代理人：李××（签章）

电话：××××　传真：××××

××年××月××日

第十三章
财会业务文书

应用导航

河南××化工厂财务情况说明书

二〇二〇年十二月三十一日

一、企业概况

河南××化工厂，性质为国有企业，属于一般纳税人，本企业共设两个基本生产车间，其中一车间生产A产品，二车间生产B、C两种产品，各种产品生产为单步骤大批量简单生产，材料生产开始时一次投入，本年生产A产品100箱，其中完工50箱；生产B产品105箱，完工45箱。企业在职职工共计240人，法定代表人刘大林。在本年企业销售A产品90箱，销售B产品80箱，本年在财产清查中，发现盘亏木箱4个，成本80元；盘亏机器一台，原价为80 000元，已提折旧76 000元；本年末企业资产总额为6 155 664.20元，负债为2 127 317.85元，所有者权益为4 028 346.35元，本年所取得的所有者权益及负债总额6 155 664.20元，其中主营业务利润为1 920 000元，营业利润为934 815.06元，利润总额为954 315.04元，上交国家所得税为308 323.96元，发生净利润为645 991.08元，向投资人分配净利润为163 044.78元，与年初相比较，企业的净资产额净增加1415 681.20元，负债增加1462 417.85元，所有者权益增加－46 736.65元。

二、企业本年所采用会计政策说明

本企业在 2019 年度会计核算采用科目汇总表登记总账处理程序，使用汇总方法，为每半月汇总一次，开户银行所规定的库存现金金额为 3 000 元，各部门科室和个人备用金采用一次报销制，企业在存货核算中，甲乙两种材料采用计划成本核算，其他存货采用实际成本核算法。对实际成本计价法核算的发出存货核算方法，采用先进先出法，包装物领用时采用一次摊销法，企业固定资产折旧采用分类折旧率计提折旧，本厂职工工资按计时工资付，并按 14%计提福利费，2%计提工会经费，1.5%计提教育费。企业采用备抵法来核算坏账，并计提坏账准备金，于年末按应收账款余额 5‰来计提坏账准备金金额。在产品成本中选用品种法，在计算产品成本中，将总成本在完工产品与在产品之间分配，采用约当产量法，并确定在产品的完工程度为 50%。企业对长期投资中的股权投资采用成本法核算，收入的确认标准严格按照国家统一会计制度规定标准确认，在会计核算中遵守国家会计制度规定的 13 项原则，并按照《企业财务会计报告条例》的规定编报会计报表，并按期向信息需求人报送会计报表。

三、企业主要财务指标分析和说明

（1）流动比率。

本企业流动比率：流动资产÷流动负债＝2 880 064.2÷927 317.85×100%≈310.58%

评价：与传统流动比率为 200%的比较，本企业流动比率高于传统模式，说明本企业短期内偿债能力强。

（2）速动比率。

本企业的速动比率＝速动资产÷流动负债＝（2 880 064.2－1 442 391.34）÷927 317.85×100%≈155.04%

评价：与传统速动比率最优模式为 100%的比较，本企业速动比率较高，表明企业近期内偿债能力强。

点评：

本财务说明书是企业（公司）按照《企业财务会计报告条例》和国家统一的会计制度规定，对企业概况、企业本年所采用会计政策说明、企业主要财务指标分析和说明三个方面的情况做出的真实、完整、清楚的说明。

点睛之笔

教学重点

(1) 预算与决算采用的具体方法

(2) 企业预算与决算的基本特点、结构要求、编写要求

(3) 财务评价的实施方法，以及评价过程中采用的技术手段

(4) 财务评价文书的基本特点、格式要求、语言要求

(5) 财务情况说明书的构思方法、格式要求、基本特点、编写规范和编写过程中采用的一般技术手段

教学难点

(1) 企业预算报告的编写方法

(2) 财务评价文书的写作要领

(3) 财务情况说明书的写作技巧

第一节　财务预算与决算

一、企业预算的概念及编制过程

(一) 企业预算概念

企业预算一般分为业务预算、资本支出预算、财务预算三种。业务预算指的是与企业基本生产经营活动相关的预算，主要包括销售预算、生产预算、材料预算、人工预算、费用预算（制造费用预算、期间费用预算）等。资本支出预算是企业长期投资项目（如固定资产购建、扩建等）的预算。财务预算指有关现金收支、经营成果、财务状况的预算，包括现金预算、预计利润表、预计资产负债表。

销售预算是整个预算编制工作的起点和主要依据。公司应根据当年的经营目标，通过市场预测，结合各种产品的历史销售量、销售价格等数据，确定预测年度的销售数量、单价和销售收入。在销售预算的基础上，编制生产预算，再根据预测销售量、预测期初和期末的存货量，得出预测生产量。然后，根据生产预算，编制材料预算、人工预算，制造费用预算。制造费用预

算的编制分为变动制造费用和固定制造费用两个部分，变动制造费用预算的编制以生产预算为基础，根据预计的各种产品产量以及单位产品所需工时和每小时的变动制造费用率计算编制。产品成本预算根据生产预算、材料预算、人工预算、制造费用预算编制。销售费用预算根据销售预算编制而成。管理费用预算一般根据历史实际开支为基础编制。现金预算是财务预算的核心。现金预算的内容包括现金的收入、支出、盈赤（现金的多余或不足）、筹措与利用等。现金预算的编制以各项业务预算、资本支出预算的数据为基础。预计利润表是对企业经营成果的预测，根据业务预算编制而成。预计资产负债表是对企业财务状况的预测，根据期初资产负债表、业务预算编制而成。

（二）预算编制过程

预算编制一般有自上而下、自下而上等方法，在编制时，要注意各预算执行单位之间的权责关系，注意权责的划分、分解。预算管理体系中权责的不明会直接影响到预算的执行和考核。

二、预算的基本格式及编制要求

（一）预算基本格式

预算要简明清晰：总体来说包括标题、称谓、正文、签署四个部分。首先对上一年财务指标做简要说明，然后就下一年预算进行预测规划，主要有以下几个部分。

（1）收入预算（所有的现金收入，包括银行利息收入）。

（2）支出预算，包括进货成本、管理费用、销售费用、财务费用、投资支出（包含固定资产投入、在建工程支出、股票债券投资）。

（3）预算管理规范，先根据本企业要实现的既定目标，比如实现多少利润，或者完成多少收入，对各个环节进行目标管理，采取一系列的措施进行项目跟踪，及时反馈，做到合理有效的控制。

（4）预算控制与考核，可以协助并优化控制和管理企业的生产、经营。要成功地达到预算控制、考核的目的，应得到公司管理层、员工的认知与支持，明确职责，建立完善的预算管理体系。关于预算考核，重点是确定考核指标，考核指标一定要合理，不要产生为了完成考核指标而影响正常的生产、经营活动的情况。

（二）企业财务预算报表构成要素

（1）报表封面。

（2）资产负债预算表。

（3）利润预算表。

（4）现金流量预算表。

（5）所有者权益（国有权益）及重大财务事项变动预算表。

（6）成本费用预算表。

（7）年度主要财务指标预报表。

（8）年度预算调整主要指标表。

（9）主要分析指标表。

（三）企业财务预算情况说明书构成要素

（1）上年度财务预算工作情况总结。

（2）本年度预算工作组织情况。

（3）本年度预算编制基础。

（4）预算年度生产经营情况说明。

（5）预算年度的主要指标说明。

（6）可能影响预算指标的事项说明。

（7）预算执行的保障和监督措施。

（8）其他需要说明的情况。

（四）企业财务计划预算写作总述

企业财务计划预算应用文是对未来一定时期内的有关工作目标、任务、措施等做出的预测和设想的书面文。虽然不属于国家正式公文，但是应用范围很广泛，例如计划、规划、方案等都属于此类应用文。

1. 企业财务计划预算应用文的主要特点

（1）指导性。无论是计划、方案还是规划，都是企业行动的方向，对企业的日常工作起着指导作用。

（2）具体制订总是在事情发生之前。计划必须是事先制订的，因此必须有超前思想，才能更好地完成。

（3）适时创新性。如果企业财务计划没有创新，那么就失去了其重要意义，所以要不断地创新才行。

（4）符合客观发展规律。企业财务计划预算应用文内容要符合事物的客观发展规律，绝对不能主观臆断。另外，写作者要深入调查，综合分析所掌握的资料，并提出具有可行性的指标和措施。

2. 企业财务计划预算应用文的组成部分

企业财务计划预算应用文通常由标题、正文和结尾三个部分组成。

（1）标题。此类应用文的标题一定要直截了当，不用任何修饰语。一般也不分正副标题。

（2）正文。通常情况下可分为导言、目标、因素分析以及任务和措施四个部分。

① 导言。导言用于交代计划规划的背景、依据、目的以及重要意义，其内容要简短。

② 目标。这部分是财务计划预算应用文的核心部分。它包括两个方面：一是总任务目标，总体说明本地区或本企业的发展情况的目标；二是具体的任务，有的可以将两者合并在一起，例如短期计划或者某项工作的计划。

③ 因素分析。这部分是对完成任务的可能性进行的分析。说明有哪些有利条件，有什么困难，以便趋利避害，完成任务。注意事项是，切忌将各种因素过于具体化或过于抽象化。

④ 任务和措施。企业财务计划预算应用文最重要的两个部分就是任务和措施，它们相互依存。措施是全文的重点，没有措施，任务就如同虚设。为了便于执行，措施可以分条说明，重要的部分要先写，并且要写得详细。

（3）结尾。结尾的内容一般包括在执行计划时应注意的事项、有关说明，或者提出要求、希望、号召等。制订计划的单位或者部门的名称及日期要放在最后注明。如果已在标题中写明，就无须再写。

3. 如何写好企业财务计划预算的应用文

（1）制定目标要基于实际能力。企业财务计划预算应用文中提出的目标和任务一定要实事求是，不能好高骛远，也不能因循守旧。只有任务目标留有余地，才能充分发挥群众的积极性，满额或者超额完成任务。

（2）所用材料要真实。企业财务计划预算应用文的内容是以各种材料为依据，经过对各种数据、资料、信息的研究而得出的设想。因此，只有所用参考资料准确，真实，做出的计划才可能实现。

（3）忌华丽辞藻。应用文的语言要朴实无华，对于制定的任务指标不能模棱两可，含糊不清。只有这样，群众才能理解，以便更好地执行。

三、企业预算报告的概念及结构

（一）财务预算报告概念

企业预算报告是指反映一个企业在预算年度内企业资本运营、经营效益、现金流量及重要财务事项等预测情况的文件。从企业的经营实际看，企业应当在组织开展内部各级子企业财务预算编制管理的基础上，按照国有资产监督管理委员会（简称国资委）统一印发的报表格式、编制要求，编制上报年度财务预算报告。企业应当按规定组织下属企业开展财务预算报告收集、审核、汇总工作，并按时上报财务预算报告。企业除报送合并财务预算报告外，还应当附送企业总部及二级子企业的分户财务预算报告电子文档。三级及三级以下企业的财务预算数据应当并入二级子企业报送。级次划分特殊的企业集团财务预算报告报送级次由国资委另行规定。

（二）预算报告文书结构

企业财务预算报告包括企业财务预算报表和企业财务预算情况说明书。

我们主要是在财务专业人员编制的年度财务报表的基础上撰写预算说明书，下面分析预算说明书的写法。

企业财务预算情况说明书是预算报表编制与预算管理工作情况的说明，它是预算报告的重要组成部分。根据工作要求，企业财务预算报表情况说明书至少应当说明以下主要内容。

1. 上年度财务预算工作总结

对上年度财务预算编制、执行情况进行总结；对比年度财务决算，说明企业上年度预算目标执行的情况，并着重分析原因。

2. 本年度预算工作组织情况

预算工作组织情况主要包括企业预算管理机构设置、管理机构主要成员构成、内部组织分工、年度预算工作具体组织过程以及预算审核情况等。

3. 年度预算编制基础

预算编制基础主要包括企业编制年度财务预算的基本编制依据，所采用的基本假设及其论证依据，所选用的会计制度与政策，以及年度财务预算报表的合并范围，未纳入年度财务预算报表编制范围的子企业名单、级次、原因及其对预算的影响等情况。

4. 年度预算调整标准

年度预算调整标准主要应明确企业在何种条件下需要调整年度预算，应具体列明影响企业年度预算的假设或事项、需调整预算的变动幅度、对预算指标的影响等。

5. 预算年度生产经营主要业务指标预算说明

预算年度内生产经营主要指标情况是财务预算报表编制说明的重要部

分，主要内容包括：预算年度经济形势的分析预测、预算年度企业主要生产经营业务指标的增减变动情况和比率、年度间主要业务指标增减幅度对比等。

企业对预算年度内拟安排的重大投资、筹资项目的目的、总规模、资金来源与构成、预期收益及预计实施年限等情况应进行说明，并对非主业投资占总投资的比重超过10%、自有资金占总投资的比重低于30%的固定资产投资予以说明。

6. 预算年度主要财务指标预算说明

财务指标预算说明主要根据企业年度业务预算，具体分析说明主要财务指标的预算目标，对比分析年度间指标变动情况。主要财务指标一般包括预算年度预计可实现利润，主营业务收支，成本费用控制，人工成本情况，抵押、担保等风险情况，固定资产投资，资金筹集情况，等等。

7. 可能影响预算指标的事项说明

可能影响预算指标的事项说明是企业对预算年度可能对现有预算产生重大不确定影响的事项的说明，如国家宏观经济形势和政策的变化、国际政治经济形势的变化、企业决策中的重大不确定事项等。企业应当充分说明产生各种不确定性因素的原因，分析可能对主要财务指标预算的预计影响程度。

8. 预算执行的保障和监督措施

预算执行的保障和监督措施指企业在预算执行过程中，确保预算执行的有关制度保障和跟踪、监督、评价、考核等措施。

9. 其他需要说明的情况

四、企业决算报告

（一）决算报告的概念

财务决算报告是企业某一年度或某一建设项目预算执行结果的书面总结。它的作用主要是总结企业一年来的收支情况、年度预算完成情况，或某一建设项目的进展情况、预算执行情况，以便做到心中有数，为做好下一步工作准备有关资料。财务决算报告的特点，体现在它数字的准确性、内容的完整性和编报的时效性等几个方面。现行的财务决算报告常用的有年度财务决算报告和项目财务决算报告两种。

（二）决算报告的写作要求

财务决算报告的结构比较简单，一般只有标题、正文两大部分。年度财务决算报告的标题，一般要写清年度、文种两项；项目财务决算报告的标题，一般要写明单位名称、项目名称和文种。

第二节 财务评价报告

一、财务评价报告的概念及特点

（一）财务评价报告的基本含义

财务评价（Financial Appraisal）报告是指根据国家相关法律法规，运用企业有关财务指标，对本企业一定时期内具有的运营能力、偿债能力和赢利能力等有关财务状况所做的自我总结和自我评价的一种文体。

企业的财务评价是指从分析企业的财务风险入手，评价企业面临的资金风险、经营风险、市场风险、投资风险等因素，从而对企业风险进行信号监测和评价，根据其形成原因及过程，制定相应切实可行的长短风险控制策略，降低甚至解除风险，使企业健康、长久发展。财务评价是从企业角度出发，使用的是市场价格，根据国家现行财税制度和现行价格体系，分析计算项目直接发生的财务效益和费用，编制财务报表，计算财务评价指标，考察项目的赢利能力、清偿能力和外汇平衡等财务状况，借以判别项目的财务可行性。

（二）财务评价的目的

（1）从企业或项目角度出发，分析投资效果，评价项目竣工投产后的获利能力。

（2）确定进行某项目所需资金来源，制定资金规划。

（3）估算项目的贷款偿还能力。

（4）为协调企业利益和国家利益提供依据。

（三）撰写财务评价报告一般遵循的原则

（1）客观性原则。财务评价必须坚持客观性原则，即必须以过去和现在的财务资料为依据来评价企业的财务状况。只有建立在客观性的基础上，才有可能得出正确的结论。

（2）关键因素原则。进行财务评价时，应首先集中精力于主要项目，而不必拘泥于面面俱到，以节约时间和费用。

（3）科学性原则。进行财务评价时，一方面要使用科学方法（数理统计方法）；另一方面要善于发现评价要素之间的相关性和相似性等规律，进行正确评价。

(4) 经济性原则。财务评价中讲究经济性，是因为财务评价要涉及成本和收益问题，所以要尽力做到使用最低的评价成本达到较为满意的评价质量。

(四) 财务评价报告的主要内容

(1) 编制资金规划与计划。

(2) 计算和分析财务效果。

(3) 明确财务评价指标。财务评价指标包括：销售利润率、总资产报酬率、资本收益率、资本保值增值率、资产负债率、流动比率、速动比率、应收账款周转率和存货周转率等。

(4) 重视财务报表分析。这对于了解企业的财务状况和经营业绩，评价企业的偿债能力、赢利能力和营动能力，帮助制定经济决策有显著作用，但由于种种因素的影响，财务报表分析及其分析方法也存在一定局限性。如何正视财务报表分析局限性的存在，在决策中扬长避短，是一个不容忽视的现实问题。

二、财务评价分析中的财务报表分析

(一) 会计核算方法及报表分析方法对可比性的影响

1. 会计核算方法选择的影响

有些会计核算方法可以由企业根据自身的情况选择，会计核算上不同处理方法产生的资料会有差别。例如存货计价，在物价变动时，先进先出法与后进先出法计价确定的期末存货余额和有关费用额是不同的。固定资产采用直线法计提折旧和采用加速折旧法计提折旧，年折旧费也不同。企业长期投资采用成本法或采用权益法确认的投资收益也不一样。因此，如果企业前后时期会计方法改变，对前后时期财务报表分析就有影响。同样，一个企业与另一个企业比较，如果两个企业对同一会计事项的会计处理采用的方法不一样，资料可比性也会降低。因此，财务报表分析一定重视附注等资料的作用，了解企业使用的是哪种方法、有无变更等，从而尽量避免因此对财务报表分析产生的不利影响。

2. 报表分析方法选择的影响

从会计报表分析方法中的指标分析来看，某些指标的计算方法也会给不同企业之间的比较带来不同程度的影响，如应收账款周转率、存货周转率等。其平均余额的计算，报表使用者由于资料的限制，往往是用年初数与年末数进行平均。这样计算的应收账款余额和存货余额，对于经营业务在一年内较平均的企业而言基本上符合实际情况，但在季节性的企业或单月变动情况较大的情况下，就会偏离实际。如期初、期末正好是经营旺季，其平均余额会过大；如是淡季，则又会偏小，从而影响指标的准确性，进而影响财务报表分析的品质。

(二) 比较基础问题

现实中，财务报表分析、指标评价往往要与其他企业及行业平均指标比较才有意义。但企业自身不同的情况，如环境影响、企业规模的差别，有时会使财务报表分析中相关资料的比较基础存在各自的局限性。

1. 横向比较的局限性

横向比较时往往使用同业标准，而行业平均指标多是各种情况的综合和折中，只起一般性指导作用，不一定有代表性，不是合理性标志。采用不同的财务政策的公司可能会包括在同一个行业的平均数中；资本密集型公司与劳动密集型公司包括在一组内；采用激进财务政策的公司和采用保守财务政策的公司包括在同一平均数中。还有近年来重视以竞争对手的资料为分析基础，但有的企业是多种经营企业，没有明确的行业归属，同行比较就更困难。

2. 趋势分析的局限性

趋势分析是以本企业历史资料作为比较基础，但历史资料往往代表过去，并不代表合理性。企业所处的经营环境是变化的，短期的利润增加也许并不一定说明企业管理上有了改进，也可能是行业大环境变化所致。

3. 实际与计划差异分析的局限性

实际与计划的差异分析，是以计划预算作为比较基础的，而实际值与预算的差异，有时可能是预算不合理所致，并非执行中的问题，在财务报表分析中必须加以重视，合理分析。

(三) 财务报表本身的局限性

1. 报表资料对未来决策价值的不完全性

由于会计报表是按照历史成本原则编制，很多资料不代表其现行成本或变现价值。通货膨胀时期，有些资料会受到物价变动的影响，由于假设了币值不变，只是将不同时点的货币资料简单相加，使其不能真实地反映企业的财务状况和经营成果，就难以对报表使用者的经济决策有实质性的参考价值。

2. 缺少反映长期资讯的资料

由于按年度分期报告，只报告了短期资讯，不能提供反映长期潜力的资讯。同时，由于报表本身的原因，提供的资料是有限的。对报表使用者来说，可能有不少需要的资讯在财务报告中找不到。

3. 报表资讯所能反映的资源的不完全性

列入企业财务报表的内容仅仅是可以利用的、能以货币计量的经济资源，而在现实中，企业有许多经济资源，或者因为客观条件制约，或者因会计惯例制约，并未在报表中体现，比如某些企业账外大量资产不能在报表中反映。因而，报表只是反映了企业经济资源的一部分。

(四) 财务报表的真实性问题

1. 人为操纵

在很多情况下，企业出于各种目的，需要向外界展示良好的财务状况和经营成果。一旦实际经营状况难以达到目标，企业会主动选择有利于提高利润的会计核算方法，或者采取其他手段来粉饰会计报表。比如以赊购方式购买的货物，故意将年终要采购的物资推迟到下年年初再购买，或将借款在年终有意偿还，等下年年初再重新借入，从而达到提高本年流动比率的目的。在会计期结束之前，企业如果意识到当期销售收入未达目标，有时会采取假销售的办法，虚增当期收入与利润，以使资讯使用者对本企业的利润水准有较高评价。在制造业，有的企业为提高利润水准，往往采用高估期末在产品成本，低估入库产成品的成本的方法。人为操纵的结果，极有可能使资讯使用者得到的报表资讯与企业实际状况相去甚远，从而误导资讯使用者，也使得财务报表分析失去意义。

2. 与理财活动结合的操纵

随着企业产权结构的不断变动，子公司购买、处理行为已不鲜见，由此引起合并范围的频繁变动，而由于合并范围政策的变化，也会引起合并范围的变动。根据这些情况，必须解决子公司变动时的规范合并处理问题，以解决当期利用合并范围的变动任意调节利润、任意改变已形成的财务状况，扭曲会计资讯的行为。从上市公司的资产重组实务来看，企业集团内部转让股权这种内部交易往往金额较大，可能对企业财务状况产生重要影响，而且，由于在关联方之间发生，可能有失公允，甚至被大股东利用控股关系进行操纵，用以调节转移集团内部利润，粉饰上市公司业绩。因此，有必要对涉及内部转让股权的合并报表问题，根据股权转让的不同形式、不同物件进行具体规范。

综上所述，财务报表分析是一个具体又复杂的过程。其自身也存在不可忽视的局限性。值得庆幸的是，企业会计准则已于 2014 年 7 月 23 日由财政部修订后颁布，即日起施行。会计准则全面引入了公允价值的计量属性，明确了对于同一控制下企业合并，采用类似权益结合法的处理方法，增加了财务会计报告的信息量，尤其是表外资讯的内容，在一定程度上弥补了原有财务报告资料的不足，也为改善财务报表分析的局限性提供了保证。

假如有两家公司在某一会计年度实现的利润总额正好相同，但这是否意味着它们具有相同的获利能力呢？答案是否定的，因为这两家公司的资产总额可能并不一样，甚至还可能相当悬殊。再如，某公司 2020 年度实现税后利润 100 万元。很显然，光有这样一个会计数据只能说明该公司在特定会计期间的盈利水平，对报表使用者来说还无法做出最有效的经济决策。但是，如果我们将该公司 2019 年度实现的税后利润 60 万元和 2018 年度实现的税后利润 30 万元加以比较，就可能得出该公司近几年的利润发展趋势，使财务报表使用者从中获得更有效的经济信息。如再将该公司近三年的资产总额和销售收入等会计数据综合起来进行分析，就会有更多隐含在财务报表中的重要信息清晰地显示出来。可见，财务报表的作用是有一定局限性的，它仅能够反映一定期间内企业的盈利水平、财务状况及资金流动情况。报表使用者要想获取更多的对经济决策有用的信息，必须以财务报表和其他财务资料为依据，运用系统的分析方法来评价企业过去和现在的经营成果、财务状况及资金流动情况。据以预测企业未来的经营前景，从而制定未来的战略目标并做出最优的经济决策。

为了能够正确揭示各种会计数据之间存在着的重要关系，全面反映企业经营业绩和财务状况，可将财务报表分析技巧概括为以下四类：横向分析、纵向分析、趋势百分率分析和财务比率分析。

（1）财务报表分析技巧之一：横向分析

横向分析的前提，就是采用前后期对比的方式编制比较会计报表，即将企业连续几年的会计报表数据并行排列在一起，设置“绝对增减额”和“百分率增减额”两栏，以揭示各个会计项目在比较期内所发生的绝对金额和百分率的增减变化情况。下面，以 ABC 公司为例进行分析（见表 1）。

表 1　ABC 公司比较利润表及利润分配表（金额单位：元）

项目	2019 年度	2020 年度	绝对增减额	百分率增减额
销售收入	7 655 000	9 864 000	2 209 000	28.9%
减：销售成本	5 009 000	6 232 000	1 223 000	24.4%
销售毛利	2 646 000	3 632 000	986 000	37.3%
减：销售费用	849 000	1 325 000	476 000	56.1%
管理费用	986 000	1 203 000	217 000	22.0%
息税前利润（EBIT）	811 000	1 104 000	293 000	36.1%
减：财务费用	28 000	30 000	2 000	7.1%
税前利润（EBT）	783 000	1 074 000	291 000	37.2%
减：所得税	317 000	483 000	166 000	52.4%
税后利润（EAT）	466 000	591 000	125 000	26.8%
年初未分配利润	1 463 000	1 734 100	271 100	18.5%
加：本年净利润	466 000	591 000	125 000	26.8%
可供分配的利润	1 929 000	2 325 100	396 100	20.5%
减：提取法定盈余公积金	46 600	59 100	12 500	26.8%
提取法定公益金	23 300	29 550	6 250	26.8%
优先股股利	—	—	—	—
现金股利	125 000	150 000	25 000	20.0%
未分配利润	1 734 100	2 086 450	352 350	20.3%

① 2020 年度，ABC 公司的销售收入比上一年度增长了 2 209 000 元，增幅为 28.9%。

② ABC 公司 2020 年度的销售毛利比 2019 年度增加了 986 000 元，增幅达 37.3%。这意味着公司在成本控制方面取得了一定的成绩。

③ 2020 年公司的销售费用大幅度增长，增长率高达 56.1%。这将直接影响公司销售利润的同步增长。

④ ABC 公司 2020 年度派发股利 150 000 元，比上一年增加了 20%。现金股利的大幅度增长对潜在的投资者来说具有一定的吸引力。

（2）财务报表分析技巧之二：纵向分析

横向分析实际上是对不同年度的会计报表中的相同项目进行比较分析；而纵向分析则是相同年度会计报表各项目之间的比率分析。纵向分析也有个前提，那就是必须采用“可比性”形式编制财务报表，即将会计报表中的某一重要项目（如资产总额或销售收入）的数据作为100%，然后将会计报表中其他项目的余额都以这个重要项目的百分率的形式做纵向排列，从而揭示出会计报表中各个项目的数据在企业财务报表中的相对意义。采用这种形式编制的财务报表使得在几家规模不同的企业之间进行经营和财务状况的比较成为可能。由于各个报表项目的余额都转化为百分率，即使是在企业规模相差悬殊的情况下各报表项目之间仍然具有“可比性”。但是，要在不同企业之间进行比较必须有一定的前提条件，那就是几家企业都必须属于同一行业，并且所采用的会计核算方法和财务报表编制程序必须大致相同。

仍以ABC公司的利润表为例进行分析：

① ABC公司销售成本占销售收入的比重从2019年度的65.4%下降到2020年度的63.2%。说明销售成本率的下降直接导致公司毛利率的提高。

② ABC公司的销售费用占销售收入的比重从2019年度11.1%上升到2020年度的13.4%，上升了2.3%。这将导致公司营业利润率的下降。

③ ABC公司综合的经营状况如下：2020年度的毛利之所以比上一年猛增了37.3%，主要原因是公司的销售额扩大了28.9%，销售额的增长幅度超过销售成本的增长幅度，使公司的毛利率上升了2.2%。然而，相对于公司毛利的快速增长来说，公司净利润的改善情况并不理想，原因是销售费用的开支失控，使得公司的净利润未能与公司的毛利同步增长。

（3）财务报表分析技巧之三：趋势百分率分析

趋势分析看上去也是一种横向百分率分析，但不同于横向分析中对增减情况百分率的提示。横向分析是采用环比的方式进行比较，而趋势分析则是采用定基的方式，即将连续几年财务报表中的某些重要项目的数据集中在一起，同基年的相应数据做百分率的比较。这种分析方法对于提示企业在若干年内经营活动和财务状况的变化趋势相当有用。趋势分析首先必须选定某一会计年度为基年，然后设基年会计报表中若干重要项目的余额为100%，再将以后各年度会计报表中相同项目的数据按基年项目数的百分率来列示。

下面，将趋势分析的技巧运用于ABC公司2017—2020年度的会计报表，以了解该公司的发展趋势。根据ABC公司的会计报表编制表2。

表 2　ABC 公司 2017—2020 年部分指数化的财务数据

项目	2017 年	2018 年	2019 年	2020 年
货币资金	100％	189％	451％	784％
资产总额％	100％	119％	158％	227％
销售收入％	100％	107％	116％	148％
销售成本％	100％	109％	125％	129％
净利润％	100％	84％	63％	162％

从 ABC 公司 2017—2020 年会计报表的有关数据中，我们了解到，ABC 公司的现金额在三年的时间内增长将近 8 倍。公司现金的充裕一方面说明公司的偿债能力增强；另一方面也意味着公司的机会成本增大，公司大量的现金假如投入资本市场，将会给公司带来可观的投资收益。另外，公司的销售收入连年增长，特别是 2020 年，公司的销售额比基年增长了几乎 50％，说明公司这几年的促销工作是卓有成效的。但销售收入的增长幅度低于成本的增长幅度，使公司在 2018 年和 2019 年的净利润出现下滑，这种情况在 2020 年得到了控制。但从公司总体情况来看，2017—2020 年，公司的资产总额翻了一番多，增幅达 127％。相比之下，公司的经营业绩不尽如人意，即使是情况最好的 2020 年，公司的净利润也只比基年增加了一半多一点。这说明 ABC 公司的资产利用效率不高，公司在生产经营方面还有许多潜力可以挖掘。

（4）财务报表分析技巧之四：财务比率分析

财务比率分析是财务报表分析的重中之重。财务比率分析是将两个有关的会计数据相除，用所求得的财务比率来提示同一会计报表中不同项目之间或不同会计报表相关项目之间存在的逻辑关系的一种分析技巧。然而，单是计算各种财务比率的作用是非常有限的，更重要的是应将计算出来的财务比率做各种维度的比较分析，以帮助会计报表使用者正确评估企业的经营业绩和财务状况，以便及时调整投资结构和经营决策。财务比率分析有一个显著的特点，那就是使各个不同规模的企业的财务数据所传递的经济信息标准化。正是由于这一特点，使得各企业间的横向比较及行业标准的比较成为可能。举例来说，IBM 和苹果公司都是美国生产和销售计算机的著名企业。从这两家公司会计报表中的销售和利润情况来看，IBM 要高出苹果公司许多倍。然而，光是笼统地进行总额的比较并无多大意义，因为 IBM 的资产总额要远远大于后者。所以，分析时绝对数的比较应让位于相对数的比较，而财务比率分析就是一种相对关系的分析技巧，它可以被用作评估和比较两家规模相差悬殊的企业经营和财务状况的有效工具。财务比率分析根据分析的重点不同，可以分为以下四类：①流动性分析或短期偿债能力分析；②财务结构分析，又称财务杠杆分析；③企业营运能力和赢利能力分析；④与股利、股票市场等指标有关的股票投资收益分析。

第一，短期偿债能力分析

任何一家企业要想维持正常的生产经营活动，手中必须持有足够的现金以支付各种费用和到期债务，而最能反映企业的短期偿债能力的指标是流动比率和速动比率：①流动比率是全部流动资产对流动负债的比率，即流动比率＝流动资产÷流动负债；②速动比率是将流动资产剔除存货和预付费用后的余额与流动负债的比率，即速动比率＝速动资产÷流动负债。速动比率是一个比流动比率更严格的指标，它常常与流动比率一起使用以更确切地评估企业偿付短期债务的能力。一般来说，流动比率保持在2∶1、速动比率保持在1∶1左右表明企业有较强的短期偿债能力，但也不能一概而论。事实上，没有任何两家企业在各方面的情况都是一样的。对于一家企业来说预示着严重问题的财务比率，但对另一家企业来说可能是相当令人满意的。

第二，财务结构分析

权益结构的合理性及稳定性通常能够反映企业的长期偿债能力。当企业通过固定的融资手段对所拥有的资产进行资金融通时，该企业就被认为在使用财务杠杆。除企业的经营管理者和债权人外，该企业的所有者和潜在的投资者对财务杠杆作用也是相当关心的，因为投资收益率的高低直接受财务杠杆作用的影响。衡量财务杠杆作用或反映企业权益结构的财务比率主要有：

① 资产负债率＝（负债总额÷资产总额）×100％

通常来说，该比率越小，表明企业的长期偿债能力越强；该比率过高，表明企业的财务风险较大，企业重新举债的能力将受到限制。

② 权益乘数＝资产总额÷权益总额

毫无疑问，这个倍数越高，企业的财务风险就越高。

③ 负债与业主权益比率＝（负债总额÷所有者权益总额）×100％

该指标越低，表明企业的长期偿债能力越强，债权人权益受到的保障程度越高；反之，说明企业利用较高的财务杠杆作用。

④ 已获利息倍数＝息税前利润÷利息费用

该指标既是企业举债经营的前提条件，也是衡量企业长期偿债能力大小的重要标志。企业若要维持正常的偿债能力，已获利息倍数至少应大于1，且倍数越高，企业的长期偿债能力也就越强。一般来说，债权人希望负债比率越低越好，负债比率低意味着企业的偿债压力小，但负债比率过低，则说明企业缺乏活力，企业利用财务杠杆作用的能力较低。但如果企业举债比率过高，沉重的利息负担会压得企业喘不过气来。

第三，企业的经营效率和赢利能力分析

企业财务管理的一个重要目标，就是实现企业内部资源的最优配置，经营效率是衡量企业整体经营能力高低的一个重要方面，它的高低直接影响到企业的赢利水平，而赢利能力是企业内外各方都十分关心的问题，因为利润不仅是投资者取得投资收益、债权人取得利息的资金来源，同时也是企业维持扩大再生产的重要资金保障。企业的资产利用效率越高，意味着它能以最小的投入获取较高的经济效益。反映企业资产利用效率和赢利能力的财务指标主要有：

① 应收账款周转率＝赊销净额÷平均应收账款净额

② 存货周转率＝销货成本÷平均存货

③ 固定资产周转率＝销售净额÷固定资产净额

④ 总资产周转率＝销售净额÷平均资产总额

⑤ 毛利率＝（销售净额－销售成本）÷销售净额×100％

⑥ 经营利润率＝经营利润÷销售净额×100％

⑦ 投资报酬率＝净利润÷平均资产总额×100％（总资产周转率×经营利润净利率）

⑧ 股本收益率＝净利润÷股东权益×100％（投资报酬率×权益乘数）

以上八项指标均是正指标，数值越高，说明企业的资产利用效率越高，意味着它能以最小的投入获取较高的经济效益。

第四，股票投资收益的市场测试分析

虽然上市公司股票的市场价格对于投资者的决策来说是非常重要的。然而，潜在的投资者要在几十家上市公司中做出最优决策，光依靠股票市价所提供的信息是远远不够的。因为不同上市公司发行在外的股票数量、公司实现的净利润以及派发的股利金额等都不一定相同，投资者必须将公司股票市价和财务报表所提供的有关信息综合起来分析，以便计算出公司股东和潜在投资者都十分关心的财务比率，这些财务比率是帮助投资者对不同上市公司股票的优劣做出评估和判断的重要财务信息。反映股票投资收益的市场测试比率主要有：

① 普通股每股净收益＝（税后净收益－优先股股息）÷发行在外的普通股数

通常，公司经营规模的扩大、预期利润的增长都会使公司的股票市价上涨。因此，普通股投资者总是对公司所报告的每股净收益怀着极大的兴趣，认为它是评估一家企业经营业绩以及不同的企业运行状况的重要指标。

② 市盈率＝每股现行市价÷普通股每股净收益

一般来说，经营前景良好、很有发展前途的公司的股票市盈率趋于升高；而发展机会不多、经营前景暗淡的公司，其股票市盈率总是处于较低水平。市盈率是广泛用于评估公司股票价值的一个重要指标。特别是对于一些潜在的投资者来说，可根据它对上市公司的未来发展前景进行分析，并在不同公司间进行比较，以便最后做出投资决策。

③ 派息率＝公司发行的股利总额÷公司税后净利润总额×100％

同样是每股派发 1 元股利的公司，有的是在利润充裕的情况下分红，而有的则是在利润拮据的情况下，硬撑着勉强支付的。因此，派息率可以更好地衡量公司派发股利的能力。投资者将自己的资金投资于公司，总是期望获得较高的收益率，而股票收益包括股利收入和资本收益。对于常年稳定的着眼于长期利益的投资者来说，他们希望公司目前少分股利，而将净收益用于公司内部再投资以扩大再生产，使公司利润保持高速增长的势头，而公司实力、地位增强，竞争能力提高，发展前景看好，公司股票价格就会稳步上涨，公司的股东就会因此而获得资本收益。但对另一些靠股利收入维持生计的投资者来说，他们不愿意用现在的股利收入与公司股票的未来价格走势去打赌，他们更喜欢公司定期发放股利以便将其作为一个可靠而稳定的收入来源。

④ 股利与市价比率＝每股股利发放额÷股票现行市价×100％

这项指标一方面为股东提示了他们所持股票而获得股利的收益率；另一方面也为投资者表明了出售所持股票或放弃投资这种股票而转向其他投资所具有的机会成本。

⑤ 每股净资产＝普通股权益÷发行在外的普通股数

每股净资产的数额越高，表明公司的内部积累越是雄厚，即使公司处于不景气时期也有抵御能力。此外，在购买或公司兼并的过程中，普通股每股账面价值及现行市价是对被购买者或被合并的企业价值进行估算时所必须参考的重要因素。

⑥ 股价对净资产的倍率＝每股现行市价÷每股净资产

倍率较高，说明公司股票正处于高价位。该指标从存量的角度分析公司的资产价值，它着眼于公司解散时取得剩余财产分配的股份价值。

⑦ 股价对现金流动比率＝每股股票现行市价÷（净利润＋折旧费）÷发

行在外的普通股数

这一比率表明，人们目前是以几倍于每股现金流量的价格买卖股票的。该倍率低则意味着公司股价偏低；反之则表明公司的股价偏高。

总之，近年来大量的经济案件告诉我们，企业通过粉饰财务报表来欺诈投资者的现象越来越多。对于财务报表使用者来说，阅读财务报表时如果不运用分析技巧，不借助分析工具，而只是简单地浏览表面数字，那就难以获得有用的财务信息，有时甚至还会被会计数据引入歧途，被表面假象蒙蔽。随着我国市场经济体制改革的不断深入，中国加入 WTO 后，将面对国际上的竞争对手，企业间的兼并和个人投资行为越来越普遍，财务报表使用者只有在阅读财务报表的同时，利用分析技巧对企业公布的财务数据进行综合分析，才能从中获得对经济决策更有用的财务信息。

三、财务评价报告的写作要求

（一）写作依据

企业财务评价报告是指企业按照《企业财务通则》的要求和依法理财原则、资本保全原则、收益与风险均衡原则、成本效益与节约原则，运用有关的财务指标，在对本企业一定时期内具有的偿债能力、营运能力、赢利能力等财务状况、经营成果所作的自我总结和自我评价的基础上写出的分析报告。

（二）主要内容

企业财务评价一般包括以下内容：

（1）公司经营状况总体描述。

（2）赢利能力分析。

（3）运营能力分析。

（4）偿债能力分析。

第三节　财务情况说明书

一、财务情况说明书的一般概念

（一）财务情况说明书的基本含义

财务情况说明书是对财务报表进行补充说明的书面材料。财务情况说明书是对企业一定会计期间内生产经营、资金周转和利润实现及分配等情况的综合性说明，是财务会计报告的重要组成部分。它全面扼要地提供企业和其他单位生产经营、财务活动情况，分析总结经营业绩和存在的不足，是财务会计报告使用者了解和考核有关单位生产经营和业务活动开展情况的重要资料。

在编写财务情况说明书的时候，不能面面俱到，要重点突出，层次分明。通常来说，财务情况说明书要具备及时性、简要性、准确性、数据性和创新性的特点。财务情况说明书是财务会计报告的重要组成部分，编写好财务情况说明书对贯彻新《会计法》，突出规范会计行为，保证会计资料质量的立法宗旨具有重要作用。财务情况说明书是企业（公司）年度、半年度财务报告期内生产经营的基本情况、财务状况与经营成果的总结性书面文件。它为企业（公司）内部和外部了解、观察、衡量、考核、评价其报告期内的经营业绩和生产经营状况提供重要依据。

（二）财务情况说明书对数据的分析方法

编写财务情况说明书，须对会计报表中各项数据进行分析，分析的方法很多，主要有以下几种：

1. 平衡分析法

利用“资产＝负债＋所有者权益”的平衡原理分析各账户间的关系及变化。

2. 比较分析法（对比分析法）

如分析计划完成情况，用实际数同计划数进行比较，来检查分析计划的执行情况；如比较历史水平，用本期实际数同上期或历史最好年份（或正常年份）的数据看它们发展变化情况；又如比较先进，用本企业数据指标同本行业中的先进企业进行比较，或用本企业的产品同国内外同类产品的数据指标进行比较，以便制定赶超目标等。

3. 因素分析法（连环替代法）

先确定计划与实际或本期与前期的差距等因素，然后假定一个因素为可变，其余为不变，依法替换，以测定这些因素变动对数据指标的影响程度。

4. 趋势分析法

将数据指标连续几年排列在一起进行比较，以测定本期财务状况的变化趋势。一般做成统计图表加以比较，也可采用比较表。

5. 比率分析法

用同期会计报表中的相关数据进行比较，求出它们之间的比率。国家规定工业企业财务评价指标，就使用了这种方法。

通过各种分析方法（财务情况说明书一般采用两三种分析方法，不一定每种方法都使用）可以检查企业经营计划或目标的执行情况，评价经营业绩，并找出差距，查明原因，总结经验，提出改进措施，为下一步经营决策的做出和制定经营方针目标提供依据。

（三）编写财务情况说明书的方法和步骤

一般说来，小型企业编写财务说明书相对简单一些，由主管会计自己执笔就可以；大中型企业业务比较复杂，内部分工较细，可以采取以下方法和步骤。

1. 做好资料的收集、积累、整理等准备工作

这是提高工作效率和工作质量的保证，应从两个方面着手：

（1）数据指标的收集和整理。如计划数、定额、预算、历史数据、同行业产品、同类产品等数据，分析时可信手拈来。

（2）典型事例的调查。对企业重要经济活动、会议、事件要注意了解掌握，必要时到现场进行实地调查，记录在案，供编写说明书时采用。调查到的情况有时可以从会计报表的数据中得到证实，会计报表上的数据又可以进一步扩大线索，进一步调查核实。使活情况与死数字结合起来，相互印证，使说明书既有数据又有实例，更具说服力。

2. 分工负责，齐头并进

大型企业情况复杂，分工细致，不应该也不可能由一人总揽说明书的编写工作，可以按照业务分工分头编写，并安排好进度，最后由一人汇总修改，防止相互矛盾。为使说明书编写规范化，可规定一定程式，拟个提纲，列出大体框架，有些数据可在列表时留出空格，等到会计报表数据出来再填进表格内，这有利于分工编写，并能加速编写过程。

3. 共同讨论，达成共识

因为人们认识上的差距和看问题的角度不同，对同一数据有时会有不同看法，甚至意见相左。所以，会计报表初稿出来后，应组织有关人员（总会计师或财务经理、财务部门负责人、专职分析人员、有关业务人员）一起议论，对当年财务状况和经营成果做出基本估计，集思广益，达成共识，然后着手编写。

4. 审查上报

财务负责人或总会计师应将财务情况说明书向厂务会议（股份公司是董

事会）汇报，经讨论通过后才能报出。

二、财务情况说明书的内容及编写要求

（一）财务情况说明书的主要内容

企业会计制度规定，财务情况说明书至少应对下列情况做出说明：①企业生产经营的基本情况；②利润实现和分配情况，资金增减和周转情况；③对企业财务状况、经营成果和现金流量有重大影响的其他事项。

1. 企业生产经营的基本情况

企业通常需要反映以下有关企业生产经营的基本情况：企业主营业务范围及经营情况；企业所处的行业以及在本行业中的地位，如按销售额排列的名次；企业员工的数量和专业素质情况；经营中出现的问题与困难及解决方案；对企业业务有影响的知识产权的有关情况；经营环境的变化；新年度的业务发展计划，如生产经营的总目标及措施；开发、在建项目的预期进度；配套资金的筹措计划；需要披露的其他业务情况与事项。

2. 利润实现和分配情况

利润实现和分配情况，主要是指企业本年度实现的净利润及其分配情况，如实现的净利润是多少；在利润分配中提取法定盈余公积金和法定公益金各有多少；累计可分配利润有多少；此外，企业还应反映资本公积金转增实收资本（或股本，下同）的情况等。如果在本年度内没有发生利润分配情况或资本公积金转增实收资本情况，则企业需要在财务情况说明书中明确说明。企业利润的实现和分配情况，对于判断企业未来发展前景至关重要，所以，需要企业披露有关利润实现和分配情况方面的信息。

3. 资金增减和周转情况

资金增减和周转情况主要反映年度内企业各项资产、负债、所有者权益、利润构成项目的增减情况及其原因，这对于财务会计报告使用者了解企业的资金变动情况具有非常重要的意义。

（二）财务情况说明书写作的基本要求

编写财务情况说明书一般要做到真实、准确、客观、简练八个字。具体要求如下。

1. 突出重点、兼顾一般

对上级领导比较关心的问题和当前经济运行的重点、热点、变动指标比较大的情况进行分析，如非典对支出的影响，宏观调控，铁路全力运电煤是

赢钱还是赔钱，煤、电涨价对支出影响，煤电运输增大和支出比较是否赢利，加息对支出的影响，这些要做定量分析，不能定性。

2. 观点明确、抓住关键

有主有次抓住问题，要让人明白、看出当期经营情况到底怎么样，不能模棱两可。

3. 注重实效、抓住关键

时效性对报告质量影响很大，目前由于清算数出得慢已经严重影响了报表质量，大家应理解很深，因为时效不强对决策意义不大，甚至出现负面影响。

4. 客观公正、真实可靠

报表数据是真实的、完整的，报告就越有科学性。

5. 报告清楚、文字简练

一篇文章要结构清楚，看的人也舒服，如果缺乏条理、缺乏逻辑，分析得再好也达不到效果。

（三）编写财务情况说明书需要注意的一些细节性问题

（1）不要说套话、穿靴戴帽、使用空洞的辞藻，要开门见山，单刀直入。

（2）避免数字的文字化，拉长篇幅。一些数据用表式列示，可以省略文字表述。

（3）避免有情况、无分析。财务情况说明书不仅要通过分析让读者了解企业在报告期的财务状况和经营成果的总评价，还要知道哪些业务经营得好，哪些业务经营得不好等具体信息。

（4）不要把会计报表编制说明写进财务情况说明书。《企业财务会计报告条例》规定，对会计报表的编制基础、编制依据、编制原则和方法及主要项目所作的解释，属于会计报表附注。它是为便于会计报表使用者理解会计报表的内容而对会计报表的编制附加的说明，不应作为财务情况说明书的内容。

（5）不要把财务情况说明书写成经济活动分析报告。在说明书中所表述的生产经营情况只能是概括的，过于详尽就成了经济活动分析。经济活动分析是对企业生产经营活动的全面分析、评价和建议，涉及范围较广；财务情况说明书数据主要来源于会计报表，是以货币计量的。经济活动分析是组织企业生产技术经济各部门编写的，财务情况说明书主要是由财务部门编写。

（6）不要把财务工作总结、工作报告、经验介绍、调查研究、问题探讨等写入财务情况说明书。财务情况说明书是根据现成的数据资料经过加工整理编写的，凭数据说话。

第四节 例文简评

例文一：

×× 单位 2020 年财务决算报告

2020 年度，××市××局在市委市政府、局党组、分管领导的正确指导下，全局各职能科室（部门）通力合作，遵照政府收支科目改革的原则，在全球经济大衰退到历史低点的严峻形势下，我单位坚持以执行预算为中心，以节约费用为重点，抓好单位财务管理工作。依靠全体财务人员共同努力，以求真务实的工作作风，严格遵守《行政事业单位会计制度》，为单位的管理和广大群众提供了优质的服务，全面完成了年初预算，达到年初预计的目标，促进了我市××××能力，提高了我市××××水平，在平凡的工作中取得了一定的成绩，现就 2020 年度财务决算报告如下。

一、××市××局预算、执行、决算情况

（一）年初预算分析

本年度财政预算为×××元，比上年增加（减少）×××元。其中，基本支出×××元，比上年增加（减少）××%，项目支出×××元，比上年增加（减少）××%。

（二）本年预算执行分析

1. 收入情况

全年收入总计×××元，完成预算××%，财政补助收入全年共拨入×××元，占总收入的××%，其中，基本支出全年共拨入×××元，项目支出全年共拨入×××元。

上级补助收入×××元，占总收入的××%，事业性收入×××元，占总收入的××%，其他收入×××元，占总收入的××%。

2. 支出情况

行政（事业）支出全年总计×××元，完成预算的××%，其中，基本支出全年共支出×××元（其中，工资福利支出×××元，商品和服务支出×××元，对个人和家庭的补助支出×××元，其他资本性支出×××元），占总支出的××%。项目全年共支出×××元（其中，商品和服务支出×××元，基本建设支出×××元，其他资本性支出×××元），占总支出的××%。

上级补助支出×××元，占总支出的××%，主要用于××方面。事业收入×××元，占总支出的××%，其他支出为×××元，占总支出的××%，主要用于××方面。

按本财政年度的要求对其他商品和服务支出注释说明：其他商品和服务支出×××元，其中，××支出×××元，××支出×××元，××支出×××元，××支出×××元，××支出×××元。

3. 年终决算情况

我单位本年度共收入×××元，共支出×××元，年末事业性结余×××元，其中，基本结余×××元，项目结余×××元，上年结余×××元，今年比上年多（少）结余×××元。

二、单位2020年取得的主要服务职能的成绩

2020年，我单位在市委市政府和省级系统以及相关单位的大力支持下，服务职能有了长足发展，首先我们成功完成了××××，其次购买了一批办公自动化设备和专业设备，添置了××××，加强了硬件设施，进而组织了××批人员培训，提高了单位的××××能力，××××获得了××评比第×名……

三、存在的问题和建议

1. 加强财务系统建设及信息化，提高财务人员业务水平。（略）
2. 加强项目资金管理。（略）
3. 严格执行《中华人民共和国政府采购法》。（略）
4. 加强往来款的清理。（略）
5. 加强对固定资产的管理。（略）
6. 重视日常财务收支管理。（略）
7. 认真做好年终决算工作。（略）

××单位财务科

2020年12月31日

评析：

这是一篇行政事业单位会计决算报告。行政事业单位会计决算报告的主要内容应包括：行政事业单位决算报表、报表附注和财务分析。首先，从行文结构看，正文缺少前言部分重要内容。正文开头直接披露决算报表，缺少应有的前言内容，使文章结构不完整，应在第一部分“××市××局预算、执行、决算情况”前加上“××市××局基本情况”作为它的前言内容，可从部门职能和机构基本情况等方面做简要介绍。其次，从正文内容分析看，缺少对报表必要的财务分析。正文第一部分中预算、执行、决算情况内容只列数据是不够的，还应对数据做必要的补充说明，如年初预算分析中可加上基本支出增加（减少）的原因分析和项目支出增加（减少）的原因分析，而本年预算执行分析中的支出情况，若其中有个别项支出较大，也可适当加上开支较大的原因分析。

例文二：

某水果加工厂新建项目财务评价

一、概述

某水果加工厂是新建项目。该项目财务评价是在可行性研究完成后，在市场需求预测，生产规模，工艺技术方案，原材料、燃料及动力的供应，建厂条件和厂址选择，环境保护和劳动定员等方面进行研究和多方案比较的基础上进行的。

二、财务评价内容

（一）生产规模和产品方案（略）
（二）固定资产投资估算（略）
（三）成本费用估算（略）
（四）投资计划与资金筹措（略）
（五）产品销售收入、销售税金及附加和增值税估算（略）
（六）项目损益和利润分配估算（略）

三、要求

（一）投资计划与资金筹措（略）

（二）计算全部投资内部收益率、自有资金内部收益率和净现值。基准折现率取 10%（略）

（三）分析项目的清偿能力（略）

（四）使用 Excel 软件计算（略）

（五）如果在计算过程中条件不足，可以根据需要进行假设（略）

评析：

这是某企业对新建项目的财务评价，各成本要素齐全、客观公正、科学经济，各关键因素把握得当，对企业的决策有指导意义。

综合练习

1. 撰写企业财务预算应用文应符合哪些写作要求？

2. 简述财务预算报告的文书结构。

3. 简述财务评价报告的主要内容？

4. 简述财务报表的局限性。

5. 财务情况说明书的写作要求是什么？

6. 下面是一份财务情况说明书，内容不够完备，结构上也存在一些问题。请根据计划的写作要求修改下文。

××××公司××××年度财务情况说明书

××××年，我公司深化改革，转换经营机制，扩大开放，促进发展，取得了一定的成绩。但由于运输市场竞争激烈，货源严重不足，××港生产经营遇到了前所未有的困难，全港职工团结一心，奋力拼搏，经受了市场经济的严峻考验，现将年度财务情况作如下说明。

一、生产经营状况（略）

二、利税完成情况

我公司××××年度完成利润××万元，税金为××万元。

1. 利润情况，××××年出现全面亏损，其主要原因：

(1) 总收入大幅度减少，比上年减少××万元。港务收入由于××××年新旧会计制度转轨，只反映下半年收支情况，××××年反映全年，故有所增长。

(2) 总成本大幅度上升，由于物价上涨，国家政策不断出台，增加开支××万元，主要有：（略）

(3) 目前港口有两大业务亏损，一个是港务，由于 2015 年 10 月 1 日取消船舶港务费，港务亏损××万元；另一个是综合服务包干业务亏损××万元，这两项亏损是港口自身无法解决的。

(4) 贷款利息进成本，我公司××××年进财务费用的长期借款利息为××万元。

2. 税金情况

××××年完成流转税××万元，其中增值税××万元，消费税××万元，已交流转税××万元。

××××年完成行为税××万元，其中房产税××万元，车船使用税××万元，土地使用税××万元，印花税××万元。

以上税款已全部解缴。

三、利润分配情况

我公司对××港、××厂、××厂实行利润内部全留，亏损自己弥补；本部亏损××万元，由本部进行调整。

四、几点说明：(略)

××××公司

××××年××月××日

7. 分析××大学的年度财务预算报告，说明本报告中主要构成要素及内容。

××大学年度预算执行情况报告

同志们：

2020年，学校财务部门在校党委的正确领导下，在各级领导的关心和大力支持下，在业务部门密切协同下，认真贯彻党委意图，紧紧围绕“一条主线、四项重点”的发展思路，积极深化改革，加强经费管理，克服供需矛盾，突出保障重点，圆满完成了各项经费保障任务。首先，我代表学校党委和学校领导向各级领导和全体财务战线的同志们表示衷心的感谢。

受校党委的委托，现在，我就学校2020年度预算执行情况向大家作以下通报。

一、经费收支情况

2020年学校全年实现收入__________万元，其中：生活费__________万元，标准领报经费__________万元，项目经费__________万元，上年结转经费__________万元，卫生医疗收入__________万元（一院__________万元、二院__________万元、三院__________万元），其他有偿服务收入__________万元。

2020年，三所附属医院实现卫生医疗收入__________万元，与2019年__________万元相比，增加收入__________万元。

2020年预算安排为__________万元，全年实际开支数为__________万元，实际支出完成预算支出的__________%。

二、预算执行情况

2020年，各单位能认真落实学校党委关于“集中有限财力，办好几件大事”的指示精神，转变理财观念，树立向管理要效益、要保障力的思想，严格执行经费预算管理，切实管好、用活各项经费，较好地保障了各项事业任务的圆满完成，主要有以下四个方面的特点：

（一）充分贯彻党委意图，经费保障重点突出

随着当前形势的发展，学校党委审时度势，及时确立了“一条主线、四项重点”的发展思路，这是学校发展建设的战略决策，是当前学校各项工作的重中之重。

（二）加强经费预算管理，年度预算执行严密有序

从2020年起，学校全面推行零基预算，预算编制形式、方法和内容都做了很大的改革。

（三）严格经费开支管理，行政消耗性开支得到有效控制

各单位在大力压缩接待费、会议费、差旅费、办公费等行政消耗性支出上下了很大功夫，行政消耗性支出在上年基础上压缩了10%。

（四）财务管理措施扎实有效，管理效益显著提高

财务管理逐步实现由“粗放式”向“精细化”的转变，财务管理监督职能得到了充分发挥。各单位能切实树立管理出效益、管理出保障力的理财思想，着力在“精细化”管理上研究对策、抓落实。

总的来看，过去一年，各单位、部门按照上级的要求，牢固树立预算的法规意识，科学合理地编制经费预算，杜绝了无预算计划、超范围、超预算开支，在确保事业任务完成的情况下，基本达成了收支平衡、略有节余的目标。这些成绩的取得是与各单位、各部门主管以身作则、严格把关、精打细算分不开的。

三、存在的主要问题

当前存在的主要问题，主要表现在以下三个方面：

一是基本建设执行计划随意性大。有的单位基本建设执行不严格，存在计划外工程，借垫款工程和超标准、超面积建设；工程立项考虑不周全，缺乏立项可行性研究。

二是行政消耗性开支控制不够严格。从去年的情况看，个别单位在接待费开支上仍存在计划不周、管理不善、执行不严的问题，超标准、超范围接待现象还没有得到根本遏制。

三是零星有偿服务收支问题还有待加强。个别事业单位、部门、科室利用编配的仪器、设备、设施等有利条件，开展有偿服务活动，还存在收费混乱、管理无序等问题。

四、做好新年度财务工作的几点要求

（一）大力压缩行政消耗性支出

2020年，各单位、部门要在大力压缩行政消耗性支出上下功夫、做文章。

（二）进一步规范基本建设秩序

一是完善基建工程审批制度，严格履行基本建设报批手续，对超面积、超预算及计划外工程，一律不予拨款、决算；二是对工程的招投标、合同签订、预决算、资金到位等环节进行全方位审核监督，确保工程建设的各个环节合法、合规。

（三）切实加强零星有偿服务管理

着力解决个别部门、科室在开展零星有偿服务中出现的认识不高和管理不力等问题。

同志们，2020年财务工作任务艰巨、任重道远。我相信，在学校各级党委的正确领导下，在各事业部门的大力支持下，在全体财务战线同志的辛勤努力下，学校财务工作一定会取得更出色、更辉煌的成绩，一定会为学校的全面发展与建设做出更大的贡献。

第十四章

经济新闻

应用导航

银联卡今天“刷”到美国
刷卡无须手续费，每日最高限额等值人民币 5 000 元

本报讯（记者熊焱）从今天开始，只要手中持有一张国内银行发行的银联卡，就可以在美国刷卡购物了。同时，持卡人回国后，只需按照对账单，到自己的发卡银行用人民币还款即可。

记者了解到，中国银联与华尔街银行摩根士丹利所拥有的一家信用卡公司签署了协议，该公司的网络在美国拥有逾 320 万个商店终端和 25 万部自动柜员机。

按照国家外汇管理局规定，人民币银联卡在境外仅限于购物、餐饮、住宿、交通、医疗等经常项目下的消费支出和提取小额现钞使用，在境外 ATM 提取现钞时，每卡每日累计不得超过等值人民币 5 000 元。至于赌博、跨行转账、资本项目等相关交易，银联将通过对商户特殊代码的识别，完全禁止。

持卡人在美国使用银联人民币卡时，提现和消费时的计价货币均为美元。在提现和消费完成后，中国银联将根据交易当日的市场汇率，转换成人民币金额提供给国内发卡银行，由发卡银行即时扣除持卡人的账户余额，持卡人不存在汇率风险。

持卡人在美国刷卡消费时，不需要支付任何手续费用。只有通过 ATM 提取现钞时，持卡人才需要支付一定金额的手续费，具体收费标准将由发卡行自行决定。据调查，中国游客构成了美国旅游市场增长最快的一个细分市场，估计 2018 年将有 85 万名中国游客到美国，而这些游客平均每次旅行支出 3 500 美元。

中国银联总部有关负责人明确表示，除了美国外，到今年年内将开通银联业务的国家有日本、德国、法国、澳大利亚、新西兰、印尼、马来西亚、越南、菲律宾等。截至目前，已经开通银联刷卡业务的中国内地以外国家和地区有新加坡、韩国、泰国和中国香港、中国澳门等。

点评：

这是一则动态经济消息，结构完整，层次分明。其标题为双标题形式，内容明确，动感十足。导语采用倒金字塔式结构，突出最新鲜的事实。主体部分具体介绍如何在美国刷卡购物，还穿插了多个背景材料，对新闻事实加以解释说明。文章反映了现代生活的方便与快捷，具有很强的时代气息。

点睛之笔

教学重点

(1) 经济新闻的概念及特点

(2) 经济新闻的报道必须“以人为本”

(3) 经济消息的概念、特点及类型

(4) 经济消息的结构、内容及基本的写作方法

(5) 经济评论的概念、文风特点及与其他类型经济应用文体的区别

(6) 经济评论的分类、写作的结构要求和语言要求

教学难点

(1) 经济消息的标题、导语、主体等几个部分的写作

(2) 灵活运用写作理论，及时、准确地报道经济活动中有价值的消息

(3) 经济评论的写作技巧

第一节 经济新闻概述

一、经济新闻的界定及其功能

(一) 经济新闻的界定

经济新闻首先是一种新闻。因此，要知道什么是经济新闻，必须首先知

道什么是新闻。学术界对于新闻的定义历来就存在一定的分歧。有人以新闻的真实性为立足点来界定新闻，认为“新闻是新的、重要的事实”“新闻是广大群众应知、欲知而未知的重要事实”；也有人从读者接受的角度来定义新闻，认为“新闻是新近发生的，能引人兴味的事实”；还有人在下定义时强调了新闻的社会功用，认为“新闻是报道或评述最新的重要事实以影响舆论的特殊手段”。不过，更多的学者还是认为新闻是“对新近发生或发现的有社会意义的事实所作的报道”。由于这个定义既坚持了事实第一性，新闻反映第二性的唯物主义反映论，又强调了新闻的社会意义，因而得到了广泛的认可，成为对新闻的通行界定。进入 20 世纪 80 年代以来，随着信息论的兴起，又有不少学者将信息论研究的成果引入对新闻的界定，认为“新闻是向公众传播新事实变动的信息”“新闻是被及时、公开传播的新近发生的重要事实信息”。应该说，这些定义都从不同层面、不同角度揭示了新闻的本质，对于学术研究的深入以及新闻事业的发展起到积极的推动作用。作为一本教材，我们这里仍然采用比较通行的说法，即新闻是对新近发生或发现的具有价值和意义的事实所作的客观报道。

在大家理解了“新闻”的概念后，我们再来解释什么是经济新闻就比较容易了。经济新闻首先是必须是新闻，同时，它与其他新闻相比又有一个标志性的特征，那就是它的报道内容必须与经济相关。因此，我们认为，所谓经济新闻就是对在经济领域内发生或发现的具有经济价值和经济意义的客观事实所作的报道。

这里需要提醒大家注意的是，新闻的概念有广义和狭义之分。广义的新闻是一个覆盖面较大的范畴，它包括消息、深度报道、述评、调查报告等，而狭义的新闻则专指消息。我们这里所说的新闻是指广义的新闻，在这一章里，我们将向大家重点介绍几种最常见的新闻文体，即经济消息、经济深度报道和经济述评。

（二）经济新闻的功能

经济新闻主要具备以下四个方面的功能：宣传功能、信息功能、监督功能和教育功能。

1. 宣传功能

经济新闻的宣传功能是指经济新闻肩负着向广大人民群众宣传党和政府关于经济工作的各项路线、方针和政策的使命。我国的社会主义经济建设是在党的领导下展开的，党所制定的各项方针、政策对于经济活动起着至关重要的指导性作用，这是由我国的基本经济制度和基本国情所决定的。尤其是在当前，我国正处于经济体制的转型时期，政策出台多、变化快，这就越发需要经济新闻充分发挥自身的宣传功能，帮助广大人民群众及时了解各种经济政策的制定及执行情况，并以此为指导调节自身的经济行为，从而更好地融入社会主义经济建设的洪流中去。

2. 信息功能

经济新闻的信息功能主要是指经济新闻通过收集、传播、分析经济信息，为各类经济活动提供信息支持。有研究表明："经济信息传播量每增加 1 倍，经济的增长（产值）大体上可上升 1.3 倍。"通过经济信息的传播，一个企业成功的经验，可以为众多企业所共享；某种商品的需求信息可以为众多企业带来巨大的商机；消费者也可以通过参考商品的供求、质量等信息来调整自己的消费行为。而且，党和各级政府也可以通过从市场中反馈回来的各种信息，判断社会经济形式及发展趋势，调整宏观调控行为。

3. 监督功能

经济新闻的监督功能主要是指经济新闻可以对经济活动进行公正、有效的舆论监督，为经济建设良好有序地进行起到保驾护航的作用。经济新闻的监督功能具体体现在四个方面：第一，对不法的经济活动进行揭露和批判，捍卫国家与人民群众的利益；第二，对不良经济思想倾向进行针砭并予以纠正；第三，指出某些经济政策的偏差并进行评析，促使有关部门及时校正；第四，对当前经济工作中的认识偏差进行校正和点拨。

4. 教育功能

经济新闻的教育功能主要是指经济新闻能够通过深入浅出的分析，将潜藏在纷繁复杂、瞬息万变的经济现象背后的经济规律和经济学原理揭示出来，从而使大众在接受经济新闻的同时，在潜移默化中掌握或提高分析经济现象、从事经济活动的能力。

经济新闻的教育功能与经济学教科书的教育功能是不尽相同的。后者侧重于知识讲授的严谨性、系统性和完整性，而前者则侧重于知识讲述的生动性与趣味性。两者各有所长，完全可以互为补充、相辅相成，为提高我国民众的经济学素养发挥积极的作用。

二、经济新闻的特点

经济新闻作为新闻中的一类，必然具备一般新闻所具有的共同特征，如真实性，即报道要真实；公开性，即报道内容应向大众公开；时效性，即报道要及时迅捷；趣味性，即报道要生动有趣，等等。同时，由于经济新闻有其特定的报道范围和报道对象，因而也就具有了区别于其他新闻的一些特殊属性。我们认为，这种特殊性主要体现在以下几个方面。

（一）专业性

经济新闻的专业性首先体现在报道内容的专业性上。经济新闻是专门从事经济报道的新闻，这是经济新闻区别于其他新闻的最根本的特征。经济新闻与文教新闻、科技新闻、体育新闻相比，最大的区别就在于它关注的是党和政府的经济方针、政策，工农业的生产状况，群众的消费需求等与国计民生有着直接关联的在经济领域内出现的新问题、新现象。

报道方式的专业性是经济新闻专业性的另一个重要体现。经济新闻报道方式的专业性是由其报道内容的专业性所决定的。例如出于报道内容的需要，在经济新闻中经常会出现一些数字、图表以及相应的分析，这在其他新闻中是不多见的。

报道内容的专业性和报道方式的专业性也对报道人员提出了专业性的要求。从事经济新闻报道的记者，除了必须具备熟练的新闻采、编、写技能以及扎实的新闻理论素养外，还必须具备一定的经济学素养，只有这样，才能写出真正兼具真实性、科学性和可读性的优秀经济新闻作品。

（二）综合性

经济新闻所涵盖的内容非常广泛，因为“经济宣传本是一项覆盖面广泛的社会系统工程，复杂的经济现象和经济活动，是渗透了政治、科技、教育、法律、军事、文化诸领域因素的社会活动”，有些问题虽然表面上看与经济无关，但却对经济生活有着直接或间接的影响，如政治、气象、战争、科技等，所以经济新闻对这些问题也必须有所关注。另外，有些问题起初看起来并不属于经济问题，但是如果我们转换一些观察视角，就会发现蕴含其中的“经济味”。如李洪波、黄文彬的《亚运会“充胖子”还是“养胖子”》就是一篇经典的范文。亚运会本是体育界的一次盛会，关于亚运会的报道理应纳入体育新闻的范畴，但是，作者却独辟蹊径，从经济收益的角度评价亚运会的得与失，给人以耳目一新之感，同时也开创了“体育经济报道”的先河。

（三）服务性

经济新闻的服务性体现在它服务于社会主义市场经济建设、服务于广大人民群众的日常经济生活。随着我国社会主义市场经济体制的日益完善与发展，“信息”在经济生活中的重要性日益凸显，而传播信息正是经济新闻的一个重要职能。经济新闻正是通过为经济活动的主体提供信息支持来为经济建设服务的。此外，经济新闻还能服务于广大人民群众，一方面它能为广大民众的经济生活提供信息支持，同时，它还能够反映民众的愿望与呼声，捍卫广大消费者的权益。例如《"肯德基"为何越吃越小》一类的新闻就是针对某些商家缺乏诚信、蒙骗消费者的行为提出批评，为消费者仗义执言，促使商家还消费者一个"说法"。

三、经济新闻的报道要求

（一）经济新闻的报道必须尊重经济规律

新闻要讲求真实性，即报道内容必须要真实。对于经济新闻而言，"真实性"还有另一层的含义，那就是必须尊重经济规律。经济新闻对经济规律的尊重主要体现在以下两个方面：

首先，报道内容必须真实客观，不能虚假浮夸。以往有一段时间，我国的经济新闻报道存在着一种模式化的倾向，有人曾经用顺口溜对这种倾向加以概括，如"任务加困难，措施一二三，工效百千万""年初开门红，年中双过半，年底超额把礼送"等。加强正面宣传的力度，颂扬我国经济建设的巨大成就是应该的，但如果将其作为一种固定的模式，不经实际考察和分析就任意套用就不对了。更何况稍具经济常识的人都知道，这句顺口溜所反映的生产状况未必就是一件好事。比如说"年底超额"，如果这个企业生产的是一种在市场上供过于求的产品，岂不是进一步加重了企业和市场的负担吗？这种不负责任、一味追捧的报道不但无助于推动经济建设的发展，反而会使经济新闻丧失了应有的社会职能，沦为一纸空言。

其次，经济新闻要对经济生活中违背经济规律的行为予以批评和纠正。例如十几年前轰动全国的秦池古酒"标王"事件。我们知道，一个企业要在激烈的市场竞争中脱颖而出，首先应该苦练"内功"，在如何提高经济管理水平和产品技术含量上下功夫、做文章，而不是盲目地加大广告投入以扩大自己知名度，更不能将所有的赌注都押在广告效果上，这种急功近利的行为是不符合经济运行的基本规律的。所以各大制酒企业狠拼"广告牌"，一时间全国上下都沉浸在一片"酒文化"的氛围中时，以《经济参考报》为代表的一些媒体保持了冷静的头脑，对秦池急功近利的做法作出了清醒的分析，对舆论进行了积极的引导，体现出了新闻工作者良好的业务素质和高度的社会责任感。

（二）经济新闻的报道应该“以人为本”

按道理说，经济新闻报道的是关乎国计民生的经济事件，直接关乎广大人民群众的切身利益，所以，经济新闻也理应是广大读者最为关注、最为欢迎的新闻。但实际上，经济新闻在当代社会受关注的程度恐怕还远远比不上以休闲娱乐功能为主的体育新闻、娱乐新闻。之所以出现这种不正常的现象，固然有客观上的原因，如我国经济市场化程度还需进一步提高，人民群众的经济参与意识还不强，广大读者还没有养成阅读经济新闻的习惯等。但是，我国的经济新闻在自身的报道定位上还存在一定的偏差，没有完全做到“以人为本”，才是问题的真正症结所在。相当数量的经济报道和从事经济报道的记者，存在着为报道而报道、为经济而经济的一般化倾向。这种丝毫不考虑读者的阅读需求，单纯地为报道而报道的新闻作品又怎么可能吸引住读者的眼球呢？因此，我们的经济新闻工作者必须真正树立“以人为本”的报道理念，将满足广大读者的阅读需求作为新闻报道的出发点和归宿，而要做到这一目的，必须从以下几个方面着手。

首先，经济新闻在关注经济活动的同时，还要关注人的全面发展。经济活动中的生产、分配、消费、需求、价格等问题，无一不是和人相关并通过人来实现的。所以说，人是经济活动的主体，经济的发展不仅仅是物质财富的增加，更是人的全面发展与进步。因此，把人作为报道的主体，关注人的全面发展，是由经济新闻的自身属性所决定的。一篇优秀的经济报道应该或从精神上予以启蒙，或通过榜样加以示范，使读者通过阅读经济新闻，能够在知识上有所收获，在精神上有所感悟，在思想境界上有所提高，树立健康的人格和积极的精神状态。

其次，经济新闻的报道应该努力追求“平民视角”。经济新闻要善于从普通群众的日常生活中找新闻，在老百姓的柴、米、油、盐里挖素材，使报道的出发点和落脚点都紧密围绕着一个中心——读者。我们要善于运用自下而上的报道思路，从普通市民个体、人们的日常家庭活动中折射出丰富多彩的社会经济生活，通过一个小的切入点来反映宏观经济的重大主题，套用一句俗话说，就是“窥一斑而知全豹”。近年来我们反复强调的加强对弱势群体的关注，实际上也是对“平民视角”的一种追求。这种平民视角的报道不但可以拉近新闻报道与人民群众之间的距离，还可以使报道更加生动亲切，更具说服力、感染力。

再次，经济新闻的报道方式应该生动灵活，报道内容应该通俗易懂。简单地说，就是让读者读起来不费劲，这也是“以人为本”宗旨的一个重要体现。经济新闻的专业性强、术语多，而读者接受能力也是参差不齐，这些都是我们在进行经济报道时不可回避的困难，同时也对我们的新闻工作者提出了更高的要求，那就在要进行叙事说理时，一定要善于运用灵活生动的表达方法，将抽象的理论用生动的语言表达出来，让读者易于接受。例如艾丰的《资本运营：认识上的第二次飞跃》，就是一篇理论性较强的文章，但作者却巧妙地将复杂的专业术语加以通俗化的阐释，如阐述资本运营的重要性时说“抓好资本运营可能是牵住了牛鼻子”，解释资本和资本流动时说资本就是“能够生钱的钱”，资本流动就是“死钱变活钱”，娓娓道来，通俗易懂。再如詹国枢的《从煮饺子说到规模经济》就是以“即使只煮一个饺子，也得买菜、剁馅……一道程序不能少，饺子还是饺子，那‘成本’，恐怕就高得令人咋舌了”的形象类比，生动地说明了什么是规模经济以及规模经济的重要性。像这种报道，读者读起来非但不会感到枯燥乏味，反而会觉得趣味盎然，甚至有可能进一步被激发起系统学习经济学知识的兴趣。

第二节　经济消息与经济深度报道

一、经济消息

（一）经济消息的含义及特点

经济消息是对新近发生或发现的，有价值、有意义的经济事实的简短、快捷的报道。消息是当代社会中发行量最大、受众最多、影响最为广泛的一种新闻文体，狭义的新闻专指消息，也正是出于这个原因。

经济消息的分类方法有很多，既可以根据报道内容来划分，也可以根据写作方法来划分，此处主要根据报道内容来对经济消息进行分类说明。

（1）人物经济消息：即以人物为中心的经济消息，它报道的是新闻人物的事迹、成就或遭遇。人物经济消息既可以写正面人物的先进事迹，树立模范榜样，也可以书写反面人物，对其违法违纪行为进行批判、曝光，起到警示作用。尤其应该注意的是，人物经济消息的报道对象并不一定都是经济浪潮中的风云人物，寻常生活中普通人也可以成为报道的主角。如龙在中的《短秤一两、赔罚一斤》，讲述的就是长沙市的一名普通个体户诚信经营，重视商业信誉的先进事迹。

(2) 动态经济消息：动态经济消息是对新近发生的经济事件的概括性报道。动态经济消息既可以是对某个独立事件的报道，我们称之为“完成式报道”；也可以是对某一持续性的事件的联系跟踪报道，我们称之为“进行式报道”。无论是完成式报道，还是进行式报道，其特点是一致的。即追求时效、篇幅短小，用事实说话。动态消息字数一般在五百字以内，甚至可以是“标题新闻”或“一句话新闻”。

(3) 综合经济消息：综合经济消息是对发生在一段较长时间或较大地域范围内的，具有全局性的经济动向、成就，趋势的报道。综合经济消息的特点在于报道面宽、声势较大、点面结合，总揽全局。与动态经济消息相比，综合经济消息在时效性上要略逊一筹，但由于其占有材料充分，所以在报道的广度和深度上都要优于动态经济消息，因而可以和动态经济消息起到良好的互补作用。

(4) 经验经济消息：经验经济消息又称“典型经验报道”，是对某个地区、部门、单位或个人在经济活动中所取得的成就或经验的报道。经验经济消息的特点是从现象中推导出道理、从个别推演向一般，它通过对一些成就和经验的科学分析，总结、整理出可以起到榜样、示范作用的，具有普遍适用性的成功经验，因而对经济活动具有较强的指导意义。经验经济消息是我国社会主义新闻传播的重要特色之一。

经济消息的特点主要体现在短、新、活三个方面：

(1) 短。“短”是经济消息最明显的形态特征。与其他新闻文体相比，经济消息的篇幅一般要简短得多。“短”的目的是让作者写得快，读者读得快，从而加快信息传播速度。像标题新闻，一句话新闻，都是对经济消息“短”的特征的体现。但应该注意的是，所谓“短”，必须以能真实反映事实的概貌、问题和本质的关键所在为前提，如果一味求短，以致损害了报道的真实性与内容的完整性，那就犯了本末倒置的错误了。

(2) 新。经济消息的“新”包括两层含义：第一，经济消息对经济信息的报道要迅速。在各类新闻文体中，消息对时效性的要求是最高的。面对瞬息万变的经济生活，经济消息必须保持敏锐的嗅觉并能够迅速地做出反应，及时传播经济信息，把握当前经济动向。对于那些具有重要社会意义和市场价值的经济事件最好是刊发当日新闻。第二，经济消息传播的是新信息、新观念，也就是那些以前从来没有出现过的新事件、新思想、新成就、新动向，切忌老调重弹。因为只有这些新信息、新观念才能充分反映时代发展气息，才能引起读者的关注，激发读者的阅读兴趣，给读者以新的启迪。

（3）活。活就是指经济消息的表达方式灵活多样、生动活泼，可读性强。如果一篇经济消息里充斥着大量干巴巴的数据、图表，语言也是单调、呆板，满纸陈词滥调，那么这种消息是无法引起读者的阅读兴趣的，其宣传作用和市场价值自然也就无从实现了。

（二）经济消息的写作

经济消息主题集中，内容精练，有比较固定的结构模式。一般来说，经济消息由标题、导语、主体、结尾、背景材料等五个部分组成。

1. 标题

经济消息的标题应该准确、生动、简练，即能高度概括新闻事实的内容，又要新颖醒目，能够引起读者的阅读兴趣。

消息的标题由引题、正题和副题构成，分上、中、下三行排列，引题居上、正题居中、副题居下。引题主要是交代新闻事件的背景，起到引出正题的作用；正题是标题的主体部分，是对报道内容的精练概括；副题是对正题的补充说明。三者可以同时使用，也可以省去引题或副题，形成双行标题，也可以省去引题和副题，只保留正题，形成单行标题，标题的形式根据报道内容的要求而定。下面我们就来对单行标题、双行标题和三行标题分别加以介绍。

（1）单行标题。单行标题是用一句话简明扼要地概括或评价新闻的主要内容，主要适用于内容比较简短、单纯的消息。如《亚洲人工作时间全球最长》《电信业尴尬资费标准名存实亡》等。

（2）双行标题。在双行标题中，正题是核心，引题或副题应该围绕着正题展开，为正题服务。消息的副题与其他文章的副题的区别在于它不用加破折号。例如：

让老森工基地焕发青春（引题）

科技为大兴安岭林区注入活力（正题）

奇瑞“风云”再度大降价（正题）

最高降幅达 1.1 万元（副题）

（3）三行标题。三行标题的内容比双行标题更加丰富，一般用于信息量较大或非常重要的消息。三行标题的编制要求和双行标题基本一致，这里就不赘述了。

三行标题的示例如下：

从实际出发看利弊得失如何（引题）

北京大学改变学生社会实践办法（正题）

就近就便各自为战有偿服务（副题）

2. 导语

导语是经济新闻的开头语，可以是一句话，也可以是一个自然段，也有的导语长达两三个自然段，称之为复合导语。导语的作用在于开篇明义，使读者读完导语之后就能对消息的大体内容或态度倾向有一个大致的了解，从而为下文的叙述做好铺垫。一则优秀的导语能够引导消息的主体部分很自然地展开，同时还像吸铁石一样，一下子就能吸引住读者的眼球。

常见的导语写法有以下几种。

（1）叙述法。叙述法是一种将消息的主要内容用概括性的语言简明扼要地加以叙述的导语写作方法。例如《防伪产品当心自身难保》的导语“危险不仅来自江湖骗子，还有来自防伪产品制造商本身”，仅用一句话就非常清楚地点明了文章的主题，开门见山，简明扼要。

（2）提问法。提问法是一种用提问题的方式引出消息所要报道的主要内容的导语写作方法，如《互联网将颠覆银行网点?》一文的导语就是这样写的：“互联网的出现，正革命性地改变着金融业的经营模式。在证券业，许多券商收缩了营业网点，因为越来越多的投资者告别有形的柜台，转向了互联网。那么未来的银行业是否也会遭遇类似的命运呢?”这则导语通过提出疑问，自然而然地引发了读者对未来我国银行业命运的思考。

（3）描写法。描写法是一种通过生动的描写，将消息所要反映的主要内容或能体现消息主要内容的某一细节勾勒出来，给读者提供一个具体可感印象的导语写作方法。例如《欠债还房第一宗——国内贷款抵押房产公开拍卖现场见闻》的导语：“花开依旧，人去楼空。5 月 11 日下午，美丽如画的深圳怡景花园内，往日清净的寿景道，此时车成对、人成群，热闹非常。国内首宗抵押贷款房产公开拍卖，就要在这条道上的 6 号别墅旁举行。”作者通过富有情趣的描写，不仅清楚地交代了新闻的时间、地点、事件，还带给读者一种强烈的现场感。

（4）对比法。对比法是指通过对比的方式来突出消息主要内容的导语写作方法。例如《拐点出现了，并非一路下行》的导语：“四年前，接到大学录取通知书的廖芸自然不会想到今天为毕业后的第一份工作如此费神，在 7 月中旬，这位新闻系女大学生仍在向其意愿中的单位递交简历，她的同学也并没有比她幸运多少。而往常这个时候，大多数毕业生都已经各有‘东家’。”这则导语通过今年与去年同期大学生就业形势的对比，使我们明显地感觉到今年大学生就业形势的严峻性。

（5）评论法。评论法是指作者在消息开篇便对主要新闻事实进行评论或加以评价，以表明自己态度或观点的导语写作方法。如消息《中国拒绝金融风暴登陆》的导语："中国凭借其稳定的经济形势，充实的外汇储备，良好的外资结构和有效的外汇管理，完全有能力避开目前席卷东南亚的金融动荡。"在这则导语中，作者清楚地交代了中国之所以不会受到金融风暴冲击的理由，旗帜鲜明地表明了自己的观点。

导语的写作方法除了上述五种之外，还有引用法、比兴法、结论法、谈话法等。总的来说，导语的写作方法是多种多样的，我们可以根据报道内容的需要加以灵活运用。

3. 主体

主体是经济消息的躯干，在消息中占有举足轻重的地位。它的任务是对新闻事实进行具体的报道。主体的写作要注意两个问题，一是要紧紧围绕主题，二是要层次分明。主体常见的结构方式有两种：

（1）按时间顺序安排层次。即按照事件变化发展的时间顺序来安排材料。用这种方法叙述要精心选择典型材料，重点突出。如《欠债还房第一宗——国内贷款抵押房产公开拍卖现场见闻》就是按时间顺序报道了房产拍卖的整个过程。

（2）按逻辑顺序安排层次。即按照报道内容的内在联系或逻辑关系，如因果关系、点面关系、递进关系、并列关系等来安排材料。如《深圳部分外来劳务工劳动安全状况堪忧》，首先用翔实的数字说明了令人忧虑的劳务安全状况，接着分析了导致这种状况的原因，最后提出解决问题的建议。各层次之间层层递进，条理清楚。

4. 结尾

经济消息的结尾方式比较灵活，没有固定的要求。既可以对前文叙述的内容或作者的观点进行小节，也可以对主题加以拔高和深化，还可以针对报道内容提出需要进一步思考的问题，引发读者的思考。应该注意的是，经济消息中的结尾并不是必需的，如果上文已经将新闻的内容和作者的观点完整地表达出来，那么结尾就可以省略，切不可画蛇添足、节外生枝。

5. 背景材料

背景材料是指对消息所报道的人物、事件起作用的历史背景和现实背景的介绍。它不属于新闻事实，但可以帮助读者加深对新闻事实的理解，所以我们也把它视为新闻的有机组成部分。背景材料根据其作用可以分为以下三类：

（1）对比性背景材料。对比性背景材料包括纵向对比材料和横向对比材料。对比性背景材料的作用在于通过对比说明问题。例如，要写近几年农业生产的发展，就可以将几年前的农业产值与当前的农业产值进行对比，以增强说服力。

（2）说明性背景材料。说明性材料是对与新闻事实有关的政治背景、地理环境、历史渊源等内容加以简要说明。它的作用在于引发作者的联想，帮助读者加深对报道内容的理解。

（3）注释性背景材料。注释性背景材料主要对消息中出现的一些不容易理解的内容或专业性较强的概念进行适当的解释，目的是让读者看得更明白。如对产品的特色、性能、专业名词术语、技术性知识等所作的解释说明。

背景材料的位置并不是固定的，可以出现在导语部分，也可以出现在主体部分，还可以出现在结尾部分。但运用时一定要拿捏好分寸，写作背景材料的目的是深化主题，帮助读者加深对报道内容的理解。切不可一味铺陈材料，以致喧宾夺主。对于一些内容比较单纯、通俗易懂的消息，完全可以不写背景材料。

二、经济深度报道

（一）经济深度报道的含义和特点

所谓“经济深度报道”，是相对于一般反映性的、动态性的经济消息而言的，它是一种以“深”见长的报道方式。经济深度报道通常是以重大经济新闻事件和社会舆论所关注的经济焦点问题作为报道对象，进行宏观思考和全面剖析，力求透过经济现象的表层，揭示事物的本质和规律。

从上述定义中，我们可以看到，经济深度报道是一种报道的方式，而不是一种具体的新闻文体，因此，它能够非常灵活地以消息、通讯、调查报告等新闻文体为依托，针对社会经济现象和问题进行深入挖掘和理论探讨。有的学者将深度报道称为“高层次新闻报道方式”，也正是出于这个原因。

深度报道起源于西方，20 世纪 30 年代在美国出现的解释性新闻可以被视为深度报道的雏形。我国的深度报道大致崛起于 20 世纪 80 年代末，1987 年被视为我国新闻发展史上的“深度报道年”。发展到今天，深度报道已经更趋繁荣和成熟，广泛地渗入到广播、电视等各种媒体中，不再为纸质媒体所专有。

根据报道性质的不同，我国的经济深度报道大致可以分为以下几种类型。

1. 解释性经济深度报道

所谓“解释性经济深度报道”是一种运用有关的背景事实来解释经济新闻事件发生原因的深度报道方式。这种报道形式与一般性的经济新闻有所不同：一般的经济新闻重在报道发生了什么事情，而解释性经济深度报道则把重点放在“为什么”以及“怎么办”等因素上。因此，大多数的解释性经济深度报道都属于二次报道或连续报道，即有一般性报道在前，才有解释性深度报道在其后。

解释性经济深度报道通常具有鲜明的现实针对性，因为只有那些为人们所普遍关注、包涵深刻背景和深层价值的经济问题才有可能写成解释性经济深度报道。如中央电视台《新闻调查》播出的《买房：追问一个梦想》，就是抓住当前房价不断攀升，工薪阶层是否买得起商品房这个整个社会都非常关注的热点问题，在上海、广州、石家庄三个城市分别进行了采访。通过对商品房产生背景的解释性采访，为相距甚远的买卖双方找到了怎样才能大规模对接的方法，反映出其不可多得的对经济生活实践指导意义。

2. 预测性经济深度报道

预测性经济深度报道是科学预测经济事件和经济现象发展趋势的一种深度报道方式。当然，这种预测绝对不是凭空想象，也不是个人臆测，它是联系历史背景，结合现实条件，合理推断预测而得出的科学结论。

如果说解释性经济深度报道具有某种回顾性和溯源性，那么预测性经济深度报道则具有强烈的前瞻意识。这类报道一般应该包括这样三个要素：一是对过去和现实情况的概括；二是对未来的分析预测；三是提出具体的可行性措施。面对日新月异的现代社会，我们已经很难像前人那样在胜券在握之时才胸有成竹地做出决定，在市场经济的浪潮中，决策往往与风险相伴、与挑战并存。在这种形势下，预测性经济深度报道无疑有助于人们做出明智的经济抉择，它不仅适应了读者的需要，同时也是现代社会发展的产物。

3. 分析性经济深度报道

经济深度报道的一个重要特点就是长于分析说理，而分析性经济深度报道在这一点上表现得尤为突出。它不但可以告诉读者当今世界正在发生哪些事情，而且还注重对事实的思辨与探究，注重对事实的剖析与评论。

分析性经济深度报道的报道对象是多种多样的，既可以对具体微观的经济现象作出分析评介，也可以涉及宏观的现行体制、经济运行机制等，具有灵活多变的特点和震撼人心的社会效果。这种报道方式的广泛运用标志着我国新闻媒体在舆论监督、舆论参政议政等方面的社会作用正在逐步增强。

4. 调查性经济深度报道

调查性经济深度报道是以调查经济新闻事件产生的原因、展示新闻事件发展过程为主的一种深度报道方式。与其他报道方式相比，调查性深度报道的舆论监督职能显得尤为突出，是新闻媒体行使所谓“第四种权力”的典型代表。中央电视台《新闻调查》栏目中所播出的节目就属于典型的调查性深度报道。

为了让大家对调查性经济深度报道有更深入的理解，这里我们不妨将它与其他报道方式进行一下简单的对比。首先，一般的新闻报道主要关注于公开的事件或资讯，而调查性报道则更注重挖掘潜藏新闻背后的“新闻”，深入追寻被各种主客观因素遮掩起来的事实真相；其次，一般的新闻报道特别注重时效性，强调记者应该在第一时间内赶赴新闻现场，以最快的速度将新闻公之于众，而调查性报道则更侧重揭示鲜为人知的内幕，这就需要报道者经过比较长时间的调查研究，所以调查性深度报道对新闻时效性的要求相对比较宽松。

作为一种“有深度”“高层次”的报道方式，经济深度报道主要具备以下两个方面的特点。

(1) 深广的新闻触角和丰富的背景资料。经济深度报道不同于平面的客观报道，它要求新闻工作者通过搜集各类信息，提供广阔丰富的背景材料，触及社会经济的深层次问题。在横向的广度上，它要求较为详尽地报道与新闻事实相关的方方面面，并将之与当前发生的经济新闻作对比，以帮助读者在一种情景化的状态中把握经济新闻的全貌；在纵向的深度上，它要求交代经济现象所蕴藏的历史渊源、因果关系，揭示事物的演变轨迹，把握事态的发展走向，真正达到“以今天的事实，核对昨天的背景，从而说出明日的意义”的目的。

对经济新闻作纵深延展，是经济深度报道的基本要求。《来自东西南北中的报道》就充分体现了这一特点。它突破了传统的“一人一地一事一报”的报道模式，纵谈山东、甘肃、广东、东北、河南等地改革发展的状况，不仅以鲜活生动的材料向读者呈现出我国改革的现状，而且用联系的视角加以比较考察，难怪美国哈钦斯委员会在《自由而负责的新闻界》中提出：“所谓深度报道就是围绕社会发展的现实问题，把新闻事件呈现在一种可以表现真正意义的脉络中。”

（2）浓厚的理论思辨色彩。经济深度报道是带有知识性、哲理性、思辨性的报道。它不但要介绍事情的来龙去脉，还要向读者解释清楚现象产生的根源，并提供可供参考的应对策略。这些都需要新闻工作者具备分析归纳的逻辑思辨素质和比较扎实的经济学理论素质，运用唯物辩证法的理论，对现实经济生活中的种种现象加以阐述。如《经济日报》发表的一组具有代表性的好文章，以老工业基地武汉为重点，逐层深入地揭示了资本运作的规律，说明了资本与增值、增值与流动的关系，具有相当的理论深度。

我国的经济深度报道是改革开放的时代产物，是中国新闻改革的重要成果。社会改革冲击着社会各个阶层，相伴而生的新现象、新问题层出不穷。面对这些新现象、新问题，人们已经不再满足于简单的平面化的报道，于是，深度报道也就应运而生了。经济作为社会生活中的一个重要领域，在现代化建设中扮演着越来越重要的角色，而以经济现象为关照对象的经济深度报道也随之备受读者和新闻从业人员的青睐。随着我国新闻事业的蓬勃发展，涌现出一大批优秀的经济深度报道佳作，这些作品以其敏锐的新闻触角、深刻的洞察力、发人深省的思索引起了社会和读者的强烈反响，在观察、监督、指导社会实践方面都发挥了不可替代的重要作用。

（二）经济深度报道的写作

经济深度报道不同于经济消息，在写法上具有比较固定的模式。经济深度报道的写作方法灵活多变，不拘一格。它可以是单篇的新闻，也可以是连续的、系列性的组合报道；可以是消息，也可以是通讯、调查报告，甚至可以是几种文体的融合体。总之，写作经济深度报道没有什么固定的条条框框，根据报道内容的需要而采取灵活的写作方法。当然，这并不是说它的写作完全没有规律可循，下面就向大家简要交代一下写作深度报道时应该注意的几个问题。

1. 选取重大题材、明确文章主题

深度报道的题材选择要慎重，不是所有的题材都值得写成深度报道的。一般来说，深度报道的题材应该是涉及国计民生的重大问题、社会生活的迫切问题、人民群众普遍关注而又迷惑不解的问题。简单地说，就是所谓“三点”题材，即社会中的热点、工作中的重点、受众关注的焦点。

题材确定之后，接下来要做的就是确定文章的主题。观点分散，主题不

集中，看似面面俱到，实际上每谈一个问题都是浅尝辄止，根本没有深入挖掘。这是当前深度报道存在的一种较为普遍的现象。深度报道的确需要宏观的视角，但这并不意味着主题越多越显得宏观。每篇只围绕一个主题进行深入分析和探讨，才有可能把问题讲清讲透。例如前面提到的四篇报道谈的其实都是资本运营问题，但是却又各自采取不同的视角，阐述不同的主题，实现了报道深度和广度的完美结合。

2. 文章首尾呼应

深度报道不是单纯提供信息的消息，而要提供一种对事实的认识。从心理学上讲，认识是必须经过适当强化才可能给读者留下深刻印象的。因而，一篇完整的深度报道，除了在起始部分要点明主题外，为了强化主题，通常还会以某种适当的结尾呼应前面的立论，进一步地达到突出主题、引起读者重视的目的。

3. 处理好理性分析与客观报道的关系

深度报道要注重理性思辨，但如果分寸把握不好，就会显得主观色彩太浓或感情渲染过重，缺少了新闻味。我们应该牢记一点，深度报道就其实质而言仍属于新闻，不是经济学术论文。新闻最关键的是要用事实说话，事实的深刻胜于思辨的深刻。在报道中，理论思辨的目的在于深化新闻主题，强化新闻的社会意义，起到画龙点睛的作用，报道的重点还是应该放在对新闻事实本身的深层挖掘上，深层次的事实出来了，深层次的思想也就自然而然地产生了。没有深层次事实，满篇都是空对空的分析与议论，这样的报道不是真正的深度报道。

4. 文章篇幅长短适当

由于深度报道反映的是重大社会问题，事件错综、背景复杂、篇幅比较长也是在所难免的，但也并非都要写成长篇大论。正确的态度应该是实事求是，根据报道内容的需要制定篇幅。切忌为了显示自己的思考全面深刻，人为地拉长深度报道的篇幅，其结果只会是画蛇添足，适得其反。

第三节　经济述评

一、经济述评的界定

经济述评是以夹叙夹议的方式来反映重大经济事件，传播经济信息的一种新闻文体，它的特点是在报道经济事件的同时，进一步地评论它的意义和得失。由于与经济消息和经济深度报道相比，经济述评具有观点鲜明、说理深刻、信息量大等特点，所以广受读者欢迎，正日益成为当代新闻传播的一支重要力量，与经济消息、经济深度报道形成三足鼎立之势。

经济述评多为战斗在新闻工作第一线的记者所写。它不仅反映了记者在广泛接触与认真研究社会经济生活的基础上所形成的独到的观点和见解，而且还体现了新闻记者敏锐的社会、经济洞察力以及全面的业务素质能力。

二、经济述评的功能

（一）揭示新闻事实的本质及发展趋向

与其他新闻文体相比，经济述评的作用不仅在于对新闻事实的报道和复述，而且还在于揭示隐藏其间的本质属性，并指出新闻事件下一步将会怎样发展，对其未来发展的种种趋向和可能出现的结果进行预测。这里所说的新闻事实包括事件、事物、人物、现象、思想等。通过这样的报道，读者对于新闻事实的了解就会更加深入，认识也会更加深刻，而且，新闻作品的一些固有功能，如宣传功能、教育功能等，也能够因此而得到更为充分的发挥。

（二）解释新闻事实的因果

即经济述评不仅详尽地对新闻事实本身进行叙述，而且还进一步探讨新闻事实何以发生，它将对人们的日常经济生活乃至整个社会的经济生活和经济发展趋势产生怎样的影响。任何新闻事实都不会是凭空发生的，都会有它的前因后果，只不过这些因果有时是显性的，有时是隐性的。如果这些因果是显性的，经济述评就将它们加以列举、综合；如果这些因果是隐性的，经济述评就要对其加以挖掘、揭示。总之，经济述评是以一种联系的观点来分析新闻事实，解释、说明、评论其得以产生的历史和社会根源以及将会产生的影响。

（三）对新闻事实作出政治判断、道德判断或价值判断

即发表作者的个人观点，表明作者的态度与立场。新闻报道的主要任务是报道事实，而经济述评则在报道事实的基础上，从政治思想的角度，或从道德伦理标准角度，或是从社会效益、经济效益的角度对其作出评价和判断，评价其价值、判断其正误。作者发表自己观点的目的在于启发读者，一方面是为读者提供观点上的参考，但更重要的是引导读者和作者一起进行积极的思考，最终形成自己的观点和看法。

随着我国市场经济体制改革的逐步深入，读者们对于经济信息的需求也越来越大，而且，他们对于信息的需求也已经不像从前那样仅仅满足于知道什么时候，在什么地方发生了什么事情，而是要进一步地探求整个事件的来龙去脉，渴望了解事件的本质，发掘隐藏在事件背后的潜在价值，而经济述评正好顺应了读者的这种接受需求，因而具有广阔的发展前景。

三、经济述评的分类

（一）经济形势述评

形势述评以国际或国内宏观经济形势，党和国家关于经济建设的路线、方针、政策的贯彻执行情况为内容。根据具体报道内容不同，形势述评又可分为阶段经济形势述评、区域经济形势述评、行业经济形势述评等。形势述评既要有对报道对象的全局性概括，又要能揭示出经济形势发展变化的内在规律。它的特点是视野开阔、气魄宏大，既着眼于目前，又有些回顾性和前瞻性。

（二）经济工作述评

经济工作述评是一种以国家经济的某一行业或某一部门的主要工作现状为报道内容，以评析实际工作中包含普遍意义的问题为主要目的的述评文章。它针对经济生活中出现的新情况、新问题，进行深入浅出的分析研究，提出有价值的意见和建议，以帮助有关单位发现问题、制定策略、采取措施，从而促进工作的开展；工作述评要有一定的专业性和业务性，但不能写得太专太深，影响读者的接受。同时还应注意点面结合，既有鲜明的针对性，又具有普遍性的意义。

（三）经济思想述评

经济思想述评是针对当前经济界的具有倾向性的思想观点进行的描述和评议。在一定的时期内，总会存在一种具有普遍性的思想倾向，这些思想对于人们的经济行为的影响是巨大的。如果这种思想倾向是积极的，就加以肯定和赞扬，反之，则加以否定和驳斥。但无论是正面赞扬还是反面驳斥，都应该保持客观的态度、运用辩证的思维对这些思想倾向的根源和核心观点进行深入的揭示，让读者有一个清晰的认识和正确的判断，从而起到经济述评的引导和疏导作用。

（四）经济事件述评

经济事件述评是以新近发生的重要经济事件为主要内容的述评。事件述评以具体经济事件为评论对象，如果一个经济事件发生后，仅仅通过客观地报道事件的过程和前因后果，尚不能使读者认清事实的真实本质和背后隐藏的经济规律，便可采取经济述评的形式来完成。经济事件述评通过对事件的完整介绍和深入分析，联系其发生的原因和背景，使读者能够对整个事件的过程、性质以及意义形成一个比较全面和深入的认识。

四、经济述评的写作要求

（一）述评结合，夹叙夹议

写经济述评时首先要做到有述有评，不能有所偏废，否则也就失去了"述评"的本色了。同时，我们还要注意处理好"述"和"评"之间的关系。就文章篇幅而言，"述"的量要相对多一些，因为"述"是"评"的基础，如果对新闻事实叙述得不清楚，交代得不详细，那么"评"也就无从展开了。但就文章的写作目的而言，"评"又比"述"重要，因为只有通过"评"才能揭示出隐藏于现象之下的本质，才能凸显出经济述评相对于其他新闻文体的优势所在。所以，我们在处理述和评的关系时，必须做到有述有评，夹叙夹议。夹叙夹议的方法有好几种，有的就事论理，从具体到抽象；也可以先提出观点，用观点来带动事实。当然也可以把事实与道理二者互相糅合在一起，边述边评。

（二）立意深刻，见解独到

经济述评不能仅仅满足于对经济问题和事件的陈述，还应该高屋建瓴地对问题和事件的实质与发展趋向作出有分析的论述。这就要求经济述评的作者具备扎实的经济理论功底，对瞬息万变的经济生活保持高度敏锐的观察力。只有这样，他才能对所写的问题有一个深刻独到的认识和见解。换句话说，不评则以，要评就评出新意与个性来，也只有这样，才能引发读者的思考，于读者有所启迪。如果观点模棱两可，论述时也只是泛泛而谈，那么这种述评是没有任何价值的。

1997 年，东南亚爆发了震动全球的金融危机。大家都知道东南亚爆发了金融危机，可是对于这场金融危机的来龙去脉以及中国应该从这次风波中获得哪些启示却知之甚少。于是，有记者在恰当的时机发表了述评《东南亚金融危机说明什么?》。作者在认真研究，细致分析的基础上，对东南亚金融风波产生的原因以及对中国的启示进行了深入有力的评析，起到了良好的答疑解惑作用。一些金融界的权威人士也评价该文关于金融风险的防范观点颇有新意，有借鉴意义。

（三）资料丰富，运用自如

要写好经济述评，作者首先必须掌握丰富的材料和数据，包括面的材料和点的材料，现实材料和背景材料，正面材料和反面材料。这是写好一篇经济述评的基础与前提，因为缺乏材料支撑的观点是很难具有说服力的。但是，在充分占有材料的同时，我们还应注意不要被材料牵着鼻子走，而是要做材料的主宰，要善于驾驭材料、运用材料，要对丰富的资料进行综合、提炼和比较，最终得出一个概括性的观点，而且，最好能抓住最具代表性的典型案例，从点到面、点面结合地说明问题。没有概述，就很难体现述评的普遍意义和适用范围；没有典型的案例，议论就显得空泛，难以使人信服。例如上文提到的述评《东南亚金融危机说明什么?》，就是选取泰国作为典型案例，并以此为切入点进行了深入浅出的分析。

（四）逻辑严谨，以理服人

与经济理论文章讲究推理的严谨和论证的周密相比，经济述评中的议论具有清新、精辟、简洁的特点，但在论证的连贯性上要比理论性文章稍逊一筹，但是这并不意味着经济述评中的议论可以不讲究逻辑。经济述评是一种夹叙夹议的文体，它的议论是和叙事结合在一起的。经济述评的作者常常是从具体材料入手，从材料中提炼出一个观点来统领全文；然后再反过头来通过对具体材料的阐精发微，层层剖析，将所论之理逐步讲深、讲透。观点的提炼要讲究逻辑，对具体材料的安排要有逻辑上的顺序，对材料的阐述和分析更是一种严密的逻辑论证，由此可见，逻辑对于经济述评的写作是非常重要的。那种观点简单武断、行文毫无条理、叙事说理扯成一堆乱麻的述评是不会取得良好的表达效果的。

（五）富有文采，引人入胜

经济述评讲求逻辑，并不等于不重视文采。相反，经济述评必须要写得有点文采，写得亲切自然，才能引人入胜。在经济述评中，逻辑是一种武器，形象生动的描写也是一种武器，而且是一种更有力的武器，因为形象生动的描写不仅可以将抽象的道理讲得通俗易读，使人容易理解，还能给读者留下鲜明深刻的印象。所以，在不损害文章的逻辑以及说理的深刻性的前提下，经济述评中应该尽可能地增加一点知识形象，这样会产生动人的力量，使写出的文章既有思想深度和精辟见解，又有可读性和感染力。

第四节　例文简评

例文一：

面对母语，大学生缘何成“老外”？

世界之大，无奇不有。

面对汉语言文字比赛，外国留学生竟成了“中国通”，而中国大学生竟成了“老外”，这不得不引起社会的反思与忧虑。

看看我们的周围吧！语言越来越匮乏，汉语素养不高，有很多人的口头表达能力与书面表达能力很差。很多大学生连写封家书或情书都是错字连篇，表达不清，至于理科生写文章“一逗到底”，文秘毕业生不会写公文，医学毕业生写不明白病理……就更是司空见惯了。

那么，面对母语，中国大学生缘何不敌老外，成了汉语“老外”？笔者还是引用专家的观点吧！全国大学语文研究会会长、华东师范大学齐森华教授将原因归咎于大学语文教育今天被边缘化。一是大学语文未被教育部列入公共必修课，高校开课处于无序状态，随意性大，一些理工、医学类院校和专科院校干脆不开；二是受“轻母语、重外语”的环境影响，高考时，语文还能与外语平起平坐，但到大学迅速萎缩，加上升学、求职、晋职中外语是“硬杠杠”，所以学生将精力投入到了外语学习上；三是高校办学理念越发功利性，课程设置趋向实用化，热衷于好处看得见、用得上的课程。汉语自然成为“被遗忘的角落”。

目前，汉语言文化出现边缘化危险。对此，王蒙先生在“2004 文化高峰论坛”时曾说：我们的母语已经到了“最危险的时候”，呼吁全球华人展开一场“母语保卫战”。这样的观点并非杞人忧天。汉语，作为世界上最古老的语言之一，不仅是一种表达工具，而且还是根植于民族灵魂与血液的文化符号，承载着中国五千年文化的乡愁和民族记忆。保护母语，就是保护自己赖以生存的文化基因，它关系到一个民族的生死存亡和民族凝聚力。

今天，在复旦大学汉语言文字大赛上，中国大学生不敌外国留学生，这是一种羞耻，但更是一种鞭挞与激励，希望它能引起国人的反省与深思，催人奋进，并且有必要对现行母语教育的理念、内容、途径等进行认真审视。

评析：

这是一则短评（新闻评论）。该短评篇幅短小、论点集中、文笔明快犀利。

采用设问式标题；引论部分直接点明论题，引导读者深入思考；本论部分采用归纳论证结构，通过摆事实、讲道理，指出保护母语的重要性；结论启人深思。

例文二：

新华网评：为创新服务　为服务创新

眼下，全社会的创新热情正在被不断激发，创新水平也在不断提升。市场主体要靠创新发展谋利，中国经济要靠创新转型升级。发挥好创新的战略核心作用，对国家的发展全局来说至关重要。

只要是有利于发展的路，就要坚持不懈地走下去。扫清阻碍前进的羁绊、破除束缚创新的桎梏、促进创新要素流动，就是为创新服务的目的，也是为创新服务的着力所在。提到为创新服务，恐怕大多数人都会首先想到商事制度改革。

作为简政放权的“先手棋”，商事制度改革于 2014 年 3 月 1 日正式实施，进一步促进了“大众创业万众创新”，尤其是在转变政府职能、构建服务型政府的背景下，商事制度改革更具重要意义。

创新不属于一朝一夕或者一个阶段，它必须贯穿于发展全过程。市场主体也是创新主体，我们不仅要保障他们“出生”，也要为他们的“成长”负责。近年来，国家出台了一系列政策措施，有力地支持了企业的创新与发展。例如，减税降费更好地落实了企业研发经费加计扣除政策，为企业减轻负担，让其聚精会神搞创新。

为创新型企业提供周到. 完善的服务，需要国家做好顶层设计。《中共中央、国务院关于深化体制机制改革加快实施创新驱动发展战略的若干意见》提出：要“营造激励创新的公平竞争环境”“建立技术创新市场导向机制”“强化金融创新的功能”“完善成果转化激励政策”“构建更加高效的科研体系”“创新培养、用好和吸引人才机制”“推动形成深度融合的开放创新局面”“加强创新政策统筹协调”。这些具体任务的部署实施，必将加快破除制约创新的体制机制障碍，激发全社会的创新、创造活力，为大众创业、万众创新提供更好环境，加快创新型国家建设和经济转型升级提质增效。

认识到创新的重要性后，地方也“各显神通”，打造服务的“升级版”。例如，大连出台了《关于支持企业创新和发展的政策措施》，明确建立大连市科技创新型企业、服务机构资源库；完善“科技指南针”公共服务平台，重点建设大型科研仪器共享等 8 个子平台，提供全方位的服务。

国务院关于同意全面深化服务贸易创新发展试点的批复〔国函（2020）

111号〕提出加强对试点工作的协调指导和政策支持，主动引领开放，推进探索任务，创新政策手段，形成促进服务贸易发展合力，并按《总体方案》要求制定政策保障措施。

创新与服务相互融合，创新离不开服务，服务本就在创新的范畴之内。无论在国家层面还是地方层面，都在加大服务的创新力度。上述列举的，都体现了一种服务的创新。为创新的服务创新，为其他关乎国计民生的事服务也要创新，要让人民群众共享创新的红利。

其实要提高服务质量，不仅要加大政策的落实力度，更要改进工作方式，说到底还是一个态度问题。创新是一种精神、也是一种态度，我们要为创新服务，为服务创新，为创新与服务群策群力。

评析：

这则财经评论标题新颖醒目，"为创新服务为服务创新"点明了评论的主题。正文阐述了为创新服务的重要性、顶层设计、加大服务的创新力度等观点，围绕"为创新服务，为服务创新"进行分析评论。观点鲜明、有理有据、针对性强。

例文三：

2021年中央经济工作会议解读

1. 积极的财政政策、稳健的货币政策

会议要求，要继续实施积极的财政政策和稳健的货币政策。要结合税制改革完善结构性减税政策。要适当扩大社会融资总规模，保持贷款适度增加，保持人民币汇率基本稳定，切实降低实体经济发展的融资成本。

2. 全球量化环境施加通胀压力

积极的财政政策与稳健的货币政策基本在市场的预期之内。因为在中国目前经济回升尚不稳固之际，财政政策必须保持积极，为增长提供动力与信心。在这种情况下，如果货币就开始收紧，显然还偏早，但如果过于宽松，在全球都在执行量化宽松的大环境下，通胀风险可能重来，因此必须执行稳健的货币政策。

3. 财政支出将偏向民生方面

积极的财政政策可能意味着今后财政支出将偏向民生方面，并促进结构性减税。虽然百姓消费意愿强烈，但当下消费并不算高。如果想要拉动消费，就要加强社会保障系统的建设，让百姓放心消费。而稳健的货币政策，可能预示着明年社会融资规模的总量不会有大幅度的增加，明年上半年或许将维持今年以来不松不紧的状态，但下半年考虑到全球通胀的压力，货币政策或将略微收紧。

评析：

这是我们常见的经济评论，这种文体的最大价值是作为经济活动的风向标，向人们传递经济政策信息，帮助人们把握经济脉搏，对企业而言，它是企业战略性决策制定的根本依据。

例文四：

2021 年 6 月末，我国外汇储备规模为 32 140 亿美元

国家外汇管理局 2021 年 7 月 7 日公布的数据显示，截至 2021 年 6 月末，我国外汇储备规模环比下降 78 亿美元达到 32 140 亿美元，较 5 月末下降 78 亿美元，降幅为 0.24%。

2021 年 6 月，外汇收支交易平稳有序，外汇市场供求保持基本平衡。国际金融市场上，受新冠肺炎疫情和疫苗进展、主要国家货币政策预期和宏观经济数据等因素影响，非美元货币相对美元上涨，主要国家金融资产价格总体上涨。外汇储备以美元为计价货币，汇率折算和资产价格变化等因素综合作用，当月外汇储备规模上升。

今后的外汇储备规模趋势如何？当前，新冠肺炎疫情仍在境外蔓延，全球经济复苏仍不稳定、不平衡，国际金融市场依然面临较多不确定性因素。但 2021 年以来，我国经济运行开局良好，高质量发展取得新成效，人民币汇率弹性不断增强，有利于外汇储备规模保持基本稳定。

央行指出，在开放宏观格局下，货币政策应有国际视野，要注意到这些影响最终都可能会表现在跨境资金的流动上。货币政策应保持中性适度，既要防止结构调整过程中出现总需求的惯性下滑，又不能过度放水、妨碍市场的有效出清。

评析：

这则新闻采用单行式标题，高度概括新闻的内容，并能吸引读者。导语部分直接叙述新闻的事实，主体部分叙述简洁、明确，信息表达具有较强的专业性。

综合练习

1. 什么是经济新闻？经济新闻与其他新闻相比有哪些特点？

2. 为什么说经济新闻的报道必须"以人为本"？

3. 请简述经济消息的特点和写作要求。

4. 为什么说经济述评在当代新闻传播事业中具有广阔的发展前景？请结合经济述评的特点谈一谈你的看法。

5. 认真阅读下面这篇经济消息，并对原稿予以改写。

房价上升过快的问题已引起各方面的关注。权威人士指出，房价偏高问题在以集团购买为主体的年代还不明显，但在个人购房逐步成为购买主体的今天，问题将日益突出。

据了解，2018上半年，全国商品房平均价格比去年同期增长11%，其中山西、陕西、内蒙古、云南、北京的增幅超过25%。

国家统计局固定资产投资司房地产处处长贾海认为，尽管房价上涨有一定的合理因素，但涨这么快，炒这么热却是不正常的。2018以来，价格迅速上扬。一季度达13.3%，二季度为11.1%，虽然有所回落，但仍突破两位数大关。总的来看，目前的房价已经偏高，超过了老百姓的承受能力。虽然个人住房贷款额增长迅猛，但广大住房消费者，特别是中低收入者买房还是相当困难，住宅消费的全面启动难以实现。

专家曾经算过一笔账：按现在全国城镇居民家庭收入水平，一个家庭不吃喝，买一套60平方米的住房大概要6年时间。北京人购房时间要更长。据调查，即使是经济适用房，很多也都是有钱人买房，成了一种投资行为。在目前这种价格下，老百姓的住房消费很难启动，房地产业也很难实现良性循环。

需要对几个方面采取有效措施，商品房的总体价格才会下降，老百姓才能真正买得起房。

贾海认为，现在房价还有下降空间：一是房屋开发收费仍有减少空间。现在房价偏高的一个主要原因是土地开发费高。二是各种收费、摊派比较高。我们曾经做过一个调查，一家企业从立项到开工，盖了100多个章，至少收几十种费。三是房地产开发商的利润还有下降空间。

改写要求：

(1) 主题集中，思路清晰，合理选用、安排原稿中的事实材料；(2) 重新撰写导语，调整文章结构，将原稿文字加以润色，使新闻更准确、生动；(3) 为改写后的新闻制作标题，做到题、文统一。

6. 根据第5题提供的新闻素材，适当补充相关材料，写成一则经济述评。

要求：(1) 叙述完整，逻辑严谨，主题集中，角度得当；(2) 述评结合，夹叙夹议；(3) 文句通顺，无错别字；(4) 限制在900～1 000字。

参考文献

[1] 傅宏宇．财经应用文写作［M］．北京：北京大学出版社，2013.

[2] 徐中玉．应用文写作（第四版）［M］．北京：高等教育出版社，2012.

[3] 柯正来．应用文写作原理［M］．北京：电子工业出版社，2020.

[4] 张中伟，白波．财经应用文写作［M］．北京：经济科学出版社，2010.

[5] 杨文丰．现代应用文写作［M］．北京：中国人民大学出版社，2011.

[6] 程硐．财经应用写作［M］．北京：中国人民大学出版社，2010.

[7] 王敏杰，徐静．财经应用文写作［M］．北京：科学出版社，2014.

[8] 尹世纬．财经应用文写作［M］．天津：南开大学出版社，2009.

[9] 吕秋薇．财经应用文写作［M］．北京：电子工业出版社，2019.

[10] 王晓红．财经应用文写作［M］．北京：电子工业出版社，2010.

[11] 范瑞雪，刘召明．财经应用文写作［M］．北京：经济科学出版社，2011.

[12] 吕秋薇．财经应用文写作［M］．北京：电子工业出版社，2012.

[13] 曾辉，刘中平，王智平．应用文写作［M］．北京：高等教育出版社，2011.

[14] 葛恒云．应用文写作［M］．南京：南京大学出版社，2016.

[15] 耿云巧，马俊霞，宋志国，等．现代应用文写作［M］．北京：清华大学出版社，2007.

[16] 于巧娥等．财经应用写作［M］．北京：中国人民大学出版社，2013.

[17] 邵龙清．财经应用写作［M］．大连：东北财经大学出版社，2010.

[18] 何永刚．财经应用文（第二版）[M]．北京：中国财政经济出版社，2011.

[19] 程玥．财经应用写作 [M]．北京：中国人民大学出版社，2010.

[20] 戴永明．财经应用文写作 [M]．北京：高等教育出版社，2011.

[21] 陈承欢，薛宪琳．财经应用文写作 [M]．北京：中国工信出版集团，2018.

[22] 肖华平．应用文写作 [M]．北京：科学出版社，2019.

[23] 赵国俊．公文写作与处理 [M]．北京：中国人民大学出版社，2011.

[24] 刘常宝．财经应用文写作 [M]．北京：教育科学出版社，2010.

[25] 付家柏．财经应用文写作 [M]．北京：清华大学出版社，2019.